누군가가 자기 삶을 드려 복음을 증거한 '선교행전'을 쓴다면, 내지 선교의 개척자 '허드슨 테일러'가 가장 먼저 떠오릅니다. 그는 '믿음의 사람'일 뿐 아니라 '믿음의 선교'라는 방식으로 선교적 삶을 실천한 인물이기 때문입니다. 그는 오직 하나님을 믿고 신뢰함으로 일생을 살아냈습니다. 하나님의 공급하심을 경험하기 위해 그가 행한 일은 오직 기도뿐입니다. 그 기도는 성취되었고 응답으로 돌아왔습니다. 그의 '영적 비밀'이 여기에 있습니다. 이 책을 읽으면서, 오직 하나님을 신뢰하며 그분의 인도하심과 공급하심을 경험해 가는 허드슨 테일러를 목격할 수 있기를 바랍니다. 그리고 그의 영적 비밀이 우리의 비밀이 되기를 소망합니다.

공베드로 _한국 OMF 대표

그는 선교사가 되기 전부터 하나님의 임재를 깊이 경험한 영성의 소유자였습니다. 그는 하나님이 살아계시며 가까이 계셔서 그를 인도하고 계심을 확신했습니다. 그는 하나님이 자신의 기도를 들으시고 응답하신다는 것을 확인하고 중국으로 갈 준비가 되었다고 믿었습니다. 중국에서 그는 절박한 상황 속에서 기도의 응답을 순간순간 경험했습니다. 그는 역경을 이겨내는 불굴의 의지를 소유한 사람입니다. 철이 철을 날카롭게 하듯이 그는 다른 이들보다 더 강하고 더 오래 견디는 심장의 소유자로 단련되었습니다. 그런 고난은 후에 수백 명의 선교사들을 도울 수 있는 연단의 재료였으며 그의 평생에 걸쳐 끌어다 쓸 수 있는 자산이 되었습니다. 이 거장의 비밀을 우리 삶에도 적용한다면 하나님께서 큰 영광을 받으실 것입니다.

손창남 _한국 OMF 동원사역자

갈수록 복음이 힘을 잃고 젊은이들이 교회를 떠나는 지금, 오래 전 하나님의 소명을 따라 오직 하나님께만 의지하며 복음의 개척자로 헌신했던 한 사람의 스토리를 이 책에서 봅니다. 하나님께서는 미약한 한 사람의 헌신을 통해서도 강력하게 역사하시며 자신의 능력과 영광을 우리에게 직접 보게 하신다는 사실을 다시 한 번 확인했습니다. 그러면서 이 시대에 우리에게 가장 필요한 것이 무엇인지 고민해 봅니다. 오늘도 이 땅의 것과 현상에 집중하기보다 눈을 들어 하늘을 바라보면서 천국을 소유한 자의 삶을 살도록 힘주시옵소서. 아멘.

이석로 _방글라데시 의료선교사

마부와 여행자들이 함께 묵는 방 한구석에 낡은 천으로 막을 쳐서 아버지를 위한 공간을 마련합니다. 아버지는 모두가 곤히 잠든 새벽 2시에 일어나 촛불을 켭니다. 그리고 성경을 묵상하며 기도합니다. 이러한 허드슨 테일러의 모습에 함께한 후배 선교사들이 전율합니다. 오늘날의 선교사에게도 큰 울림으로 전해지긴 마찬가지입니다. "내게로 와서 마시라"는 주님의 명령에 한 번이 아닌 매일 순종한 삶, 말씀을 끊임없이, 습관적으로 마신 그 삶은 생수의 강으로 흘러넘쳤습니다. 아는 사람은 많지만 행하는 자는 적은 허드슨 테일러의 영적 비밀을 따라가며 부끄러움과 갈등을 느낍니다. 오늘 이 시대에 정말 필요한 소중한 나침반과도 같은 책입니다.

이재혁 _SIM 의료선교사, 『아프리카 빨간 지붕 병원』 저자

허드슨 테일러의 이야기는 헌신의 삶에서 멀어진 시대를 살아가는 우리에게 큰 도전을 줍니다. 그러나 그는 정작 자신의 삶을 헌신이라고 말한 적이 한 번도 없는 진정한 선교사였으며, 유대인들을 얻고자 유대인과 같이 된 바울처럼 철저히 중국인과 같이 된 사람이었습니다. 이 책은 허드슨 테일러를 가장 가까이에서 지켜보았던 그의 아들 하워드 테일러가 기록한 내용입니다. 그렇기에 가족만 알 수 있는 이야기와 당시 상황을 정확히 전하는 많은 편지가 수록되어 있어 허드슨 테일러와 관련된 어떤 책보다 소중한 자료입니다. 철저한 Faith Mission으로 사람에게 구하지 않고 오직 하나님의 인도하심으로 살았던 그의 삶은 우리에게 큰 도전이 될 것이라 확신합니다.

이종훈 _세계선교공동체(WMC) 국제대표

허드슨 테일러에 관한 또 다른 책이 필요할까 하는 의구심은 1장에서부터 여지없이 깨졌습니다. 이 책을 통해 우리는 순종이 삶의 실천을 통해서만 나타날 수 있다는 것을 다시 깨닫습니다. 누가 봐도 이 책에서 본 그의 모습은 주님을 위해 자신을 희생하는 삶이었습니다. 그러나 정작 자신은 한 번도 희생한 적이 없다고 고백할 수 있었던 것은 매일 누렸던 하나님과 깊은 교제 때문이었습니다. 바울이 말한 것처럼 선교는 과업이나 사명을 넘어서서 하나님께서 주신 선물입니다(엡 3:7). 이 책을 읽으면서 우리는 당시 해마다 복음 없이 죽어가는 천이백만 명의 중국인들을 향하는 허드슨 테일러의 하나님을 닮은 마음을 보게 되고, 내 삶의 참된 목표를 찾는 계기가 될 것입니다.

한철호 _선교사, 미션 파트너스 대표

허드슨 테일러의 영적 비밀

Hudson Taylor's Spiritual Secret

by
Dr and MRS. Howard Taylor

허드슨 테일러의 영적 비밀

하워드 테일러 부부 지음
손현선 옮김

좋은씨앗 omf

허드슨 테일러의 영적 비밀

This book was first published in the United States
by Moody Publishers,
820 N. LaSalle Blvd., Chicago, IL 60610
with the title Hudson Taylor's Spiritual Secret
copyright© 1989, 2009 by The Moody Bible Institute
Translated by permission
All rights reserved
Korean translation Copyright ©2024 by GoodSeed Publishing

초판 1쇄 발행 | 2024년 6월 20일

지은이 | 하워드 테일러 부부
옮긴이 | 손현선
펴낸이 | 신은철
펴낸곳 | 도서출판 좋은씨앗
출판등록 | 제4-385호(1999.12.21)
주소 | (06753) 서울시 서초구 바우뫼로 156(양재동, 엠제이빌딩) 402호
주문전화 | (02) 2057-3041 주문팩스 | (02) 2057-3042
페이스북 | www.facebook.com/goodseedbook
이메일 | good-seed21@hanmail.net

ISBN 978-89-5874-401-6 03230

이 한국어판의 저작권은 Moody Publishers와 독점 계약한 〈좋은씨앗〉에 있습니다.
신저작권법에 의하여 한국 내에서 보호받는 저작물이므로 무단전재와 무단복제를 금합니다.

우리 아버지가 사랑하고 존경하던 친구
헨리 W. 프로스트 박사님께
중국내지선교회 북미 총재로
42년간 섬겨주심에 감사드리며
2대의 사랑을 담아
이 책을 바칩니다

차례_ contents

기도 요청 _ 12

허드슨 테일러를 기억하며 _ 13

1장.   드러난 비밀 _ 17
2장.   초년기의 영적 성장 _ 21
3장.   믿음의 첫걸음 _ 27
4장.   믿음의 진보 _ 37
5장.   믿음의 시험과 연단 _ 51
6장.   우정 그 이상의 것 _ 69
7장.   하나님의 길은 완전하다 _ 89
8장.   추수의 기쁨 _ 105
9장.   은둔의 시기 _ 119
10장. 하나님께 투항하다 _ 129

11장.　　하나님이 보내신 사람　_ 133

12장.　　간절함을 품은 사람　_ 145

13장.　　어둠의 나날들　_ 167

14장.　　변화된 삶　_ 177

15장.　　영원히 목마르지 아니하리라　_ 189

16장.　　흘러넘치도록　_ 211

17장.　　더 멀리 흘러넘치는 삶　_ 237

18장.　　여전히 흐르는 강　_ 265

부록　_ 270

에필로그　_ 279

연표　_ 283

가계도　_ 286

허드슨 테일러 시대의 중국

지명 및 표기법은 지금과 다소 차이가 있다

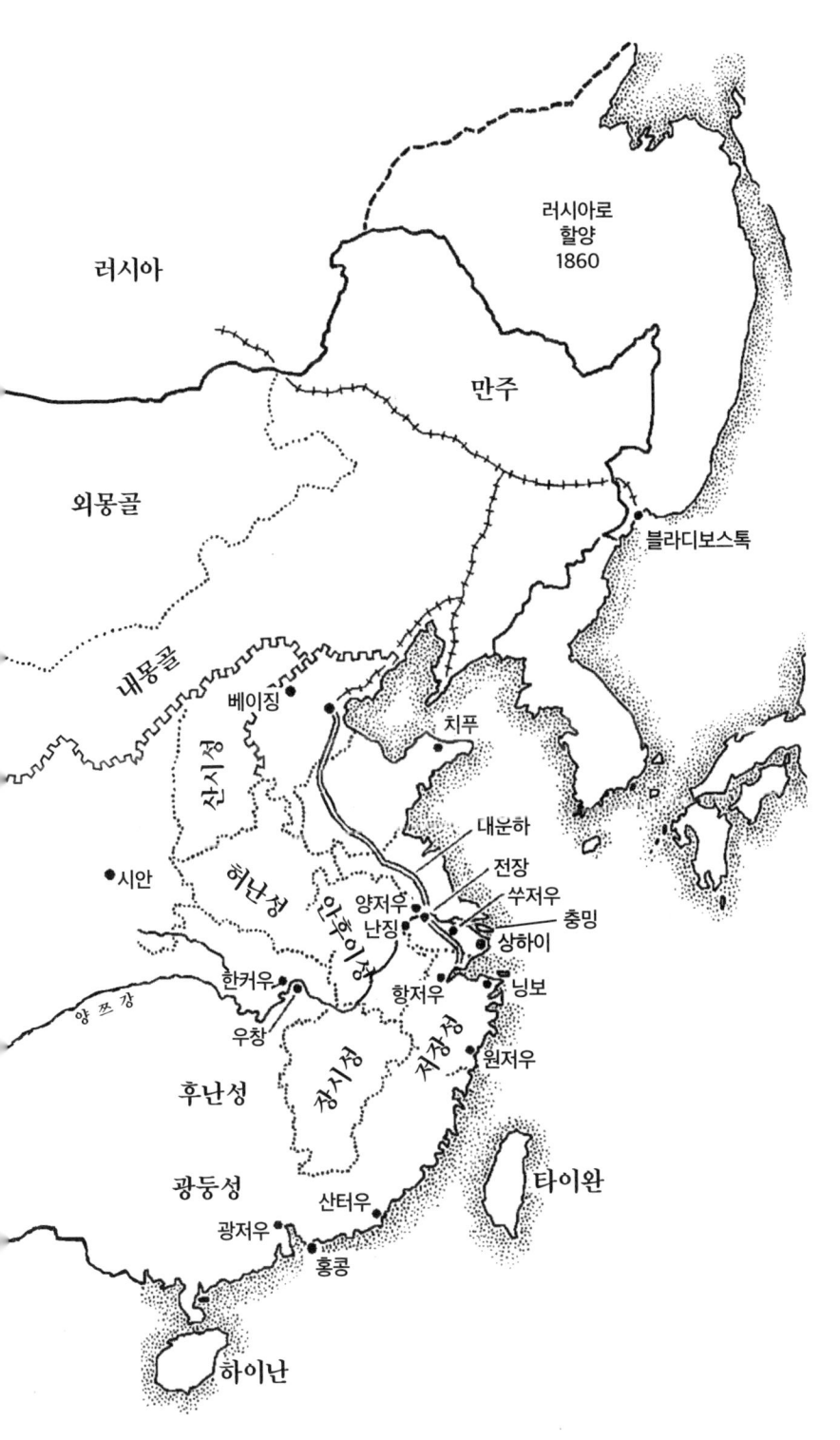

기도 요청

모든 그리스도인에게 중국내지선교회 소속의 한 선교사가 쓴
아래의 기도에 동참할 것을 호소합니다.

*
**

오 주여! 각처에 주의 빠른 전령들을 보내소서
주의 놀라운 은혜의 전령들을
주께서 직접 임하실 곳으로 보내소서

그 눈으로 왕이신 주를 본 사람을 보내소서
그 귓전에 왕이신 주의 감미로운 말씀이 울리는 자를 보내소서
주의 잃어버린 자들을 집으로 데려올 자를 보내소서
주께서 직접 임하실 곳으로 그들을 보내소서

죄 가운데 있는 영혼에게 복음을 전하러
상하고 부서진 마음을 얻기 위하여
주께서 직접 임하실 곳으로 그들을 보내소서

주의 불멸의 말씀의 검
성령의 검으로 각 사람을 무장시켜
그들을 왕이신 주의 전령으로
주께서 직접 임하실 곳으로 그들을 보내소서

오 주님, 당신의 성령을 일으키소서
이 넓은 땅에 강한 자를 일으키소서
잃어버린 양을 찾아 광야에서 외치게 하소서
오, 그리스도 당신이 임하실 곳으로 그들을 보내소서

허드슨 테일러를 기억하며

기독교의 이 위대한 고전을 다시 읽으면서 45년 전 처음 읽었을 때와 동일한 감동을 받았습니다. 요즘의 젊은 세대에게도 필독서로 권하고 싶습니다! 동아시아 지역의 가장 두드러진 선교 단체로 알려진 중국내지선교회를 시작하며 비범한 주의 종이 겪어야 했던 일들은 놀라움 그 자체입니다. 그 혹독한 시련의 이야기 속에서, 나는 믿음으로 그리스도를 따르겠다고 헌신한 우리의 동역자들이 마찬가지로 겪어야 했던 치열한 삶이 중첩되고 있음을 재발견합니다. 가령, "변화된 삶"이란 제목의 핵심 장(章)이 그렇습니다. 54년의 사역을 마친 지금도 나는 이 위대한 진리가 우리 각자의 삶에서 하나님의 은혜로 구체적인 현실이 될 수 있고, 또 마땅히 그렇게 되어야 한다고 말하고 싶습니다. 이 진리가 구현되는 방식은 사람마다 다르겠지만, 믿음의 행보에서 영적 성장을 이루고 끝내 영광의 면류관을 얻으려면 반드시 일어나야만 하는 일입니다.

　독자 중엔 허드슨 테일러의 삶과 선교 사역이 극단적이라는 인상을 받는 이도 있을 것입니다. 그러나 역사가 증거하는 바는 하나님께서 뭔가 새롭고 놀라운 일을 시작하실 때에 종종 극단적으로 보이거나 실제로 극단적인 사람을 들어 쓰신다는 점입니다. 사역에 필요한 막대한 재정을 조달하고 관리하는 허드슨 테일러의 모습은 돈을 대하는 느슨하고 경솔한 태도가 만연한 요즘 시대에 시사하는 바가 큽니다. 아울러 사역을 위한 재정을 운용하는 문제에서 그와는 다른 길을 걷는 타(他)단체들을 존중하고 배려하는 모습도 아름답게 다가왔습니다. 비중있게 다루어진 조지 뮬러와의 관계 역시 우리가 배워야 할 소중한 교훈입니다. 자신이 맡은 고아원 사역만으로도 재정적 부담이 엄청났을 뮬러가 그렇게 큰 금액을 허드슨 테일러의 선교 사역에 기부했다는 사실에서 큰 영감을 얻었습니다. 작금의 시대에도 이런 일들이 여러 사역단체 간에 더 자주 일어난다면 참 멋질 것 같습니다.

요즘에는 고위험 지역에 사람들을 파송해선 안 된다는 주장이 힘을 얻고 있습니다. 위급한 문제가 발생하거나 누군가 목숨을 잃는다면 사역자들을 신속하게 철수시킵니다. 나 역시 이와 유사한 경험이 있기에 이런 결정을 내리는 이들을 판단하는 데 신중하려고 합니다. 하지만 이 책이 전하는 것처럼, 복음을 전하는 이들이 매우 위급한 상황 속에서도 날마다 앞으로 전진하는 이야기를 읽으니 제 자신이 부끄러워집니다. 그렇습니다. 중국내지선교회는 선교회 역사상 다른 어떤 단체보다도 많은 수의 순교자를 배출한 곳입니다. 분명 이 놀라운 이야기로부터 우리 모두는 배울 점이 많다고 봅니다.

우리는 중국내지선교회가 중국에 첫 발을 내딛은 지 130년이 지난 시기를 살고 있고, 전세계의 이목은 역사상 가장 놀라운 교회 성장이 일어나는 이곳에 집중되어 있습니다. 이 나라에 그리스도를 따르는 사람의 수가 7천만 명이 넘을 것이라고 추정하는 이도 있고, 그 이상일 것이라고 보는 이도 있습니다. 세계 전역에서 중국인들은 가장 주목할 만하며 진취적인 비전을 가진 교회들을 개척했습니다. 아울러 수천 명의 중국인이 여러 선교 단체와 지금은 OMF가 된 중국내지선교회와 함께 동역하고 있습니다. OMF는 우리 시대에도 탁월한 선교 운동을 펼치고 있으며 중국인이 거주하는 거의 모든 지역에서 활동 중입니다. 우리 오엠선교회 역시 이 거대한 민족 가운데 일하신 하나님의 위대한 사역으로부터 큰 유익을 거두었습니다. 오늘날 중국을 포함한 동아시아 지역에서 나타나는 놀라운 일들은 130여 년 전 복음을 전하기 위해 어떤 위험이라도 무릅썼던 경이로운 한 남자와 여러 개척자들에게서 발원된 것임은 의문의 여지가 없습니다.

그럼에도 이런 책을 읽을 때면 오늘날 여전히 중국과 전세계에 이렇게도 많은 미전도종족이 있다는 사실이 믿기지가 않습니다. 50년 전엔 전세계 인구의 절반이 한 번도 복음을 들어보지 못했다고들 했습니다. 하지만 지금은 그 비율이 약 20퍼센트라고 합니다. 하나님께 감사할 일이지만, 실상 현재 인구의 20퍼센트가 50년 전 50퍼센트의 인구와 비슷합니다. 그렇기에 우리에겐 여전히 허드슨 테일러와 그의 아내 마리아(출산 후유증으로 사망했고, 몇 년 뒤 아이도 죽었지요.)와 같이 복음을 위해 자신들의 전부를 내려놓을 수 있는 믿음의 사람들이 긴급하게 필요합니다.

하나님께서 허드슨 테일러뿐만 아니라 그와 동역하도록 세우신 여러 사람들의 면면을 보자면, 하나님께서 무슨 일을 행하셨는지를 이해하는 데 허드슨 테일러만큼이나 중요하다는 사실을 알게 됩니다. 각 나라와 지역은 저마다 고유한 특성이 있습니다. 자국 내 교회와 신자들만으로도 대부분의 사역을 감당할 수 있는 나라가 있는 반면, 종종 외지 사람들의 도움이 아니고서는 사역을 시작조차 못하는 나라도 있습니다. 그 점에선

130년이 지난 시점이라고 해도 별로 달라진 게 없습니다. 현대판 허드슨 테일러가 선뜻 나와서 주님을 위해 개척자의 일을 감당하지 않는다면 지금도 복음을 절대 접하지 못할 40여 나라와 수백의 종족 집단이 현존합니다. 허드슨 테일러처럼 주님께 전적으로 의지하고 부르심에 순종하는 일들이 오늘도 곳곳에서 일어나야 합니다. 그와 더불어 만약 우리가 이 책에서 읽은 것과 같은 '그리스도 중심'이 아닌, 우리 자신의 힘으로 일을 감당하려고 한다면 우리는 필연적으로 목표에 미달할 것이며 일하는 과정에서 오히려 더 큰 문제를 야기할 것입니다.

이 책을 끝까지 곁에 두고 완독하시기 바랍니다. 일독 후엔 다시 핵심 부분을 재독하시길 권합니다. 그후 얼마간 기도한 다음 책을 여러 권 사서 가능한 많은 사람들에게 나눠주시기 바랍니다. 안타깝게도 허드슨 테일러가 누구인지 모르고 중국이 어떤 곳인지도 모르는 이 세대의 너무 많은 사람들에게 이 책을 나눠주십시오.

_조지 버워, 오엠선교회 창립자

1
드러난 비밀

> 네 스스론 단 하나의 근심도 지지 마라
> 하나도 네겐 너무 많다
> 일하는 것은 내 소관이고 오로지 내가 감당할 몫이다
> 너의 일은 내 안에서 쉬는 것이다
> - 허드슨 테일러

허드슨 테일러는 세상과 분리된 사람이 아니었다. 그는 이 땅에서 늘 할 일이 많았고 한 가정의 아버지였으며 복음 사역자로서 맡겨진 책무를 감당하기 위해 치열하게 살았다. 온갖 상황과 별별 사람들 가운데 놓였던 덕분에 늘 변화무쌍하고 실용적으로 움직여야만 했다. 하지만 힘이 넘치는 강골도 아니었고, 어깨 위에 세상을 얹은 아틀라스 신과는 한참 거리가 먼 약골이었기에 그의 왜소하고 병약한 몸은 늘 육체적인 한계와 씨름해야 했다. 독실한 부모님 밑에서 양육 받았다는 것 다음으로 그의 초년기에서 자산이 될 만한 환경은 16세 즈음부터 스스로 생계를 책임져야 했다는 것이다. 그는 근면한 일꾼이 되었고 실력을 갖춘 의료인으로 성장했다. 아기를 돌보고 저녁 식사를 준비하고 회계 장부를 맞추고 병

들고 슬픔을 겪은 이들을 위로했을 뿐 아니라 위대한 복음 사역의 개척자가 되었다. 이제 그는 전 세계의 신실한 그리스도인 남성들과 여성들 사이에서 영적 지도력의 본보기로 언급되고 있다.

무엇보다 그는 하나님의 약속이 정말 그러한지 시험했고 가장 높은 차원에서 흔들림 없는 신령한 삶을 영위하는 게 가능하다는 걸 입증했다. 그는 평범하지 않은 여러 난관을 극복했고, 그가 우리 곁을 떠난 이후에도 27년 간(1932년 현재) 범위와 효용 면에서 지속적으로 성장하는 믿음의 사역을 남겼다. 그가 실천한 삶의 결과로 중국 내지(內地)에 복음의 씨앗이 뿌려졌고, 이전엔 복음이 미치지 못했던 내륙 지역의 수많은 영혼들이 그리스도에게로 돌아왔으며, 현재는 1만2천 명의 선교사들이 급여 보장도 없이 모든 필요를 하나님께 의탁하면서 나아가고 있다. 그리고 결코 재정지원을 호소한 적이 없지만 한 번도 빚을 지지 않았고, 결코 사람을 모집한 적이 없지만 기도 응답으로 최근에도 200명의 새 일꾼을 중국으로 파송한 중국내지선교회가 탄생했다. 그의 발자취는 이렇듯 우리에게 믿음과 헌신으로 점철된 삶이 어떤 것인지 보고 배우며 본받을 것을 도전하고 있다.

우리는 묻지 않을 수 없다. 대체 이런 삶을 살 수 있었던 비결은 무엇일까? 늘 하나님과 동역했던 허드슨 테일러는 많은 비밀을 안고 있는 듯 보인다. 그러나 실은 비밀은 하나다. 물질적이든 영적이든 모든 필요를 "측량할 수 없는 그리스도의 풍성함"에서 끌어온다는 단순하고도 심오한 삶의 원칙이 있었을 뿐이다. 어려움과 곤경 가운데서도 그가 어떻게 이 비밀을 끝까지 붙잡을 수 있었는지 배우고, 하나님의 공급하심에 집중하는 단순하면서도 실천적인 자세를 우리 것으로 삼는다면, 우리도 우리의 문제를 해결 받고 우리의 짐을 내려놓음으로써 하나님이 우리에게 뜻하신 바를 온전히 성취할 수 있을 것이다. 오늘 우리가 허드슨 테일러와 마찬가지로 영적 비밀을 소유하고 결국 하나님의 풍성한 것을 누릴 수 있는 이유는, 그가 평생토록 붙잡았던 동일하신 하나님과 그분의 영원한 말씀이 우리에게도 있기 때문이다.

하나님의 말씀을 너희에게 일러 주고 너희를 인도하던 자들을 생각하며 그들의 행실의 결말을 주의하여 보고 그들의 믿음을 본받으라 예수 그리스도는 어제나 오늘이나 영원토록 동일하시니라(히 13:7-8).

2
초년기의 영적 성장

예수님에게로 눈을 돌려라
그분의 찬란한 얼굴을 응시하라
기묘하게도 그분의 영광과 은혜의 빛 안에서
땅의 것들이 점차 희미해질 것이다
– 헬렌 렘멜

이 모든 일은 어린 허드슨 테일러가 뭔가 흥미로운 것을 찾아 아버지의 서가를 뒤적이던 그 조용한 낮시간에 시작되었다. 토요일 오후, 어머니는 집을 비우셨고 소년은 어머니가 돌아오기만을 기다렸다. 왠지 집이 텅 빈 것 같았다. 소년은 책 한 권을 꺼내들고 낡은 창고 안의 그가 제일 좋아하는 구석으로 갔다. 글이 너무 지루하지 않다면 오래오래 책을 읽겠다는 마음으로.

그 시각 제법 멀리 떨어진 곳에 있던 어머니는 불현듯 아들을 향한 마음의 부담을 느끼고 있었다. 지인들과 함께 어울리던 자리에서 빠져나와 아들의 구원을 위해 하나님께 간구하고자 한적한 곳을 찾았다. 어머니가 무릎 꿇고 기도한 지 몇 시간이 흘렀을 때, 마침내 하나님께서 기도를 들으시고 응답하셨다는 기쁨에 찬 확신이 밀려왔다.

그 시각, 손에 든 작은 책자를 읽고 있던 소년은, 이야기가 좀 더 심각하게 전개되는 동안 어떤 한 표현에 사로잡혔다. "그리스도가 다 이루었도다." 대체 어느 누가 성령의 신비로운 그 일하심을 설명할 수 있을까? 이전부터 들어서 꽤나 익숙했던 문구, 그러나 무심코 듣고 넘겼을 뿐 실제론 외면해 왔던 진리가 소년의 머리와 심장 속으로 성큼 들어왔다.

"왜 이 저자는 이런 표현을 썼지?"라고 그는 궁금해 했다. "왜 '그리스도의 속죄 또는 화목 사역'이라고 하지 않았을까?"

그리스도가 '다 이루었도다'는 짧은 문장이 광선처럼 환하게 빛을 발했다. 다 이루었다고? 뭘 다 이루었다는 걸까?

"충만하고도 완전한 죄 사하심"이라고 그의 가슴이 답했다. "위대한 대속물에 의해 빚이 청산되었다. '그리스도가 우리의 죄를 위해' 그리고 '우리 죄뿐 아니라 온 세상의 죄를 대신해' 죽으셨다."

그 다음 흠칫 놀랄 만큼 명정하게 떠오른 생각이 있었다. "만약 모든 일이 다 이루어졌다면, 모든 빚이 다 갚아졌다면 대체 내가 할 일은 뭐가 남았을까?"

단 하나의 답이 그의 영혼을 사로잡았다. "이 세상에서 내가 할 일이라곤 무릎 꿇고 구주와 그분이 이루신 구원을 받아들이고 세세토록 그분을 찬양하는 것밖엔 없다."

해묵은 의구심과 막연함은 온데간데 없었다. 우리가 회심이라고 부르는 이 찬란한 체험의 실재가 소년을 온전한 평안과 기쁨 가운데 머무르게 했다. 자신의 죄를 사하려고 대신 죽으신 예수님을 그리스도요 주님으로 영접하는 순간 새로운 삶이 시작됐다. "영접하는 자 곧 그 이름을 믿는 자들에게는 하나님의 자녀가 되는 권세를 주셨으니"(요 1:12). 새 생명이 가져다 준 변화는 엄청났다.

집에 돌아온 어머니를 맨 먼저 맞이한 것은 새롭게 경험한 평안과 기쁨을 어머니에게 말하고 싶어 안달하던 허드슨 테일러였다.

"안다, 얘야, 나도 안다." 어머니는 아들을 끌어안으며 말했다. "네가 말해 주려는 반가운 소식 때문에 나도 두 주 동안 기쁨으로 기도했단다."

얼마 지나지 않아 또 다른 놀라움이 그를 덮쳤다. 자기 일기장이라고 생각해 펼쳐든 누이의 일기장에서 하나뿐인 남동생의 회심을 하나님이 허락하실 때까지 매일 기도하겠다고 쓴 내용을 발견한 것이다. 어린 소녀가 자신의 결심을 기록한 것은 딱 한 달 전이었다.

당시를 회고하며 허드슨 테일러가 쓴 글이다.

이런 믿음의 환경에서 양육 받고 구원을 받게 된 나는 그리스도인으로의 삶을 시작하는 첫 출발선부터 분명한 깨달음을 얻었다. 즉 성경의 약속들은 매우 실제적일 뿐만 아니라, 기도는, 그것이 자기 자신을 위한 기도이든 타인을 위한 기도이든 관계없이, 언제나 하나님과 기도자 사이에 이루어지는 엄중한 거래라는 것이다.

이제 테일러 남매는 새로운 의미에서 하나가 되었다. 비록 그는 17세였고 누나도 어렸지만, 두 사람은 다른 사람을 전도하는 일에 하나가 되어 최선을 다하기 시작했다. 이것이 두 사람에겐 영적으로 빠르게 성장한 비결이기도 하다. 두 사람에겐 잃어버린 양, 멸망을 향해 가는 영혼들에 대한 주님의 뜨거운 마음이 있었다. 그저 '사회 봉사'가 아니라 영혼 구원에 대한 지고의 부르심을 따라 이타적인 삶을 사는 길로 그들은 인도함을 받았다. 그것은 자신들만이 이 일을 해낼 수 있다는 식의 어떤 선민의식이 아니라 오직 주 예수 그리스도에 대한 깊고 내밀한 사랑에서 비롯한 것이었다.

그리스도를 향한 이 사랑으로 인해, 어쩌다 옛사람처럼 행동하면서 실족하고 그분의 임재의 기쁨을 잃어버리는 자신의 모습을 발견할 때면 날카로운 고통으로 괴로워했다. 대다수의 그리스도인 청년처럼 이들에게도 신앙의 기복이 있었다. 기도와 하나님의 말씀의 꿀을 먹는 것을 게을리할 때면 어김없이 마음이 냉담해졌다. 그러나 거듭난 그리스도인으로서 허드슨 테일러의 초기 경험에서 두드러진 점은 그가 가장 좋은 것, 즉 하나님의 최상의 것 외에는 어떤 것으로도 만족하지 못했다는 것이다. 삶의 일상에서 끊임없이 누리는 그분의 임재의 기쁨 말이다. 이것 없이 산다는 것은 햇빛 없는 삶이고 능력 없는 헛수고에 불과했다. 회심 초기부터 그가 주님의 임재하심으로 말미암은 기쁨을 알았다는 것은 아래와 같은 회고에서 분명하게 드러난다. 어느 오후에 기도할 짬이 생기자 그는 깊은 갈망에 이끌려 하나님과 단 둘이 있을 골방을 찾았다.

허드슨 테일러가 그날을 회고하면서 쓴 글이다.

기쁜 마음으로 하나님 앞에 내 영혼을 쏟아놓던 그 시간이 생생히 기억난다. 나를 위해 모든 걸 내어주신 분, 모든 소망을 잃어버리고 구원의 소망조차 없던 나를 건져주신 분께 내 마음 가득한 감사와 사랑을 거듭거듭 고백했다. 나는 사랑과 감사를 표출할 수 있도록 하나님을 위해 무슨 일이든 하게 해달라고 간구했다…

내 자신과 나의 삶과 나의 친구들과 나의 전부를 제단에 올려놓았고, 나의 제물이 열납되었다는 깊은 확신이 임했다. 그날 내가 경험한 하나님의 임재는 형언할 수 없을 만큼 실제적이었고 복된 것이었다… 말할 수 없는 기쁨과 경외심으로 바닥에 엎드려 그분 앞에 부복했던 기억이 난다. 그날의 기도가 어떤 연유로 열납되었는지는 알지 못한다. 하지만 내가 더 이상 나 자신의 소유가 아니라는 깊은 의식이 나를 사로잡았고 그 의식은 그날 이후 한 번도 사그러든 적이 없다.

십대의 소년 소녀가 이런 영적 경험을 하기엔 너무 어리다고 생각한다면 오산이다. 만약 마음 깊은 곳에 있는 샘이 그리스도의 사랑에 활짝 열린다면 인생의 어떤 시점도 십대만큼 큰 헌신의 역량을 발휘하는 때도 없기 때문이다.

3
믿음의 첫걸음

> 자신의 길을 가는 그 곁에는 언제나
> 보이지 않는 그리스도가 함께하시리니
> 그는 그분께 기대고 팔에 안기어 말할 수 있으리라
> "사랑하는 주님, 당신의 마음에 합한가요?"
> - H. W. 롱펠로우

소명 의식에 사로잡힌 젊은이는 완벽하지 않았다. 은행에서는 사원으로, 아버지 가게에서는 조수로, 이렇듯 분주한 삶을 살아가는 평범한 청년에겐 많은 유혹이 따랐다. 활달한 사촌이 룸메이트가 되자 우선순위를 지키며 기도할 시간을 내기가 쉽지 않았다. 그러나 기도 없이는 실패하고 동요할 수밖에 없다. 기도에 소홀한 영혼은 주님으로 기뻐할 수 없으며, 영적 축복을 대체할 다른 것은 이 세상에 없음을 허드슨 테일러는 스스로 체득해야 했다.

하나님을 아는 지식에서 탁월했던 어떤 이는 이런 고백을 글로 남겼다. "나는 주님을 보았고, 주님을 갈구했고, 주님을 얻었고, 주님을 원했다." 그것과 동일한 허기와 갈증이 반슬리의 청년에게 있었다. 주님이 채

위주기를 기뻐하시는 이 같은 갈망은, 그 옛날 다윗에게도 있었다. "내 영혼이 주를 갈망하며 내 육체가 주를 앙모하나이다"(시 63:1). 다윗은 자신의 갈급함이 채워지리라는 확신을 품고 있었다. 다윗은 "나의 영혼이 만족할 것이라"(시 63:5)고 선포하는 것으로 그치지 않고 "나의 영혼이 주를 가까이 따르니"(시 63:8)라고 고백하는 데까지 나아갔다. 주님으로 말미암아 갈망이 채워지는 사람은 응당 주를 가까이 따르기 마련인 것이다.

청년 허드슨 테일러는 분주한 삶 가운데 이따금씩 패배를 경험하면서도 그로 인한 더 깊은 갈망을 느끼고 있었다. 바로 그때 하나님의 만지심이 새롭게 그에게 임했다. 그는 그것이 하나님의 손길임을 단박에 깨달았다. 아무말 없이 그 순간 속으로 침잠해 들어갔다.

거기서 그는 오로지 하나님만이 건져내실 수 있고 하나님의 구속의 손길과 구원의 능력이 절실하게 필요한 자아와 마주했다. 그렇기에 만일 하나님이 그를 위하여 일하실 뿐 아니라, 죄의 권세를 부수고 그리스도 안에서 완전한 승리를 허락하신다면… 자신은 모든 세속적인 전망을 내버리고 주가 요구하시는 어디로든 가고 무엇이든 하고 어떤 고난이라도 감수하며 자신을 고스란히 주님께 맡기겠다고 결심할 수밖에 없었다. 하나님이 자신을 성결케 하시고 실족하지 않도록 붙드신다면 그 손을 끝까지 놓지 않겠다고 그의 심장은 아우성쳤다.

먼 훗날 허드슨 테일러가 쓴 글이다.

그 당시 나에게 엄습했던 감정을 결코 잊지 못한다. 형언할 수 없는 느낌이었다. 나는 하나님의 임재 안에 머물렀고 전능자와의 언약관계 안으로 들어가고 있다고 느꼈다. 내가 한 약속을 돌이키고 싶다는 느낌도 들었지만 그럴 수가 없었다. 누군가가 이렇게 말하는 듯했다. "너의 기도가 응답되었다. 너의 있는 모습 그대로를 받아주겠다." 그날 이후 내가 중국으로 부름 받았다는 확신은 한 번도 사라진 적이 없다.

중국은 아버지의 기도를 통해 그가 어린 시절부터 익숙했던 나라다. 어쩌면 그가 태어나기도 전에 아버지의 서원을 통해 헌신하게 된 나라였을 것이다. 복음을 바라는 중국의 갈급한 필요와 그곳에 가득한 어둠이 먼 곳에서부터 그를 부르고 있었다. 그의 삶을 향한 하나님의 계획도 처음부터 이 나라이지 않았을까? 마치 어떤 음성처럼 명징하게 정적 속에서 그에게 말씀이 임했다. "그렇다면 나를 위해 중국으로 가렴."

그 순간부터 그의 인생은 단 하나의 원대한 목적과 기도로 꿰어졌다. 허드슨 테일러는 "하늘의 뜻에 순종으로 답했다." 하나님의 뜻에 순종하는 것은 그에겐 매우 실천적인 문제였다. 그는 즉각 육체적 인내를 요하는 삶을 실행하기 위한 준비에 들어갔다. 바깥에서 더 많은 신체 활동을 하고, 깃털 침대를 딱딱한 매트리스로 바꾸고, 식탁에서 식탐을 절제하기 위해 노력했다. 주일에 교회에 두 번 가는 대신, 저녁예배가 열리는 시간에 도심의 빈민촌을 방문해 전도지를 나눠주고 가정 모임을 열었다. 그는 붐비는 여인숙 식당에서 이내 환영 받는 인사가 되었고, 어느 지역에 가서도 환한 얼굴과 친절한 말투로 복음의 메시지가 들어갈 길을 개척했다. 그는 사람들을 '사람 낚는 어부'로 만들 수 있는 분은 오로지 주님 한 분밖에 없다는 것을 깨달았고 성경 묵상과 기도 시간을 늘렸다.

중국어 공부에도 열심으로 매달렸다. 이 어려운 언어의 문법책 한 권을 사려면 20달러가 넘게 들었고 중국어 사전을 구하려면 적어도 75달러는 필요했다. 그에겐 그만한 돈이 없었다. 그러나 중국어로 번역된 누가복음 한 부를 가지고 찬찬히 짤막한 절을 영어와 대조하는 식으로 600개가 넘는 한자의 의미를 알아냈다. 그렇게 정리한 중국어 단어들을 익혔고 자신만의 사전을 만들었다. 동시에 다른 방면의 공부도 병행했다.

당시 그가 학교에 다니던 누이에게 보낸 편지다.

요즘엔 새벽 5시에 일어나는 습관을 들이기 시작했어. 그러려면 밤에 일찍 잠자리에 들어야 해. 중국에 가기로 결심했다면 당연히 그에 필요한 공부도 열심히 해야겠지. 마음을 더 굳게 하고 가능한 모든 준비를 하려고 해. 라틴어도 다시 익히고 헬라어와 기본적인 히브리어도 배우고, 중국에 관한 가능한 많은 정보를 습득하려고 해. 정말이지 누나의 기도가 필요한 시기야.

수년간 아버지 곁에서 약제사로 일하면서도 의학 공부에 대한 열망을 키우던 그에게 헐(Hull) 지역의 한 명망 있는 의사의 조수로 일할 기회가 주어졌다. 그는 망설이지 않고 기회를 부여잡았다. 그것은 자신이 줄곧 지내온 안락한 집을 떠나야 한다는 걸 의미했다. 그는 처음엔 의사의 집에서, 나중엔 이모의 집에서 더부살이를 했다. 그래도 이 젊은 조수는 여전히 쾌적하고 안락한 환경에 둘러싸여 있었다.

실제로 이 새로운 삶으로 인해 그는 심각한 고민에 빠지게 되었다. 닥터 하디가 주는 급여는 생활비로 쓰기에 넉넉했다. 허드슨 테일러는 그리스도인으로서 의무이자 특권인 수입의 십일조를 하나님의 사역을 위해 드리고 있었다. 주일에는 영육간에 도움이 절실한 사람들이 모여 사는 지역에 가서 복음을 전하는 일로 시간의 십일조를 드리고 있었다. 그러던 중 자신을 위한 지출은 좀 더 줄이고 그것을 다른 사람에게 더 많이 베풀 수 있기를 바라게 되었고, 그렇게 된다면 자신은 기쁨으로 보상을 받을 수 있겠다는 고민을 하게 되었다.

헐 지역 외곽의 공터 너머에, 실개천을 따라 두 줄로 나란히 늘어선, '드레인사이드(하수변)'이라고 불리는, 그다지 매력적이지 않은 벌집촌이 형성돼 있었다. 헐은 항구 도시라서, 개천이라고 하는 것도 사실은 드레인사이드 사람들이 썰물 때마다 습관적으로 오물과 쓰레기를 방류하는 깊은 도랑에 불과했다. 썰물 때 쌓여 있던 각종 오물은 밀물 때 수위가 올라가면 이내 바다로 쓸려가는 식이었다. 벌집촌은 콩깍지 안의 콩들처럼 개천의 물길을 따라 1킬로미터 정도 일렬로 늘어서 있었다. 특징 없는 집마다 문 하나, 창문 두 개가 있었다. 허드슨 테일러는 샬롯가에 있는 이모의 쾌적한 집을 떠나 이 작은 집 중 하나에 세를 얻었다. 집주인인 핀치 부인은 독실한 그리스도인이었고 '젊은 의사'를 하숙생으로 들이는 데 매우 흡족해 했다. 그녀는 방을 청결하고 안락하게 만들기 위해 나름의 노력을 기울였다. 창문 반대편의 벽난로를 윤이 날 때까지 닦고, 침대는 문에서 제일 멀리 떨어진 귀퉁이로 옮겨서 말끔하게 정리했다. 그밖에는 평범한 탁자와 의자 한두 개가 전부였다. 사실 방이라고 해야 고작 두 평도 안 되는 크기여서 다른 가구를 들일 자리도 없었다. 방은 1층에 위치해 있어서 문을 열면 바로 주방으로 연결되었다. 창문 밖으로는 개천 건너편으로 파운더스 암스라는 시골풍의 선술집이 보였다. 그 건물의 불빛은 야심한 밤엔 진흙탕과 드레인 개천 물을 비춰주는 조명등 역할을 톡톡히 했다.

여름엔 어땠는지 모르지만, 허드슨 테일러가 이사한 11월 말의 드레인 사이드의 풍경은 매우 삭막했을 것이다. 그에게 일어난 또 하나의 환경의 변화라면 자취를 해야 했기 때문에 병원에서 집으로 돌아올 때면 그날 그날 필요한 찬거리를 직접 마련하느라 제대로 된 식사를 하는 것도 쉽지 않았다는 것이다. 그에게 자취 생활은 외로움 그 자체였다. 귀가길은 적적했고 저녁에는 혼자 보내는 시간이 많았다. 그나마 주일이면 집 인근이나 멀리 험버 항구까지 나가서 붐비는 인파 속에서 복음을 전했다. 허드슨 테일러는 당시의 일상을 이렇게 회고했다.

나는 스스로 어려움을 견디는 것에 익숙해지고 복음 안에서 내가 섬기고자 하는 이들을 돕기 위해 절약한다는 일석이조의 목표를 세웠다. 나는 곧 이전에 가능하리라고 예상했던 것보다 훨씬 적은 액수의 돈으로도 생활할 수 있음을 발견했다. 버터와 우유, 그 밖의 값이 나가는 식료품은 더 이상 구매하지 않았다. 되도록 오트밀과 쌀을 주식으로 삼고 가끔씩만 식단에 변화를 주었다. 그렇게 하면 아주 적은 돈으로도 내 필요를 충당하는 데 아무 문제가 없었다. 절약이 습관화되면서 나는 수입의 3분의 2를 다른 목적을 위해 쓸 수 있게 되었다. 내 자신에게 쓰는 돈을 줄여 남에게 더 많이 베풀수록 내 영혼은 더 충만한 기쁨과 만족을 얻는다는 것을 체험했다.

하나님은 자기의 것을 기꺼이 희생하는 자에게 풍성한 것으로 되갚으시는 분이다. 삶의 고단함 속에서도 허드슨 테일러는, 힘써 하나님을 좇는 자에게 그분이 어떤 존재가 되어 주시는지를 차츰 배워갔다. 믿음조차 편안함을 추구하려는 요즘 세태 속에서 하나님이 맘껏 쓰실 수 있는 사람이 된다는 것은 그만큼의 희생이 필요한 일임을 우리 자신에게 상기시킬 필요가 있지 않을까? 그리스도를 닮아간다는 것은 거저 되는 일이 아니다. 막대한 값을 치르지 않고서는 결코 그리스도가 요구하신 일을 감당할 수 없다. "내가 마시는 잔을 너희가 마실 수 있으며 내가 받는 세례를 너희가 받을 수 있느냐"(막 10:38).

그 당시 중국은 태평천국 운동이라는 괄목할 만한 상황 전개로 인해 전세계의 이목을 끌고 있었다. 이 기간 동안 많은 이들이 기도했고 중국의 복음화에 대한 긍정적인 기대로 술렁였다. 그러나 기대는 곧 실망으로 바뀌었고 큰 희망을 품고 시작한 사역들이 실패로 돌아가자 대다수는 지원의 손길을 끊거나 관심을 거두었다. 기도 모임도 차츰 위축되었고, 선교사 후보생들은 다른 소명지로 눈을 돌렸다. 후원금이 줄면서 적어도 두 곳 이상의 선교단체가 문을 닫았다. 그럼에도 주님이 의지할 수 있는 사람들은 여전히 남아 있었다. 가난하고 연약하며 이름도 권력도 없으나, 다만 은혜로 말미암아 하나님의 목적을 완수하기 위해 무엇이든 감당할 준비가 된 사람들이었다.

여기 드레인사이드의 조용한 하숙집에 그런 사람이 있었다. 그가 가진 모든 한계에도 불구하고 허드슨 테일러는 무엇보다 그리스도를 닮은 인격과 삶을 갈구했다. 피할 수도 있었던 시험이 꼬리에 꼬리를 물고 다가왔을 때 그는 자기를 포기하고 대신 십자가를 지는 좁은 길을 선택했다. 그렇게 하는 것이 득이 되리라는 생각이 있어서가 아니라 거룩한 하나님의 영에 의해 인도함을 받았기 때문이다. 그는 하나님의 축복을 가로막지 않는 순전한 마음의 소유자였다.

이와 같은 하나님의 사람에게 주어진 놀라운 약속들이 있다. 약속은 반드시 이루어지지만 결코 화려한 것으로만 채워지지 않는다.

> 볼지어다 내가 네 앞에 열린 문을 두었으되 능히 닫을 사람이 없으리라 내가 네 행위를 아노니 네가 작은 능력을 가지고서도 내 말을 지키며 내 이름을 배반하지 아니하였도다(계 3:8).
>
> 내게 광대하고 유효한 문이 열렸으나 대적하는 자가 많음이라(고전 16:9).

분명 허드슨 테일러에게도 그의 걸음을 가로막은 대적들이 있었다. 그는 그의 인생에서 가장 열매를 많이 맺을 뿐만 아니라 자기 자신과 다른 이들을 위한 복이 풍성하게 부어지는 시기에 들어서고 있었다. 미혹하는 자가 관심을 갖는 것은 놀랄 일이 못되지 않은가? 그는 홀로 지냈고 사랑과 온정에 굶주렸으며 청년이 감당하기엔 쉽지 않은 자기부인(否認)의 삶을 살고 있었다. 사탄에겐 이것이 절호의 기회였을 것이다. 실제로 사탄은 잠시 동안 악의 무기를 휘두를 허락을 받았으나 이 역시 결국엔 합력하여 선을 이루게 될 것이었다.

바로 이즈음, 드레인사이드에 머문 지 몇 주밖에 안 된 때에 두려워하던 일이 벌어졌다. 그가 너무나도 사랑하던 사람과 영영 헤어지게 된 것이다. 2년이란 긴 시간 동안 그는 희망의 끈을 놓지 않고 기다렸다. 미래의 불확실성은 오히려 모든 변화 속에서 그녀의 존재와 그녀와의 동행을 더 갈망하게 만들었다. 그러나 그의 바람은 깨어졌다. 사랑스런 외모와 온화한 목소리를 지닌 젊은 음악교사는 선교사가 되겠다는 비전에 붙들린 허드슨 테일러를 자기가 바라는 곳으로 돌이킬 수 없음을 깨닫고는,

마침내 자신은 중국에 갈 생각이 없음을 분명히 알려왔다. 그녀의 아버지도 허드슨 테일러와의 결혼을 완강히 반대했다. 하지만 그녀의 결정은 아버지의 반대 때문만은 아니었다. 그녀 스스로 자신이 그런 삶에 적합하지 않다고 느꼈다. 이것이 뜻하는 바는 하나였다. 줄곧 그녀를 기다리며 사랑으로 하나가 되길 원했던 사람의 마음은 큰 상처를 입었다.

"이렇게까지 할 가치가 있어?" 미혹자가 다그쳤다. "대체 왜 네가 중국에 가야 하는데? 어차피 실현 불가능한 임무인데 그것 때문에 평생을 바치고 고통을 감수하겠다고? 아직 그녀를 붙잡을 수 있을 때 네가 그만 둬. 다른 사람들처럼 제대로 밥벌이를 하고 이곳에서 주님을 섬기라고. 그러면 그녀와 함께할 수 있잖아."

사랑에 호소한 대적의 계략은 위력적이었다. 잠시 그는 동요했다. 원수의 미혹이 홍수처럼 밀려왔고 청년은 슬픔으로 마비되었다. 위로받기 위해 주님께 나아가기보다는 자기 자신 속으로 파고들어 슬픔을 키웠다. 그러나 그는 결코 혼자가 아니었다. 버림 받은 외톨이가 아니었다.

그 다음날 그는 이렇게 글을 적고 있다.

혼자 수술실에 있으면서 나는 내가 무너지고 있음을 느꼈다. 나는 완전히 연약하고 낮아진 상태였고, 바로 그때 하나님께서 그분의 놀라운 사랑을 나타내 보여주셨다. 주님은 "상하고 통회하는 마음을 멸시하지 않으셨으며"(시 51:17) 축복을 구하는 나의 부르짖음에 신실하게 응답하셨다.

그렇다. 주님은 나를 겸비케 하셨고, 내가 어떤 사람인지 보게 하셨다. 그것으로 끝이 아니었다. 주님은 환난 중에 만날 큰 도움으로 내게 다가오셨다. 주님은 시련 가운데 있는 나의 감정을 마비시키는 대신, 자유로운 마음 가운데 기쁨을 담아 노래할 수 있게 하셨다. "나는 여호와로 말미암아 즐거워하며 나의 구원의 하나님으로 말미암아 기뻐하리로다"(합 3:18) …

이제 나는 구세주의 가장 큰 사랑으로 인해 진정한 행복이 무엇인지 알게 되었다. 가장 고통스러운 경험에 대해서도 이제는 주님께 감사할 수 있게 되었으며, 앞으로 닥칠 모든 일에 대해서도 두려움 없이 주님을 신뢰할 수 있을 것이다.

4
믿음의 진보

> 하나님의 변함없는 사랑을 신뢰하는 자는
> 그 누구도 움직일 수 없는
> 반석 위에 집을 짓는 자이다
> - 게오르그 노이마르크

"나는 한 번도 희생한 적이 없습니다." 훗날 허드슨 테일러가 희생이라는 요수가 결코 모자라지 않았던 자신의 삶을 회고하면서 남긴 말이다. 그러나 그의 고백은 옳다. 삶의 현장에서 너무나도 실제적이며 지속적으로 보상을 누린 경험이 있기에, 그는 하나님과 마음을 터놓고 교제할 때 '포기하고 내려놓는 것'이 궁극적으로는 받는 것임을 알게 되었다. 드레인사이드에서 보낸 그해 겨울도 이런 체험이 선명하게 임하는 시간이었다. 겉으로 드러나는 것뿐만 아니라 내면으로도 그는 하나님의 뜻에 순응했다. 그리스도를 따르는 데 걸림돌이 되지 않도록 자신의 삶에서 최상이자 최고라 여기던 사람과의 사랑을 기꺼이 내려놓았다. 크나큰 희생이었지만 보상은 훨씬 컸다. 그는 이렇게 고백한다.

나는 온종일 형언할 수 없는 기쁨이 임하는 행복한 날들을 누렸다. 나에게 하나님은 살아계시는 눈부신 실체였고 내가 마땅히 행할 것은 기쁨으로 충만하여 그분을 섬기는 것뿐이었다.

이 시기 이후로 그의 편지에선 이전보다 덜 내향적이며 보다 선교 지향적인 기운이 새롭게 감지된다. 그의 모든 관심사의 최우선 순위에 중국이 자리하게 되었고, 그리스도밖에 있는 자들을 향한 신령한 관심과 영적 갈망이 더 깊어졌다.

이 즈음 그가 어머니에게 쓴 편지다.

사랑하는 어머니, 그 어떤 것으로도 저 때문에 염려하지 마세요. 선교사의 부르심은 기실 한 번 살다 죽을 인간이 행할 수 있는 가장 고귀한 일이라 믿습니다. 어머니의 아들로서 가족이라는 운명의 실타래를 무시할 수 없는 것은 분명하지만, 구세주를 위해 우리의 전유물을 내려놓을 기회가 주어진다면 그것으로도 마땅히 기뻐해야 하지 않을까요? …

계속 저를 위해 기도해 주세요. 세상적인 문제에 있어서는 별 불편함이 없고, 그래서 행복하고 감사하지만, 그래도 어머니의 기도가 필요합니다. … 아, 어머니, 제가 얼마나 선교사가 되기를 갈망하는지, 가난한 이들과 멸망하는 죄인들에게 다가가 얼마나 복음을 전하기 원하는지, 날 위해 죽으신 그분을 위해 얼마나 제 삶을 소진하고 싶은지, 주님의 도구로 얼마나 쓰임 받기를 원하는지, 말로는 다 설명할 수가 없답니다… 어머니, 천이백만 명입니다. 너무 엄청나서 헤아리기도 어려운 그 숫자를 생각해 보세요. 그래요, 중국에서 해마다 천이백만 명의 영혼이 허무하게 죽어가고 있습니다. 그 많은 사람들이 하나님 없이, 소망도 없이 세상을 떠난다고 합니다… 우리에게 이 허다한 무리를 향한 긍휼히 여기는 마음이 필요합니다. 하나님이 우리에게 자비를 베푸셨는데, 우리 역시 그분을 닮아가야 마땅하지 않을까요? …

이제 글을 맺습니다. 어머니는, 어머니를 위해 죽으신 예수님을 위해 모든 것을 포기하지 않으실까요? 분명 어머니라면 그러실 거라 믿습니다. 저도 어머니와 같은 믿음 안에 서 있습니다. 부디 하나님께서 어머니와 함께하시며 위로로 덧입혀 주시기를 기도할게요. 여비가 마련되는 대로 곧 중국으로 떠나려고 합니다. 중국을 위해 뭔가를 하지 않고선 견딜 수 없을 것 같습니다.

허드슨 테일러는 떠나기를, 그것도 즉시 떠나기를 강하게 원했지만 그를 주저하게 만드는 문제들이 있었다. 드레인사이드에 있는 작은 방은 오로지 하나님과 그만이 아는 숱한 갈등과 승리의 현장이 되었다.

그가 그 해 겨울을 회고하며 쓴 글이다.

나에겐 가까운 사람들의 지원으로부터 멀리 유리된 채, 모든 종류의 보호와 공급과 도움을 오로지 살아계신 하나님께만 의존해야 하는 중국으로 떠난다는 것은 매우 엄중한 문제였다. 이런 과업을 제대로 수행하기 위해선 영적 근력을 키워야 한다고 생각했다. 믿음이 부족하지 않으면 하나님 한분으로 충분할 것이라는 점은 추호도 의심하지 않았다.

그러나 만약 그 믿음이 모자란 것으로 판명된다면? 당시 나는 "우리는 미쁨(믿음)이 없을지라도 주는 항상 미쁘시니 자기를 부인하실 수 없으시리라"는 디모데후서 2장 13절의 말씀을 온전히 깨닫지 못한 상태였다. 결과적으로 내 머릿속에선 '주님이 신실하신가 아닌가 여부'가 아니라 내 앞에 놓인 과업을 감당할 만한 충분히 '강한 믿음이 내게 있는가 없는가'가 굉장히 심각한 문제로 다가왔다.

혼자 이런 생각을 하곤 했다. '내가 중국으로 떠난 후에는 그곳에서 누구에게도 어떤 것도 요구할 권리가 없을 것이다. 그곳에서 내가 유일하게 간구할 대상은 하나님일 것이다. 그러니 영국을 떠나기 전에, 하나님을 통하여 오로지 기도로만 사람을 움직이는 것을 배우는 일이 얼마나 중요한지 모르겠다.'

그리고 그는 이를 위해 어떤 대가든 치를 각오가 되어 있었다. 더러는 판단력 부족으로 보이는 일도 있었고 극단으로 치우치는 일도 있었지만 하나님은 그때마다 놀라운 방식으로 그를 받아주시고 만나주셨다! "하나님을 통해 오로지 기도로 사람을 움직인다." 이 큰 목표는 드레인사이드에서 외로운 겨울을 보내는 동안 찬란하게 실현되었다.

그해 겨울을 회고하며 쓴 글은 이렇게 이어진다.

헐 지역 병원에서 일할 때, 나의 마음씨 좋은 고용주는 급여일이 되면 자신이 잊고 지나가지 않도록 미리 알려달라고 했다. 나는 직접 일러주는 대신 하나님께서 그의 기억을 일깨워 달라고 기도했다. 그 과정에서 기도 응답에 대한 확신을 얻고자 했다.

한번은 급여를 지급할 날이 다가와 평상시처럼 이 제목을 놓고 기도했다. 그런데 지급일이 되어도 닥터 하디가 아무 말이 없었다. 나는 계속 기도했다. 며칠이 더 지나도 그는 여전히 기억하지 못했다. 결국 어느 토요일 밤, 가계부를 정리하면서 지갑에 달랑 동전 하나밖에 없음을 발견했다. 반 크라운짜리(2실링 6펜스의 가치가 있었다) 동전 하나가 내가 가진 전부였다. 그때까지도 피부로 다가오는 불안이나 궁핍은 없었다. 나는 계속 기도했다.

    다음날은 주일이었고, 나는 여느 때처럼 기쁨으로 충만한 복된 하루를 보냈다. 오전 예배를 마친 뒤 오후에는 늘상 하던 대로 시내에 나가서 빈민가의 여러 숙박업소를 찾아다니며 복음을 전했다. 그럴 때면 마치 지상에 천국이 임하기 시작하는 것 같은 느낌을 받았다. 우리가 인생에서 추구할 수 있는 최선은 내 소유를 더 늘리는 것이 아니라 내 기쁨을 채울 그릇의 용량을 더 늘려가는 것이라고 생각하면서.

    그날 밤 열시쯤 전도를 마치고 집으로 돌아가려는데 남루한 차림의 남자가 다가와 아내가 죽어간다면서 같이 가서 아픈 아내를 위해 기도해 달라고 부탁했다. 나는 그를 따라나섰다. 대화를 주고받다보니 그는 아일랜드인의 억양으로 말하고 있었다. 그렇다면 응당 그는 가톨릭 교도였을 것이다. 궁금했던 나는 왜 가톨릭 사제를 찾아가지 않고 그리스도인인 내게 기도를 부탁하느냐고 물었다. 그는 사제에게 기도를 요청했으나 18펜스를 내야만 방문이 가능하다고 했고 돈이 없다고 했더니 거절당했다고 했다. 그는 가족이 당장 그날 끼니도 해결하지 못했다고도 했다. 바로 그때 내게 있던 반 크라운짜리 동전이 떠올랐다. 내가 가진 유일한 재산이었다. 그걸 내주어야 한다는 데까지 생각이 미쳤다. 내가 묵던 집에는 그날 저녁으로 먹을 귀리죽 한 사발이 있었고 그것으로 다음 날 아침까지는 해결할 수 있었다. 하지만 저녁 끼니부터는 나도 어떻게 해결할지 모르는 상황이었다. 그러니까 그 동전을 불쌍한 남자에게 주고 나면 다음날 저녁부터는 나도 굶어야 하는 처지였다.

생각이 거기까지 미치자 마음속에 흐르던 기쁨의 물꼬가 갑자기 막혀버렸다. 나는 나 자신을 책망하는 대신 그 가난한 남자에게 원망어린 시선을 보냈다. 상황이 그렇게까지 되도록 놔둔 것은 잘못이며 빈민구호소에 도움을 청했어야 한다고 질책했다. 그도 조금 전 빈민구호소에 가서 사정을 알렸으나 너무 늦었으니 날이 밝으면 다시 오라는 말만 들었다고 했다. 그리고 아내가 이 밤을 넘기지 못할 것 같은 두려움이 들었다고 했다.

"아," 나는 생각했다. "내게 반 크라운짜리 동전 하나가 아니라 (동전 여러 개의) 2실링 6펜스가 있다면 얼마나 좋았을까? 그랬다면 이 가련한 사람에게 기꺼이 1실링짜리 동전 하나를 내어줄 텐데!" 그러는 사이에도 나는 내가 가진 반 크라운짜리 동전과 이별할 생각은 전혀 들지 않았다. 나는 하나님 더하기 1실링 6펜스(1실링을 주고 남은 것)은 신뢰할 수 있었지만, 주머니에 한 푼도 없이 오로지 하나님만을 신뢰할 준비는 되어 있지 않았다. 나는 이것이 내가 겪는 이 갈등 상황의 본질이라고는 꿈에도 생각하지 못했다.

앞장선 남자를 따라 어느 집 마당으로 들어서자 조금 불안한 마음이 들었다. 이전에도 와본 적 있는 곳이었다. 마지막 방문 때에는 험악한 대접을 받았다… 그는 삐걱거리는 계단을 올라가 꾀죄죄한 방으로 나를 이끌었다. 아, 눈앞에 드러난 광경이란! 네댓 명의 아이들이 서성이고 있었다. 아이들의 움푹 꺼진 뺨과 관자놀이는 서서히 영양실조로 죽어가고 있음을 말하고 있었다. 낮은 침대 위엔 이미 죽음의 문턱까지 다가간 가

여운 어머니가 미동도 없이 누워 있었다. 그 곁에는 태어난 지 고작 36시간이 지난 작고 붉은 갓난아기가 강보에 싸여 울 힘도 없는 듯 칭얼거리고 있었다.

"아!" 나는 다시금 생각했다. "내게 반 크라운짜리 동전 하나가 아니라 2실링 6펜스가 있다면 얼마나 좋았을까? 기꺼이 이 가족에게 1실링 6펜스를 내어줄 텐데." 여전히 끈질긴 불신앙이 내 소유 전부를 희생하여 그들의 고통을 덜어주려는 충동을 억눌렀다.

이 불쌍한 사람들을 어떻게 위로해야 할지 막막했다. 어찌보면 너무도 자연스러운 반응이었다. 사실 내 자신도 위로가 필요한 상태였다. 그러나 나는 입을 열어 그들에게 낙담해선 안 된다고, 매우 힘든 상황이지만 선하고 사랑 많은 하나님이 하늘에 계시다고 말해 주었다. 그러는 동안 내 안에서 뭔가가 소리쳤다. "위선자 같으니라고! 너는 반 크라운 없이는 하나님을 신뢰하지 못하겠다고 생각하면서 정작 이 믿지도 않는 사람들에게는 선하고 사랑 많은 하늘 아버지에 대해 가르치다니."

나는 숨이 막힐 지경이었다. 만약 내게 플로린(2실링짜리 은화) 하나와 6펜스가 있다면 기꺼이 양심과 타협을 시도했을 것이다. 감사하는 마음으로 그 플로린을 내어주고 나머지 6펜스라도 내 몫으로 남겨두었을 것이다. 나는 여전히 6펜스 없이는 하나님 한 분만을 신뢰할 준비가 되어 있지 않았다.

이런 상황에서 더 이상 위로의 말을 이어간다는 건 가능하지 않았다. 이상하게 들리겠지만 나는 기도는 어렵지 않게 하리라고 생각했다. 당시 나에게 기도는 즐거운 일상이었다. 기도하며 보내는 시간은 한 번도 피곤하게 여겨진 적이 없었고 해야 할 말이 떨어진 적도 없었다. 그 순간엔 그저 무릎을 꿇고 기도만 하면 그들과 나 자신에게 동시에 안도감이 찾아오리라고 생각했다.

"와서 당신 아내를 위해 기도해 달라고 하셨죠." 내가 그 남자에게 말했다. "함께 기도합시다." 나는 무릎을 꿇었다.

"하늘에 계신 우리 아버지"라고 입술을 열어 발설하자마자 내 속의 양심이 말했다. "이건 하나님을 조롱하는 것에 불과하지 않겠니? 무릎을 꿇고 네 주머니 속의 반 크라운짜리 동전 하나를 만지작거리면서 하나님을 '아버지'라고 부를 수 있다니!"

이전엔 한번도 경험하지 못한 갈등이 나를 덮쳤다. 어떻게 기도를 마쳤는지도 모르겠고, 제대로 된 단어가 입에서 튀어나왔는지도 모르겠다. 마음에 커다란 돌덩어리 하나를 안은 채 나는 꿇은 무릎을 일으켰다.

가련한 남자는 기도를 마치고 돌아서려는 나를 향해 말했다. "선생님, 우리가 얼마나 비참한 형편에 처했는지 보셨죠. 만약 도와주실 수 있다면 하나님의 이름으로 도와주세요!"

순간 성경의 말씀 한 구절이 마음속에 빛을 번득였다. "네게 구하는 자에게 주며 네게 꾸고자 하는 자에게 거절하지 말라"(마 5:42). 왕의 말씀에는 능력이 있다.

나는 주머니에 손을 넣어 주섬주섬 동전 하나를 꺼냈다. 내게 있던 단 하나의 동전인 반 크라운을 남자에게 건네주었다. 그러면서, 내가 상대적으로 형편이 나아 보이기 때문에 그들을 돕는 것이 내게 별 일 아닌 것처럼 보일 수 있겠지만 이 동전을 내주면 나도 내가 가진 전부를 주는 것이라고, 그리고 내가 그들에게 말하고자 했던 바는 진실이며 하나님은 진짜 살아계셔서 우리의 아버지가 되어주시는 신뢰할 만한 분이라고 말했다. 그 순간 내 마음에 어찌나 큰 기쁨이 밀려들어오던지! 이제는 무슨 말이든 양심의 거리낌없이 선포할 수 있다는 확신이 들었고, 축복을 가로막던 걸림돌이 사라졌음을, 아니 영영 사라졌음을 깨달았다.

얼마 후 그 남자의 아내가 건강을 회복했다는 소식이 들려왔다. 다행스럽게 그날 나의 생명도 회복되었다. 그날 하나님의 은혜가 나의 인색함을 이기고 하나님의 영과의 씨름에서 내가 굴복당하지 않았다면, 아마도 그리스도인으로서 나의 삶은 실패작이 되었을 것이다.

그날 밤 하숙집으로 돌아오는 길에 내 마음은 내 주머니만큼이나 홀가분했던 것이 선명하게 기억난다. 어둡고 황량한 거리를 걷는 내게서 억누르지 못한 찬양 소리가 흘러나왔다. 나는 잠자리에 들기 전 먹었던 그 귀리죽 한 사발을 왕의 만찬과도 바꾸지 않을 것이다. 침대 곁에 무릎을 꿇고 기도하면서 나는 주님의 말씀이 내게 얼마나 견고한 약속이 될 수 있는지 선포했다. "가난한 자를 불쌍히 여기는 것은 여호와께 꾸어 드리는 것이니 그의 선행을 그에게 갚아 주시리라"(잠 19:17). 나는 주님께 너무 오랫동안 꾸지는 말아달라고, 안 그러면 내일 저녁을 굶어야 한다고 아뢰었다. 마음 한가득 평강이 임했다. 나는 행복하고 안식으로 충만한 밤을 보냈다.

다음날 아침, 그릇에는 귀리죽이 아직 남아 있었고 식탁에 앉아 그 죽을 다 먹기 전에 문을 두드리는 소리가 들렸다. 우체부였다. 부모님이나 친구들은 토요일에 편지를 부치는 일이 없었으므로 월요일에 우편물이 오는 경우는 거의 없었다. 하숙집 주인 아주머니가 젖은 손을 앞치마로 가린 채 뭔가를 건넸다. 편지인지 봉투인지 잘 구분이 안 되는 그걸 받아들곤 의아한 생각에 잠시 뜸을 들였다. 편지 겉봉을 봐도 필체를 알아볼 수가 없었다. 낯선 사람이거나 일부러 낯설게 보이려고 구불구불하게 휘갈긴 글씨체 같았고 우체국 소인은 번져 있었다. 어디서 온 건지도 알 수 없었다. 봉투를 열어보니 안에는 편지라고 할 만한 건 없고, 다만 하얀 종이로 포장하듯 감싼 아이 장갑 한 켤레가 들어 있었다. 그걸 꺼내는데 놀랍게도 반 소버린(10실링짜리 금화) 하나가 바닥에 툭 떨어졌다.

"주님을 찬양합니다!" 나는 탄성을 질렀다. "12시간도 안 됐는데 400퍼센트의 보상이라니! 이 정도 이율로 돈을 빌려줄 수 있다면 혈의 상인들이 얼마나 좋아할까!" 그날 그 자리에서 나는 도둑이 결코 뚫고 들어올 수 없는 은행에 내 저축과 소득을 맡겨야겠다고 결단했다. 그날 이래로 나는 아직 이 결단을 후회한 적이 없다.

얼마나 자주 머릿속에서 이 사건을 되짚어 보았는지, 어려운 상황에 처할 때마다 이날의 경험이 얼마나 큰 지지대가 되었는지는 말로 표현할 수 없을 정도이다. 우리가 작은 것을 가지고 하나님께 충성하면 더 심각한 인생의 시련에서 큰 도움과 능력을 하나님으로부터 얻게 되리라 확신한다.

이야기는 여기서 끝나지 않는다. 허드슨 테일러의 믿음을 견고하게 해준 기도 응답의 사건이 또 하나 있었다.

내가 가진 반 크라운짜리 동전을 내어주었을 때 채 하루도 지나지 않아 되돌아온 놀랍고도 은혜로운 하나님의 응답은 내게 큰 기쁨을 안겨다주었을 뿐만 아니라 견고한 믿음의 반석을 쌓아주었다. 그러나 다음날 아침 내게 주어진 10실링(반 소버린)으로는 아무리 아껴서도 오래 가지 못할

게 분명했다. 주님이 아직 지급되지 않은 정당한 급여에 대한 기억을 내 고용주에게 일깨우시도록 계속 기도해야 했다. 그러나 나의 간구는 여전히 응답되지 않는 듯했다. 2주가 지났을 무렵, 나는 잊을 수 없는 지난 주일 밤과 비슷한 처지에 놓여 있었다. 나는 쉬지 않고, 이전보다 더 간절하게 하나님께 매달렸다. 하나님께서 직접 닥터 하디에게 찾아가셔서 내 급여가 미지급되었음을 환기시켜 달라고 구했다.

물론 내가 그토록 곤혹스러워 한 이유는 단지 돈 때문이 아니었다. 내가 당연히 받아야 할 급여이므로 그냥 닥터 하디에게 말하기만 하면 해결될 문제였다. 정작 내 마음을 무겁게 짓누르는 질문은 이것이었다. "내가 과연 중국에 갈 만한 자격이 있을까? 하나님을 향한 나의 믿음 부족이 심각한 장애물이 되지 않을까? 믿음이 부족하다면 이토록 갈망하는 헌신의 삶이 불가능한 게 아닐까?"

그 주가 다 지나가면서 나는 점점 더 당혹감을 느꼈다. 내 형편만 문제가 되는 게 아니었다. 토요일 밤엔 집세를 내야 했고, 셋집의 주인 아주머니도 그 돈이 없으면 안 될 만큼 빠듯한 형편인 것을 나는 알고 있었다. 아주머니를 위해서라도 닥터 하디에게 급여 이야기를 꺼내야 하지 않을까? 그러나 그렇게 하는 것은, 적어도 나 자신에게는 선교사의 과업을 감당하기에 부적격자라는 것을 자인하는 셈이 된다. 나는 목요일과 금요일 이틀간 쉬면서 거의 온종일 하나님께 기도로 매달렸다. 토요일 아침이 되어도 여전히 내 형편은 달라진 게 없었다. 이제 나는 하나님 아버지의 때를 계속 기다려야 하는지에 관한 인도하심을 구하며 부르짖었다. 그리고 하나님의 때를 기다리는 것이 최선의 선택이며 하나님이 어떤 방식으로든 나를 위해 개입하실 것이라는 확신을 얻었다. 나는 기다리기로 했다. 이제 나의 마음은 평안을 얻고 짓눌림은 사라졌다.

토요일 오후 다섯 시경, 닥터 하디는 처방전 쓰는 일과 오후 회진을 마치고 평소처럼 안락의자에 몸을 기대어 하나님에 관해 이야기하기 시작했다. 그는 신실한 그리스도인이었고 그 덕분에 우리는 이제껏 복된 교제의 시간을 보냈다. 나는 그 시간에 약탕기를 지켜보는 중이었다. 약을 달이는 일은 상당한 집중력이 필요한 작업이었다. 약탕기를 지켜보느라 다른 생각할 여유가 없던 내게 닥터 하디가 불쑥 말을 꺼냈다.

"그런데, 테일러군, 자네 급여일이 되지 않았나?"

내 기분이 어땠을지는 상상이 갈 것이다. 나는 대답하기 전에 흥분을 억누르느라 두세 번 침을 삼켜야만 했다. 약탕기에 시선을 고정하고 그에게 등을 돌린 채로 최대한 차분하게 급여일이 조금 지났다고 했다. 순간 얼마나 감사했던지! 하나님은 분명 내 기도를 들으셨다. 절박한 상황에 있던 나로부터 어떠한 언질이나 언급을 듣지 않고서도 그가 내게 줄 밀린 급여가 있다는 사실을 기억나게 하셨다.

"아이고, 왜 나한테 진작 일러주지 않았나." 닥터 하디가 낭패라는 듯 물었다. "내가 얼마나 바쁘고 정신없는지 알잖나? 좀 더 일찍 생각났으면 좋았을 텐데. 어쩐다! 오늘 오후에 돈을 전부 은행에 맡겼거든. 안 그랬으면 당장 지급했을 텐데."

이 예기치 않은 발언으로 야기된 감정의 술렁임을 말로 설명하기란 불가능하다. 나는 어쩔 줄 몰랐다. 다행히도 마침 약탕기가 끓어올라 그걸 핑계 삼아 황급히 방에서 나갔다. 닥터 하디가 퇴근할 때까지 그의 시야에서 잠시나마 벗어날 수 있음이 다행스러웠다. 나의 감정을 그가 눈치채지 못하게 해야 했기 때문이다.

닥터 하디가 퇴근하자마자 나는 나만의 작은 골방을 찾아 주님 앞에 나의 마음을 쏟아놓아야 했다. 한참을 그리한 후에야 마음의 평정을 찾을 수 있었고 이내 감사와 기쁨이 회복되었다. 나는 하나님께서 뜻하시는 그분만의 방법이 있으며 결코 나를 실망시키지 않으실 것을 믿었다. 하나님은 어떤 방식으로든 나를 위해 일하실 것이다. 그러니 내가 취할 수 있는 선택은 인내하며 주님의 때를 기다리라는 인도하심에 따르는 것뿐이었다.

그날 저녁은 여느 토요일 저녁마다 그렇듯, 병원에 늦게까지 머물며 성경을 읽고 다음날 여러 숙박업소에서 전할 메시지를 준비했다. 그날은 아마도 평소보다 조금 더 지체했던 것 같다. 10시쯤 되었을 때 외투를 걸치고 집으로 돌아갈 채비를 했다. 대개는 셋집 주인 아주머니가 잠자리에 들었을 시간이므로 집에 들어갈 땐 소리가 나지 않게 살그머니 열쇠로 문을 따고 들어가야겠다고 생각하며 병원 문을 나섰다. 하나님께서 어쩌면 월요일이 되면 나를 위해 일하실 것이고, 늦었지만 집주인 아주머니에게 집세를 낼 수 있을 것이란 생각에 감사함이 몰려왔다.

전등불을 끄려는데 닥터 하디의 사택과 병원 진료실이 연결된 앞마당에서 누군가의 걸음 소리가 들려왔다. 어둑한 불빛에 어렴풋하게 얼굴이 나타났다. 닥터 하디였다. 그는 마치 재미있는 일이라도 생겼다는 듯 환하게 웃고 있었다. 내 손을 잡고 진료실에 들어가더니 당장 장부를 가져오라고 했다. 그러고는 방금 이 도시에서 제일 부유한 환자 한 분이 진료비를 내기 위해 다녀갔다고 했다. 그런 사람이 이 늦은 시각에 일부러 찾아온 것이 자신이 보기에도 희한하다고 했다. 그 말을 들으면서도 나는 이 일이 나의 일과 어떤 관련이 있으리라고는 전혀 생각지 못했다. 그런 생각을 했다면 오히려 민망했을 것이다. 단지 아무 이해관계가 없는 관찰자의 입장에서 상황을 바라보니, 도시에서 가장 큰 부자라면 간단히 수표를 써서 집안 일꾼에게 심부름을 시키면 간단하게 해결될 일을 굳이 아침이나 한낮도 아닌 밤 10시가 지나서 그것도 성치 않은 몸을 이끌고 병원에 직접 들러 치료비를 결제하고 간다는 게 매우 기이하게 받아들여졌다. 무슨 연유에서인지 그는 그날 당장 이 문제를 직접 해결하지 않고서는 마음이 편치 않았던 모양이다. 자기 말로도 그는 어쩐지 마음에 걸렸고 잠을 청할 수가 없어서 왔노라 말했다고 한다.

장부에 부자가 주고 간 금액을 기입한 후 다시 집으로 돌아가려던 닥터 하디는 불쑥 몸을 돌려 방금 받은 지폐 중 일부를 내게 건네주며 이렇게 말했다.

"테일러 군, 이 돈은 자네가 갖는 게 좋겠어. 밀린 급여일세. 그런데 어쩌나! 잔돈이 없으니 이걸로 쓰고 거스름돈은 다음 주에 주게나."

감사하게도 예기치 못한 순간에 가장 듣고 싶었던 말을 들은 것이다. 나는 감정을 들키지 않으려 애쓰며 닥터 하디를 배웅한 뒤에 나의 작은 골방으로 들어가 기쁨으로 주님을 찬양했다.

나는 어쩌면 중국에 갈 수 있을지도 모른다.

5
믿음의 시험과 연단

나의 하나님 아버지가 아신다는 사실만으로 충분하며
이젠 그 어떤 것도 내 믿음을 흔들지 못한다
하나님이 가장 좋은 것으로 베푸시는 자들을 보라
하나님이 결정하시도록 모든 걸 내맡긴 자들이다
- 허드슨 테일러

"나는 어쩌면 중국에 갈 수 있을지도 모른다!" 하지만 그러기 위해선 먼저 그 앞에 놓인 숱한 시험을 겪어야 했다. 비범하고 풍성한 열매를 맺어야 하는 삶은 먼저 비범한 방식으로 하나님 안에 뿌리 내리고 단단해져야 한다.

허드슨 테일러는 헐을 떠나 런던으로 이사했다. 그곳의 명망 있는 병원에 의학 실습생으로 들어갔다. 그는 자신의 모든 필요를 위해 오직 주님에게만 의지했다. 부친뿐만 아니라 훗날 그를 중국으로 파송한 단체에서도 그에게 생활비를 대주겠다고 제안했지만, 그는 하나님께서 말씀을 통해 주신 수많은 약속을 자신이 더 많이 체험할 기회를 가져야 한다고 판단했다. 부친의 너그러운 제의를 거절했을 때 가족들은 선교단체가 그의 필요를 전적으로 감당하는가 보다고 생각했다. 그러나 선교단체는 런던 병원에서 그가 실습생으로 배움에 참여하는 데 필요한 비용을 부담할 뿐이었다. 소호에 사는 친척 아저씨가 몇 주간 그가 묵을 곳을 제공하긴 하지만, 그 외에 런던이라는 대도시에서 그가 엄청난 고물가의 생활을 감당하기 위해 보장된 자원은 오로지 하나님의 신실하심밖에 없었다.

헐을 떠나기 전 그가 어머니에게 쓴 편지다.

"주께서 심지가 견고한 자를 평강하고 평강하도록 지키시리니 이는 그가 주를 신뢰함이니이다"(사 26:3). 저는 이 말씀이 진짜인지를 삶에서 검증하고 있습니다. 제 마음은 마치 호주머니에 100파운드가 있는 것처럼 평안하답니다. 저는 언제나 하나님의 지켜주심과 공급하심 안에서 살아가기를 기대할 뿐 아니라, 물질에서든 영적인 일에서든 풍성한 복을 누리기 위해 단순하게 하나님만을 의지하는 사람이 되고자 날마다 기도하며 살고 있습니다.

그의 누이 아멜리아에게 쓴 편지다.

런던에서 모든 일이 내 맘대로 풀리는 것은 아니지만 걱정이 되지는 않아. 하나님은 "어제나 오늘이나 영원토록 동일하시니까"(히 13:8). 그분의 사랑은 실패함이 없고, 그분의 말씀은 변함이 없으며, 그분의 권능은 늘 동일하심을 믿고 있어. 그러므로 하나님을 의지하는 자의 마음은 "완전한 평강으로"(perfect peace, 히 13:8, "평강하고 평강하도록") 지키심을 받지. 하나님이 내게 시험을 허락하신다면 그것은 내 믿음의 성장을 위해서일 뿐만 아니라, 나를 사랑하시기 때문임을 이제는 알아. 그리고 그런 일들을 통해 하나님이 영광을 받으신다면 나는 만족할 수 있어.

허드슨 테일러는 가깝고 먼 장래의 모든 일에서 온전한 자신감을 갖기 원했다. 그 자신감이 어차피 무너질 성질의 것이라면 차라리 이역만리 중국이 아니라 이곳 런던에서 무너지는 편이 나았다. 의도적으로 그리고 전적인 자신의 의지로 그는 가능한 한 모든 공급원을 차단했다. 그에게 필요한 것은 오직 하나님, 살아계신 하나님이었고, 그 하나님의 신실하심을 확인할 수 있는 더 견고한 믿음, 그리고 삶의 모든 상황 속에서 하나님과 동행하는 것이 실제로 가능한가에 관한 더 풍성한 체험이었다. 대도시 런던에서 그가 경험하는 안락함이나 불편함, 궁핍이나 풍요는 모든 것의 결정자 되시는 하나님 한 분을 더 깊이 알아가는 것에 비하면 하찮은 문제에 불과했다. 하나님의 약속과 그 약속을 주신 하나님의 살아계심을 확인할 더 많은 기회들이 주어질 때마다 그는 결코 적잖은 시련이 될 것을 알면서도 주저하지 않고 그 기회들을 붙잡았.

그 결과는, 이 젊은 의학도의 결단이 실제로는 하나님의 인도하심에 의한 것이었음을 입증해 준다. 런던에서 그는 의심할 수 없는 숱한 기도의 응답을 받았다. 이를 통해 그의 믿음은 더 견고해졌다. 이 믿음의 훈련이야말로 예기치 못하게 12개월 앞당겨진 중국 파송을 위한 최상의 준비였다. 허드슨 테일러는 훗날 자신의 회고록에서 당시의 경험에 관해 이야기한다. 여기서는 다만 그가 이렇게 젊은 나이에 견고한 믿음의 사람이 될 수 있었던 것은, 삶의 현장에서 믿음의 결단으로 말미암은 고독과 궁핍이 허락되었기에 가능한 일이었다는 이야기만 하고자 한다. 그런 인내의 시험이 없었다면 (수개월간 그는 검은 빵과 사과로만 연명하며 왕복 16킬로미터 넘는 거리를 매일 걸어서 병원을 다녔다.), 대학 교육을 받지 않은 그를 중국으로 파송하려는 선교단체가 단 한 군데밖에 없었으며 그마저도 불확실한 끈이었다는 현실이 없었다면, 그는 믿음의 사람이 될 수 없었을 것이다.

중국선교회(Chinese Evangelization Society)는 허드슨 테일러에게 배편이 잡히는 대로 최대한 속히 상하이(Shanghai)로 가달라고 요청했다. 예기치 못하게 길이 열렸을 때 그의 나이 스물한 살이었다. 당시 중국에서는 태평천국 운동이 날로 세를 더해 가다가 극에 달한 상황이었다. 명목상 기독교를 표방했던 세력은 난징(Nanjing)을 수도로 삼고 중부와 북부 지방을 휩쓸었으며 베이징까지도 접수할 기세였다. 운동을 이끌던 지도자 홍시우추엔(Hong Xiu Quan)은 그가 신뢰하던 미국 선교사*에게 다음과 같이 편지했다. "진리를 전파할 수 있도록 선교사들을 더 많이 보내주십시오. 앞으로 우리의 거사가 성공적으로 완수된다면, 기독교 교리를 중국 전역에 전파하고 모든 사람이 유일하신 하나님께 돌아올 뿐 아니라 참된 하나님만을 경배하도록 할 계획입니다. 이것이 내 가슴에서 불타는 열망입니다."

---

* 미국침례선교연맹(American Baptist Missionary Union)의 로버츠(F. J. Roberts) 목사. 태평천국 운동의 창시자이자 지도자인 홍시우추엔이 처음 기독교 진리를 접한 것은 광저우에서 교리문답 중 받은 소책자를 통해서였다. (모리슨이 전도한 리앙 파[Liang Fa]가 교리문답을 인도했다.) 후일 홍시우추엔은 이 새로운 교리에 관해 더 배우고자 광저우(Guanzhou)를 다시 방문해 로버츠 목사의 지도 아래 2-3개월간 성경을 공부했다. 그는 세례를 받고 교회에 입교할 만큼 광저우에 오래 머물지는 않았다. 하지만 광시(Guangxi)성으로 돌아가 자기 민족에게 선교사를 자처하며 성령과 기독교에 대한 가르침을 전했다. 훗날 광시성은 그의 열광적인 선동의 근거지가 되었다. 중국 당국의 가혹한 박해에 내몰리자 그의 추종자들은 무장세력이 되었고 이 때부터 이 운동은 혁명적 성격을 띠게 되었다.

한마디로 중국이 당장이라도 복음의 전령자들에게 문을 활짝 열어젖힐 것 같아 보였다. 세계 각처의 그리스도인들은 감동을 받았다. 너무나도 위중한 시기에 당장 무엇이라도 행동을 취해야 한다는 인식이 팽배해졌다. 한동안 후원금이 선교회로 물밀듯 들어왔고, 복음의 진전을 이루기 위한 여러 프로젝트가 추진되었다. 영국 성서공회는 창립 50주년을 기념해 중국어 신약성경을 100만 부 인쇄했다. 허드슨 테일러가 연락을 주고받던 선교회는 중국 사역을 위해 두 명의 선교사를 상하이로 파송하기로 결정한 상황이었다. 이 중 한 명인 스코틀랜드 출신의 의사는 당장 출국하기가 어려웠지만, 선교회에서는 더 젊은 청년 허드슨 테일러는 급박한 일정에도 불구하고 출국이 가능하리라 기대했다. 그러나 그러려면 그가 하던 약학과 외과수술 분야의 학위 공부를 중도하차해야 했다.

이것은 가볍게 내릴 수 있는 결정이 아니었다. 허드슨 테일러는 당연히 부모님께 조언을 구하고 기도를 부탁했다. 중국선교회의 총무와 면담을 마친 뒤 그는 어머니에게 이렇게 편지했다.

버드(Bird) 씨는 제가 품고 있던 의문들을 대부분 해소해 주었고 그의 제안대로 당장 선교회에 출국 신청을 내는 게 좋겠다는 생각이 듭니다. 어머니의 답장을 기다릴게요. 그리고 어머니의 기도가 필요하답니다. 저의 신청이 허락되고 곧 중국으로 떠나게 된다면 출항하기 전에 집에 다녀가는 게 좋겠지요? 한 번 더 어머니를 뵙고 가기를 간절히 바라고 있어요. 어머니도 당연히 저를 보고 싶으시겠지요. 하지만 영영 이별하기 위해(영원한 이별은 아니지만요) 재회하는 아픔을 생각하면 차라리 만나지 않는 것이 더 나을 것 같다는 생각도 듭니다.

5. 믿음의 시험과 연단

잠시 잠깐이면 곧 지난 일이 될 텐데!
왜 약속으로 주신 십자가를 피할까?
주님을 위해 다른 모든 것을 해로 여기며
그분의 발자취를 따라 속히 걸어가자
그러면 잠시 잠깐 고난 끝에
주님의 미소를 상급으로 받지 않겠는가!

어머니로부터 최대한 빨리 답장을 받았으면 해요. 저를 위해 많이 기도해 주세요. 그리스도를 위해 모든 것을 버린다는 게 말은 쉽지만 실행에 옮기려면 "주님 안에서 충만해졌을 때"(골 2:10)만 가능해요. 나의 사랑하는 어머니, 하나님이 어머니와 함께 하시고 축복하시기를, 그리고 "예수를 아는 지식"(빌 3:8) 이외에 다른 것은 바라지 않을 정도로… "그 고난에 참여함"(빌 3:10)까지 바라도록 예수님의 존귀함을 누리시길 바랄게요.

그리고 누이에게는 이렇게 썼다.

사랑하는 아멜리아, 우리의 모든 필요를 채우신다고 약속하신 그 하나님께서 이 고통스럽지만 학수고대해 온 시간을 통과하는 내내 나와 함께 하시도록 기도해 줘.

우리 자신을 돌아보면 눈에 보이는 건 우리의 불안한 사랑과 초라한 섬김과 완전함을 향한 미미한 발걸음뿐이야. 그러나 하나님께 시선을 돌리고, "죄와 더러움을 씻는 샘"(슥 13:1)에 새롭게 뛰어들면, 우리가 "하나님으로부터 나와서 우리에게 지혜와 의로움과 거룩함과 구원함이 되신"(고

전 1:30) … "사랑하시는 자 안에서"(엡 1:6) 자녀가 된 존재임을 기억하게 돼. 아! 그리스도의 충만함, 그 충만하심이란 얼마나 놀라운 은혜인지!

1854년, 5개월 간의 위태로운 여정 끝에 허드슨 테일러는 중국 해안에 다다랐다. 그가 처음 도착했을 때의 중국은 지금보다 선교사들에겐 훨씬 더 어려움이 많은 곳이었다. 상하이 및 다른 네 곳의 (조약에 따라 개방된) 항구 도시 외엔 외국인 거주가 허용된 지역이 없었으며, 따라서 연안에서 떨어진 내륙 지역에는 그 어디에도 개신교 선교사가 없었다. 게다가 내전이 맹위를 떨치고 있었다. 태평천국 운동은 초기의 순수함을 잃어버린 채 부패한 정치운동으로 전락하고 있었다. 이 운동은 결국 향후 11년간 나라를 전대미문의 피흘림과 고통의 수렁에 빠트렸다. 허드슨 테일러는 중국의 북부 지역 복음화를 위해 난징으로 들어가려 했으나, 상하이에 발붙일 근거지를 마련하는 데에도 이만저만 어려운 게 아니었다. 여행은 극한의 위험을 감수해야만 가능한 상황이었다.

    수년 후 여러 선교사들을 지휘하는 책임을 맡게 되었을 때, 그는 비로소 초창기의 시련이 모두 있어야 될 일이었음을 깨달았다. 그러나 당시에는 그가 중국에서 수백 명이 뒤따르게 될 새로운 길의 개척자였다는 사실을 본인은 물론 그 누구도 상상하지 못했다. 허드슨 테일러는 스스로 모든 짐을 져봐야 했고 모든 시험을 실제로 경험해 봐야 했다. 철이 철을 날카롭게 하듯 하는 연단을 거쳐 그는 다른 이들보다 더 강하고 더 오래 견디는 심장의 소유자로 단련되어야 했다. 그러기 위해선 남보다 더 많이 사랑하고 더 많이 아픔을 겪어야 했다. 수천 명에게 용기를 불어넣는 삶을 살기 위해선 어린아이와 같이 신뢰하는 삶을 통해 먼저 스스로 아버지의 풍성한 사랑과 돌보심에 관해 더 심오한 교훈을 터득해야 했다. 그러므로 그의 주변에는 늘 갖은 역경이 따라다녔다. 이것은 주님이 허락하신 일이기도 했다. 특별히 강하고 오래 기억에 남을 초창기의 난관들은 늘 건지심의 손길과 함께 찾아왔다. 그리고 이것은 그의 평생에 걸쳐 끌어다 쓸 복된 자산이 되었다.

당시 상하이는 전쟁의 와중에 있었다. '홍건적'이라고 알려진 반란군 무리가 외국인 거주지 인근의 현지인 도시를 장악했고, 4-5만 명의 정부군이 그들을 포위하여 진을 치고 있었다. 시가전이 끊임없이 이어졌고, 외국인 거주지 보호를 위해 종종 외국인 민병대를 불러야 했다. 당연히 모든 물자가 품귀현상을 빚었고, 있다고 해도 기근에 준하는 고물가로 거래되었다. 안전이 그나마 보장되는 도심과 외국인 거주지 모두 밀려든 피난민으로 인해 과밀 현상을 빚었고 돈을 아무리 줘도 집 구하기가 하늘의 별따기였다. 런던선교회(London Mission)의 록하트(Lockhart) 박사가 얼마간 자기 집에서 같이 살도록 배려해 주지 않았다면 갓 중국에 발을 디딘 신참내기 선교사는 아주 곤란한 처지가 되었을 것이다. 그의 방 창문 너머에선 치열한 시가전이 펼쳐졌고, 어딘가로 이동할 때마다 꿈에도 상상하지 못했던 참상을 목격하는 일이 일상다반사가 되었다.

  허드슨 테일러가 처음 상하이에 도착한 날은 혹한의 날씨였다. 석탄은 톤당 50달러에 거래되고 있었으므로 집을 충분히 따뜻하게 난방하고 지내는 건 엄두도 못낼 일이었다. 남에게 호의를 받는 일에 익숙하지 않은 데다 낯선 이국땅에서 묵을 거처가 있다는 것만으로도 충분히 감사한 그였지만, 그래도 살을 에는 듯한 냉기와 습기로 적잖은 고생을 했다.

중국에 도착한 첫 주에 그가 쓴 편지 내용이다.

상당히 곤란한 처지에 놓였습니다. 무슨 방도를 써도 집을 구할 수가 없었습니다. 그나마 록하트 박사님의 배려로 그분이 묵고 계신 숙소에서 잠시나마 함께 거하고 있습니다… 이 도시는 사람이 살 만한 곳이 아니란 생각이 듭니다… 이 글을 쓰는 지금도 시가전이 벌어지고 있으며 대포소리가 울릴 때마다 집이 흔들립니다.

날씨는 더 지독합니다. 실내에 있는데도 너무 추워서 머리를 굴려 무슨 생각을 한다거나 펜대를 잡는 것조차 어렵습니다. 피어스(Pearce) 씨*에게 보낸 제 편지를 보면 제가 얼마나 힘들어하고 있는지 아실 겁니다. 편지를 쓰면 4개월이 지나서야 답장을 받을 수 있습니다. 이곳에 이미 와 계신 선교사들은 저의 입국을 활짝 두 팔 벌려 맞아주셨지만 바로 그 친절함 때문에 제가 그분들에게 짐이 될까 두려운 부분이 있습니다. 예수님이 저를 올바른 방향으로 인도하시길 기도합니다… 저는 그 어느 때보다 중국인들을 사랑합니다. 아, 제가 그들에게 어떤 식으로든 도움이 될 수 있기를 바라고 있습니다!

중국에서 보낸 첫 번째 주일에 관해서도 그는 이렇게 적었다.

런던선교회에서 두 번의 예배를 드리고 오후엔 와일리(Wylie) 씨와 함께 시내로 들어갔습니다. 포위된 도시의 참상을 보신 적이 없으시겠죠… 그

---

* 버드 씨와 함께 중국선교회(CES)의 간사였다.

런 경험은 하나님이 허락하시지 않길 바랍니다! 우리는 성벽을 따라 얼마간 걷다가, 폐허가 된 집들이 즐비한 광경을 목도했습니다. 불에 소실되고 폭격으로 무너진 집들은 그야말로 파괴의 모든 단계를 고스란히 보여주고 있었습니다. 이 엄동설한에 한때는 여기 살았을 사람들이 길바닥으로 쫓겨나 얼마나 고생할지 생각만 해도 가슴이 아픕니다…

　북문에 다다랐을 때 시(市) 외곽에서는 치열한 전투가 벌어지고 있었습니다. 누군가 사망한 채로 실려 들어왔고, 또 한 사람은 가슴에 총상을 입은 채로, 그리고 또다른 사람은 팔에 관통상을 입어 끔찍한 고통을 호소하고 있었습니다. 그 사람의 팔을 살펴보니 포탄의 파편이 지나간 자리의 뼈가 으스러져 있었습니다… 조금 있다가 적군으로부터 탈취한 작은 대포를 끌고 오는 사람들과 마주쳤고 그 뒤로 [줄줄이] 다섯 명의 처참한 몰골을 한 포로들이 끌려왔습니다. 쫓기듯 걸어가던 이 딱한 포로들은 우리에게 살려달라고 절규했지요. 하지만, 맙소사, 우리가 할 수 있는 건 아무것도 없었습니다! 아마도 그들은 즉결 참수형에 처해질 겁니다. 이런 일을 생각하면 피가 얼어붙는 느낌입니다.

그로서는 주변 사람의 고통과 그들을 돕기 위해 할 수 있는 게 거의 없다는 현실을 감당하기 어려웠을 것이다. 그러나 누구보다 큰 고통을 당한 주님이 그의 곁에서 힘이 되어 주셨다.
　그는 편지에 이렇게 덧붙였다.

집을 떠나 이역만리의 타지에서, 그것도 전쟁의 소용돌이 한복판에서, 사람들을 온전히 이해하거나 이해받을 수 없다는 것이 어떤 느낌인지 절절히 깨닫고 있습니다. 이 사람들의 참상과 불행과 그들을 돕지도 못하고 그들에게 예수님을 제시하지도 못하는 저의 무력함 때문에 심하게 짓눌려 있습니다. 그렇지만 기세등등한 사탄의 위세에도 불구하고, 여기 사탄을 대적하여 방패를 드신 한 분이 계십니다. 우리의 구원자 되시는 예수님 말입니다. 그분이 이곳에도 계십니다. 비록 많은 사람들이 이 사실을 알지 못하고, 주님을 알아야 하는 허다한 이들이 이 사실에 무관심할지라도, 그분이 이곳에 임재하신다는 사실과 그분이 무엇보다 존귀하다는 사실은 변함이 없습니다.

개인적인 시련 역시 모자람이 없었다. 허드슨 테일러는 난생 처음 자신에게 허락된 재정의 한계치를 감당하기 어려운 처지에 놓였다. 고국에선 수입을 초과하지 않으려면 그저 최소한의 것만 쓰며 검약한 생활을 하면 되었다. 그러나 이젠 자기보다 급여가 서너 배나 되는 사람들과 함께 살며 숙식을 하다보니 수입을 초과하는 지출을 무조건 피할 수만은 없었다. 그에게 선교비로 책정된 적은 자원이 놀랄 만큼 빠르게 사라졌다. 그는 고국에서 해외선교를 위한 모금 활동을 벌인 적이 있었다. 그랬기에 가난한 사람들이 고생해서 번 돈을 기부 받는다는 것이 어떤 의미인지 잘 알고 있었다. 그에게 선교비는 성스러운 신탁(trust)이었다. 그런 선교비를 그렇게 긴요하지 않은 생활비로 소모한다는 사실이 큰 스트레스가 되었다. 선교회에 쓴 편지들에 대한 회신도 만족스럽지 않았다. 수개월간 선교회의 지시를 기다려도 긴급한 질문에 대해선 묵묵부답인 일이 되풀이되었다. 런던의 선교회는 멀리 떨어져 있었고 그의 상황을 거의 이해하지 못했다. 그들은 대부분 각자의 고유 업무로 바쁜 사람들이었다. 하나님의 사역의 진전을 이루려는 선한 의도와 신실한 소망을 가졌다고 해도, 허드슨 테일러가 편지로 전하는 내용은 그들이 전혀 경험하지 못한 현실이었기에 상황을 제대로 헤아리지 못하는 점이 많았다. 허드슨 테일러는 그들에게 사안을 되도록 명료하게 전달하려고 최선을 다했으나 수개월이 지나도 여전히 불확실성과 재정난은 계속되었다.

종전에는 50센트 금화와 맞먹던 상하이 달러는 이제 갑절로 가치가 등귀하였고 계속 상승세였다. 그런데 막상 구매력에는 변함이 없었다. 생필품을 사려면 급여를 초과하는 지출을 해야 했다. 하는 수 없이 비상시를 대비해 제공된 신용장을 사용하려 했지만 그의 청구서가 제대로 지불될지 확신할 수 없었다. 돈 문제에 있어 너무도 양심적이었던 사람으로서는 실로 고통스런 상황이었고 이로 인해 밤잠을 설치는 날이 많았다.

여름 무더위가 시작되자 곤혹스런 문제가 늘어났다. 허드슨 테일러가 본국 위원회로부터 직접 들은 것은 아니지만 동료를 통해 들은 소식은 그의 동역자가 될 스코틀랜드 의사 파커(Parker) 씨가 아내와 아이들을 데리고 이미 영국을 떠났다는 것이었다. 이 가족을 위한 거처를 마련하라는 별도의 지시가 하달되지 않은 상태에서 여러 주가 흘렀다. 이젠 그가 주도적으로 문제를 해결할 수밖에 없었다. 그렇지 않으면 그 가족이 오갈 데 없는 신세가 될 판이었다. 비용을 확보하지 않은 채 5인 가족이 묵을 방 여럿 딸린 집을 구하는 것은 생각보다 쉽지 않은 일이었다. 흔한 이동 수단인 인력거조차 탈 형편이 안 되었기에 집을 구하기 위해 8월의 땡볕을 고스란히 받으면서 도심과 외국인 거주지를 걸어다녀야 했다. 상하이의 현지인 친구들은 땅을 사서 집을 짓는 것이 더 빠르고 유일한 해결책이라고 조언했다. 하지만 그들에게 자금이 부족하다는 얘기를 있는 그대로 말할 수는 없었다. 그가 소속된 선교회의 운영을 두고 이미 상하이 지역사회에서는 이러쿵 저러쿵 말들이 많았다. 그래서 그는 가능한 한 문제를 다른 이들과 상의하지 않은 채 주님께만 그 짐을 아뢰려고 노력했다.

이런 상황 속에서 그가 쓴 글이다.

사랑이 풍성하신 주님을 진심으로 의뢰하는 자는 "내가 사망의 음침한 골짜기로 다닐지라도 해를 두려워하지 않을 것은 주께서 나와 함께 하심이라"(시 23:4)고 언제나 고백할 수 있는 사람이다. 그러나 나는 베드로처럼 믿음을 잃어버리곤 한다. 나를 향해 다가오시는 주님에게서 시선을 돌려 바람과 파도를 바라보는 일을 너무도 잘한다… 아, 내게 더 견고한 믿음이 필요함을 느낀다! 말씀을 읽고 약속을 묵상하는 일이 요즘 들어 한층 더 소중한 일상이 되었다. 처음에는 하루 빨리 언어를 습득하려는 열심이 지나쳤던 탓에 내 영혼이 해를 입는 상황까지 갔음에도 방치하곤 했다. 그러나 이제는 모든 지각을 뛰어넘는 은혜 가운데, 주님이 다시금 그 얼굴의 광채를 내게 비추고 계신다.

그리고 누이에게도 이렇게 편지했다.

나는 다시금 집을 구하는 문제 등으로 골머리를 앓았지만 아무런 보람이 없었어. 그래서 이걸 기도 제목으로 삼기로 했고 전적으로 주님의 손에 맡겨드리기로 했어. 그랬더니 이 문제에 대해 평안함이 찾아오더라구. 주님이 이 문제뿐만 아니라 여타의 모든 힘겨운 과정에서 순적하게 공급하시고 내 길잡이가 되어 주시리라 믿어.

위의 글을 쓴 지 불과 이틀 후 믿기 어려울 만큼 좋은 일이 일어났다. 허드슨 테일러는 자신뿐만 아니라 그가 맞이해야 하는 선교사 가족들을 감당하기에 충분히 넓은 집이 임대로 나왔다는 정보를 입수했다. 그리고 그 달이 가기 전에 그 집에 입주할 수 있었다. 이층에 방 다섯 개, 일층에 방 일곱 개가 있는 넉넉한 공간을 갖춘 저택에 가까웠다. 한 가지 흠이라면 목재로 지어진 허름한 중국식 가옥이었고 위치가 시(市) 북문 근처 현지인 마을 한복판이라는 것이었다. 중국에 발을 디딘 지 6개월이 되던 시점에 이 집으로 입주했다. 비록 치안이 열악하다는 이유로 언어 선생은 함께 따라오지 않았지만, 학식이 있는 상하이의 현지 그리스도인 친구를 사귀어 언어를 익히는 데 도움을 받았다.

중국인들 속에서 자신만의 거처를 마련하고 혼자 기거할 수 있으며, 새로 고용한 언어 선생의 도움으로 일상적인 사교활동과 상당한 의료 사역까지 진행할 공간을 얻었다는 게 그로서는 너무나 기쁜 일이었다. 그러나 집 주변은 예상보다 훨씬 위험 요소가 많았다. 외국인 거주지의 보호권 밖에 있었고 끊임없이 북문을 공격하는 정부군 포격의 사정권 안에 있었기 때문이다. 왜 이 집이 비어 있었는지 알 것 같았다. 젊은 선교사는 그 집에 머물면서 거의 석 달을 상황이 호전되기만을 기대하며 버텼다. 그러나 위험은 오히려 가중되었다. 그의 생명이 경각에 달리는 사건이 여러 차례 있었고 매일같이 잔인무도한 장면이 눈앞에 펼쳐졌다. 급기야 외국인을 몰아내려는 의도로 누군가 옆집에 불을 질렀다. 이제 런던선교회 구역으로 복귀하는 것 외엔 다른 대안이 없었다. 다행히 닥터 파커 가족이 도착하기 직전에 새로운 피난처를 찾을 수 있었다.

런던선교회 부지 안에 있는 록하트 박사의 집 인근의 작은 집이었다. 허드슨 테일러가 중국에서 막역하게 지내던 그의 동료 선교사가 이 집의 주인이었다. 그는 종종 이 집 벽난로 앞에서 행복한 젊은 영국인 선교사 버든(Burdon) 부부와 즐거운 시간을 보내곤 했다.* 그러다 첫 아이 출산과 더불어 그 가정은 큰 상실을 겪었다. 아내가 출산 과정에서 숨을 거둔 것이다. 아버지는 엄마 잃은 아기를 안고 동료 사역자들과 작별의 인사를 나누었다. 아내를 잃은 동료 선교사와 급작스런 슬픔을 함께 하느라 경황이 없었던 허드슨 테일러는 추억이 가득한 그 빈 집이 자기 형편에 어떻게 사용되어야 하는지 미처 생각하지 못했다. 그러다 북문 근처의 위험천만한 집을 떠나야만 하는 상황에서 버든 선교사의 집이 임대로 나왔음을 알게 되었다. 이제 수일 후 도착할 닥터 파커 가족을 위해 집을 빌리면 그의 수중엔 단돈 3달러가 남게 된다. 하지만 그는 책임을 지고 집을 얻었다. 그래서 망망대해의 배 안에서 태어난 갓난아기까지 안고 온 새로운 동료 선교사 가족을 때맞춰 영접할 수 있었다.

재정 상황을 개선하기 위해 그는 어려움에 처한 다른 선교사 가정에 집의 절반을 재임대했다. 그러다보니 닥터 파커 가족과 그 자신이 쓸 공간은 방 세개로 줄어들었다. 게다가 그가 원래 가지고 있던 살림살이는 여섯 사람이 쓰기엔 턱없이 미비했다. 그러나 이것은 역경의 서막에 불과

---

* 교회선교협회(Church Missionary Society)의 버든(J. S. Burdon) 선교사. 그는 후일 홍콩의 주교가 되어 근 50년간 중국에서 헌신적이며 성공적인 선교 사역을 감당했다.

했다. 파커 박사도 배편으로 긴 항해를 하느라 수중에 가진 돈이 몇 달러밖에 없었다. 선교회의 신용장을 사용하려고 보니 뭔가 문제가 생겨 사용할 수가 없었다. 닥터 파커 가족이 영국을 떠나기 전에 신용장을 보냈어야 했는데 몇 개월이 지나도 신용장이나 신용장의 실종에 대한 언급조차 없었다. 혹한의 겨울을 예상치 못했던 파커 박사의 가족은 방한복과 두꺼운 침구가 절실히 필요했다. 그 혹독한 몇 개월을 어떻게 살아냈는지는 차마 눈뜨고 보기 어려울 지경이었다. 그들이 외국인 사회에서 구설수에 올랐음은 어찌보면 당연한 일이었다.

그러나 닥터 파커와 그의 아내는 묵묵히 견뎌냈다. 그들은 상하이에서 의료인에게 열려 있는 돈벌이 기회에 미혹되어 선교사역을 팽개치지 않았다. 닥터 파커와 그의 젊은 동료 허드슨 테일러는 꾸준히 함께 시내와 주변 마을에 복음을 전하러 다녔고, 북적거리는 집 안에서는 성실하게 공부에 전념했다. 그러나 이 모든 상황은 인간적으로 자신의 보살핌에 의탁하고 있는 사람들을 이렇게 대우해선 안 된다는 타산지석으로 허드슨 테일러의 뇌리에 각인되었다.

런던 선교회의 여러 위원들은 선교사들과 개인적인 친분을 나누던 좋은 친구들이었다. 토트넘과 다른 지역에서 그들과 나눈 영적 교제는 결코 잊을 수 없는 추억이 되었다. 그들의 잘못으로 고통을 당할 때도 허드슨 테일러는 그들이 기도하면서 하나님의 말씀을 사모하기를 갈망했다. 그러나 뭔가 모자란 것이 있었다. 젊은 선교사는 그게 무엇인지를 찾아내야만 했다. 그리고 그 발견은 향후 그가 영적으로든, 실제적으로든 리더십을 가졌을 때 요긴하게 쓰임 받았다. 그래서 오래전 요셉에게도 그랬듯이, 허드슨 테일러의 마음속에도 날카로운 철이 들어갔고 이 모든 고통을 견뎌냄으로 마침내 다른 많은 사람들의 마음에 안식을 제공할 강철이 탄생할 수 있었다.

그가 누이와 또다른 친구에게 쓴 글이다.

어떻게 나의 어려움을 견뎌내느냐고 물었지? 바로 이렇게 했어… 나는 내게 닥치는 모든 문제를 주님께 가지고 나아가. 그리고 말씀 속에서 주님이 주시는 약속들을 굳게 붙잡지. 매일 저녁마다 정한 분량의 성경 읽기를 하는데 오늘은 시편 72편부터 74편까지 묵상했어. 그 부분을 읽어봐. 이 말씀이 내게 적용할 게 얼마나 많은지 보라구. 이유는 잘 모르겠지만 요즘엔 성경을 읽을 때마다 어김없이 기쁨과 감사의 눈물이 앞을 가려…

중국에 도착한 이래로 내가 맞이한 상황은 그 어떤 것보다도 믿음에서 성장과 진보를 이루기에 좋은 여건이었어. 당연히 여러 방면에서 고통스러웠고 내 스스로는 절대 선택하지 않았을 환경이었지만 말이야. 아, 하나님의 지혜와 사랑에 더 깊이 의지할 수만 있다면 얼마나 감사한 일일까!

6
우정 그 이상의 것

<blockquote>
우리의 짐을 지기 위해 낮은 곳으로 구푸리고 들어온 사랑
모든 슬픔을 거두었음을 알았을 때 그는 한껏 날아올랐네
그럼에도 단 한 번도 보답을 요구한 적 없는 사랑
그 사랑 가득한 시선보다 따스한 눈동자는 어디에도 없네
– F. W. H. 메이어스
</blockquote>

중국에서의 첫 2년간의 기록 중 가장 놀라운 대목은 허드슨 테일러가 열정적으로 복음 증거의 길을 개척했다는 점이다. 전쟁의 소용돌이 한가운데서 언어 공부를 병행할 뿐만 아니라 여러 시련까지 겹쳐 충분히 위축될 만한 상황이었다. 그래서 중국 내지로의 전도여행은 무리라고 생각할 수 있었다. 그러나 그는 그 기간에 불굴의 용기와 인내를 요하는 전도여행을 무려 열 차례나 수행했다.

상하이의 북부, 남부, 서부의 인구밀집 지역들은 끝없이 펼쳐진 수로로 연결되어 접근성이 뛰어나다. 수로에는 밤엔 숙소가 되고 낮엔 교통수단이 되는 돛단배들이 넘쳐났다. 이 돛단배를 이용하면 여행자들은 굳이 중국 여관에 묵지 않아도 되었다. 배에는 간단한 취사도구까지 갖춰져 있어 뱃사공의 가족과 승객들이 식사하는 데 별 문제가 없었고, 부족할 경우에도 승객들이 가져온 비상식량으로 충당하면 되었다. 피곤한 몸을 누일 침상은 나무 널빤지를 이어놓은 것에 불과했으며 밖이 보이는 자그마한 창은 갑판 바닥과 같은 높이였고, 똑바로 서는 게 불가능하기 때문에 침상에 눕거나 오랫동안 앉아 있어야 했다. 여러 불편한 점이 있었지만 그래도 이 돛단배들은 끝없이 펼쳐지는 시골 풍경을 배경으로 느릿하게 움직이면서 도시와 도시, 마을과 마을을 이어주는 훌륭한 교통수단이었다.

무엇보다 허드슨 테일러를 이끌었던 마음의 동력은 아주 오래전 그의 주님, 예수 그리스도를 이끌던 견인차이기도 했다. 바로 사명감이었다. 그의 마음속에는 주님에게도 그랬던 것처럼 "해야만 한다"는 강한 의식이 있었다.

"나를 보내신 이의 일을 우리가 하여야 하리라"(요 9:4).
"내가 다른 동네들에서도 하나님의 나라 복음을 전하여야 하리니"(눅 4:43).
"이 우리에 들지 아니한 다른 양들이 내게 있어 내가 인도하여야 할 터이니"(요 10:16).

상하이의 대로와 골목을 누비는 것만으로는 부족했다. 그 일은 이미 다른 이들이 어느 정도 감당하고 있었다. 그의 마음은 저 너머에 있는 이들, 그러니까 구원의 도에 관해 한 번도 들어본 적이 없는, 그리스도로 충만한 전령들이 진리를 전해 주지 않으면 결코 들을 수 없는 자들에 대한 부담감으로 무거웠다. 겨울의 혹한이나 여름의 무더위도, 위태로운 전시 상황으로 인해 외국인이 상하이로 복귀하는 길이 언제라도 끊길 수 있는 상황도 그를 막지 못했다.

한 번의 전도여행을 마치기가 무섭게 그는 또다른 여행 준비에 돌입했다. 한동안 언어공부에 집중한 덕분에 일정 기간이 지나자 표준어(만다린어)뿐 아니라 지방 방언으로도 어느 정도 소통할 수 있을 만큼 중국어에 능통하게 되었다. 여행 일정을 어찌나 빽빽하게 잡았던지 15개월 동안 무려 열 차례나 마칠 수 있었다. 닥터 파커가 오기 전에도, 그는 상하이에서 직선거리로 15-25킬로미터 이내의 지역으로 전도를 다녀왔다. 닥터 파커가 온 후 함께 전도여행을 다니면서 첫 3개월간 1800권의 중국어 신약성경과 쪽복음서와 2000권이 넘는 책자와 전도지를 배포했다. 책자를 배포할 땐 세심하게 주의를 기울여 글을 읽을 수 있는 사람에게만 나눠주었다. 대다수가 문맹인 지역에서 이렇게 하려면 상당히 넓은 지역을 다녀야 했고, 지역이 계속 바뀌는 탓에 만나는 사람들에게 책의 내용을 일일이 설명해야 했다. 이듬해 겨울에는, 1월부터 3월까지 영하의 날씨에도 불구하고 네 차례의 여행을 마쳤다. 그 후에는 4월, 5월, 6월, 8월, 9월에도 여행을 했다. 낮에는 하루 종일 땡볕 아래에서 많은 사람들과 만나고, 밤에는 하천에 출몰하는 강도 때문에 돛단 배의 문을 걸어 잠궈야 해서 찜통 더위를 피할 길이 없었다. 그러나 그 어떤 것도 젊은 전도자의 걸음을 막지는 못했다.

여행에는 상당한 위험이 따랐고, 동역자 없이 혼자 다닐 땐 사무치는 외로움이 함께 했다. 다른 외국인들과 떨어져 적대적인 현지들 사이에 있으면서도 그는 묵묵히 자신의 사명을 감당했다. 그 과정에서 그가 지니고 다니던 의료 기구들이 사람들의 마음의 문을 여는 데 굉장히 효과적임을 발견했다. 그러면서도 전도여행은 그에게 "그리스도 없이" 살다가 죽는 것이 얼마나 비참한 일인지 절실히 느끼게 해주었다. 결과적으로 복음 증거에 대한 그의 열망은 날로 확장되었다. 오래된 석층탑들이 세워진 언덕 꼭대기에 올라서면 수백만 명이 사는 가옥으로 빼곡한 도시와 마을과 촌이 한 눈에 들어왔다. "구원받을 만한"(행 4:12) 유일한 이름인 그분에 관해 한 번도 들어본 적이 없는 남녀노소가 거기 살고 있었다. 원대한 계획, 깊디 깊은 확신이 그의 마음에서 꿈틀거렸다. 그것은 그의 삶 "마지막까지 이어질 생각"이었다.*

한편 내전은 정점을 향해 치달았고 상하이는 정부군에게 함락되었다. 당시 허드슨 테일러는 쑤저우(Suzhou) 호수 쪽으로 나이 많은 선교사들과 함께 여행 중이었다. 상하이를 떠난 지 며칠 안 되어 어느 언덕에 올랐을 때 멀리서 거대한 화염과 피어오르는 연기기둥이 눈에 들어왔다. 저 방향에서 저렇게 큰 불이 나는 것은 딱 하나를 의미했다. 상하이가 불길에 휩싸인 것이다! 외국인 거주지에 있는 가족들은 어떻게 되었을까? 그들은 즉각 상하이로 방향을 돌렸다. 돌아가는 길에 은신처를 찾아 도주하는 반란군과 마주쳤을 때 두려움은 극에 달했다. 반란군은 자신들을 숨겨달라

---

* 오랜 세월이 흐른 후 허드슨 테일러는 이 책의 저자들(아들과 며느리인 우리)와 함께 양쯔강을 타고 올라가는 마지막 여행을 했다. 그는 증기선 갑판을 거닐며 감회에 젖은 표정으로 남부 해안의 구릉을 하염없이 바라보았고, 한동안 말을 잇지 못했다. 마침내 초록 섬 가까이에서 그가 말문을 열었다. "그 이야기를 해줄 수 있으면 좋겠는데, 저기 어디쯤이었는데, 정확히 어느 지점이었는지 기억이 안 나." 어떤 기억이 떠올랐는지 그는 다시 벅찬 감회에 젖어들었고, 우리는 더 자세한 이야기를 들으려고 기다렸다. 그러나 끝내 듣지는 못했다. 단순히 기억만으로도 너무 큰 기쁨과 경외감을 불러 일으키는 그 시절 이후 50년이 흘렀다. 그는 그 경험을 담아낼 그릇을 찾지 못했을 것이다. 그의 영혼과 하나님 사이에 어떤 일이 있었는지 표현하려고 노력했으나 합당한 단어를 찾지 못했다. 그러나 그곳에서, 멀리 떨어진 언덕 위에서, 그의 미래 사역에 관한 어떤 계시가, 주님이 인도하시는 삶을 위한 어떤 부르심이 그에게 임했을 것이다. 그리고 그 부르심의 여파는 아직도 현재진행형이다.

고 애원했지만 선교사들이 할 수 있는 일은 아무 것도 없었다. 그들은 선교사들의 눈 앞에서 붙잡혀 참수형에 처해졌다. 걱정을 한가득 안고 발길을 재촉하던 그들의 눈앞에는 줄곧 참담한 재난의 광경이 펼쳐졌다. 그러나 외국인 거주지는 그들이 떠났던 당시의 모습 그대로였다. 살육으로 포만감을 느끼고 승리에 도취된 중국 정부군들은 외국인에게까지 신경쓸 겨를이 없었던 것이다.

당시 허드슨 테일러가 쓴 글이다.

상하이는 평화를 되찾았지만 그저 죽음에게 점령된 평화에 지나지 않는다. 2천 명 넘는 사람들이 목숨을 잃었고 그중 일부 희생자들은 잔혹한 고문까지 당했다. 가장 야만적이라던 종교재판도 이보다는 덜할 것이다. 도시는 거대한 폐허 더미가 되었고 남아있는 건물도 너무 처참한 수준이라 똑바로 바라보기 힘들 지경이다.

그래도 최악의 상황은 지나갔다. 허드슨 테일러와 동료들은 이제 전쟁을 겪은 사람들을 심적으로나 육적으로 돌보는 일에 매진하는 한편, 보다 안정적인 사역에 관한 여러 제안을 선교본부에 보낸 후 답변을 기다렸다. 그들은 뭔가 도움이 되는 사역을 하길 간절히 바랐고 많은 숙고와 기도를 통해 새로운 계획을 수립했다. 그러나 그들의 장래를 결정할 본부로부터의 회신은 오래도록 오지 않았다.

한편 비좁은 주거환경에서 한여름 무더위에 지쳐 있던 이들은 잠시 닝보(Ningbo)로 외유를 갔다가 매혹적인 제안을 받게 되었다. 닝보시에 있는 선교사들은 그나마 효과적으로 운영되는 그들의 선교 조직을 보완하기 위해 병원 운영의 필요성을 느끼고 있었다. 그들은 의사인 파커 씨에게 이 일을 맡아달라고 제의했고 선교사들이 연합하여 지원할 것을 약속했다. 기로에 선 허드슨 테일러와 닥터 파커는 여전히 영국 선교본부의 회신을 기다렸다. 그 와중에 그들이 다른 가족과 함께 쓰던 집을 원래 소유주인 다른 선교회의 선교사들을 위해 급히 비워줘야 한다는 통보를 받았다. 함께 거주하던 선교사는 집을 지어 나가기로 했다. 하지만 허드슨 테일러와 닥터 파커 가족은 집을 지을 수도 없고, 외국인 주거지역이나 도시의 중국인 거주지 어디에서도 셋집을 구하기가 힘든 형편이었다. 마침내 오랫동안 기다려온 본부에서 연락이 왔으나 부정적인 답변에 그쳤다. 허드슨 테일러에게 남은 길은 하나밖에 없는 듯했다. 본부는 이 항구도시 상하이에 건축비를 지출할 의사가 없었다. 본부에서 원하는 바는 사역자들이 내륙으로 들어가는 것이었다. 그러나 내륙으로 진출하는 현실적인 길이 열릴 때까지 그들이 어디서 살아야 할지에 대해선 침묵했다. 이 상황에서 닥터 파커 부부는 닝보로 가기로 결정했다. 그동안 힘이 되어주던 동료들이 떠나고 나면 그는 불확실성 한가운데 남게 된다. 외로이 홀로 남은 그에게는 더 이상 거할 곳이 없었다. 이 항구도시 상하이에서 그는 어떻게 해야 사역을 계속 이어갈 수 있을까?

허드슨 테일러는 어찌할 바를 몰라 한동안 막막했다. 거처로 임대할 만한 곳을 백방으로 알아봤지만 헛수고였다. 급속도로 유입되는 이주민들로 인해 상하이의 주택난은 그 어느 때보다 심각했다. 그러다 시도해 볼 만한 새로운 생각이 떠올랐다. 만일 그가 이 항구도시에 집을 얻을 수 없다면 다른 중국인들이 하는 것처럼 배를 하나 구해 물 위에서 사는 건 어떨까? 이건 보다 효과적인 복음 사역을 위해 중국인 복장을 착용하려던 그의 계획과도 잘 맞아떨어지는 것 같았다. 그렇다, 모든 가능성이 열리기 시작했다. 그는 닝보로 옮겨가는 파커 부부와 동행했다가 자신의 짐을 그곳에 맡겨놓았다. 상하이로 돌아오면서 그는 자신의 삶을 온전히 바치고자 하는 이 민족과 완전히 동화되는 삶을 살기로 결단했다.

그러나 막상 실행에 옮기려니 생각만큼 간단치가 않았다. 당시 중국인 의복을 착용한다는 것은 단지 옷만 입는 게 아니라 머리 앞부분은 삭발하고 뒷머리는 길게 땋아내리는 변발 관습을 따르는 것을 의미했다. 그러려면 뒷머리를 길러야 했다. 어떤 선교사나 외국인도 이렇게 현지의 관습을 따르지 않았다. 여행길에 더러 평상복 위에 중국식 도포를 걸쳐 입기는 했지만, 서양인 복장을 포기하고 전적으로 현지인 복장을 채택한다는 것은 이와는 차원이 다른 문제였다. 중국에 거주한 지 1년반도 채 안 되었던 허드슨 테일러는 이런 조치로 인해 선교사 사회에서 따돌림을 받을 수도 있을 거란 생각은 미처 하지 못했다. 한동안 심적 갈등이 있었지만 좀 더 높은 견지에서 보자면 이런 조치가 복음을 전하는 데 현명한 방도임을 확신하는 쪽으로 점점 마음이 기울었다.

그가 가장 바라던 것은 현지인들에게 다가가는 것이었다. 근래에 혼자 25일간 여행하며 양쯔강 상류로 300킬로미터 이상을 거슬러올라간 경험은 그에게 중국식 의복을 입으면 전도여행에서 훨씬 많은 것을 성취할 수 있을 것이라는 확신을 심어주었다. 그가 방문한 58곳의 도시와 마을 중 51곳은 한 번도 복음의 전령들의 발길이 닿은 적이 없는 곳이었다. 그러나 25일간의 행로에서 겪은 곤고함의 상당 부분은 서양인인 그가 처음 보는 사람의 눈에는 우스꽝스럽기 그지 없는 의복을 입었다는 데서 연유했다! 서양식 의복 차림으로 나타난 그의 겉모습 때문에 청중이 메시지에 집중하지 못하고 관심이 분산되는 일이 반복되었다. 청중에게 비치는 그의 차림새는 품위가 떨어질 뿐 아니라 우스꽝스러웠다. 결국 중요한 것은 그가 마음을 얻기 원하는 중국인들의 시선에 합당하게 차려입는 것이었다. 항구도시에 갇힌 소수의 외국인 공동체의 인정을 받으려고 중국인의 호감을 포기하는 것은 주객이 전도된 처사였다. 허드슨 테일러는 많은 기도와 하나님의 말씀을 통한 인도하심을 구한 끝에 마침내 결단을 내렸다. 닥터 파커 부부가 닝보로 떠날 무렵 허드슨 테일러의 중국 의복도 마련이 되었고, 남은 것은 이발사의 손에 자신을 내맡겨 획기적인 변신을 감행하는 것뿐이었다.

8월의 어느 저녁 파커 부부를 배웅하러 강가로 나가는데 한 낯선 중국인이 그에게 다가왔다. 놀랍게도 그 중국인은 허드슨 테일러에게 혹시 셋집을 구하는 중이냐고 물었다. 그러고는 중국인 거주지역의 남문 근처에 건축 중인 작은 집이 하나 있는데 집 주인이 돈이 모자라 아직 완공하지 못했다며, 만일 집이 마음에 든다면 보증금 없이 6개월치 월세를 선납하면 입주할 수 있다고 했다.

   마치 꿈을 꾸듯 허드슨 테일러는 낯선 현지인 인도자를 따라 시(市) 남단으로 갔고, 그곳에서 작지만 짜임새 있고 완벽하게 깨끗한 새 집을 발견했다. 이층에 방 두 개, 일층에 방 두 개, 그리고 마당 건너편 별채에 하인용인 다섯 번째 방이 있었다. 현지인 거주지 안에 있었고, 이는 그의 필요에 안성맞춤인 집이었다. 당장 그날 밤 대금을 지불하고 집을 얻게 된 과정은 설명보다는 상상에 맡기겠다. 그러니까 이 모든 게 꿈이 아닌 현실이었던 것이다! 상하이에서의 사역은 아직 끝나지 않았다. 기도가 응답되었고 그가 그토록 학수고대하던 주님의 인도하심이 있었다.

그날 밤 허드슨 테일러는 중국 내지 복음화에 지대한 영향을 미치게 될 한 걸음을 내딛었다. 이발사가 최선을 다한 후 젊은 선교사는 당분간은 자기 머리가 아닌 가발로 제작될 땋은 머리와 색깔을 맞추기 위해 남은 머리를 검게 물들였다. 다음날 아침 최선을 다해 어색하기 짝이 없는 헐렁한 의복을 착용하였고 식자층 남자인 '신사'들이 입는 도포와 비단 신을 신고 처음으로 중국인 차림새로 바깥으로 나갔다.

그러자 새로운 방식으로 문들이 열리기 시작했다. 상하이로 귀가하는 길엔 그가 설교하거나 책자를 배포하거나 환자를 진료하지 않으면 사람들은 그가 외국인인지조차 몰라봤다. 여자와 아이들은 훨씬 스스럼 없이 그에게 나가왔다. 청중은 덜 떠들고 덜 흥분했다. 외모에 변화를 줌으로써 서양인의 품위를 잃어버린 면도 없지 않았지만, 현지인 속에서 활보하며 누리는 자유는 상실을 보상하고도 남았다. 현지인들은 자기 집으로 그를 초대하고 싶어했다. 전에는 한 번도 없었던 일이다. 그는 자신에게 관심을 보이는 현지인들과 차분하게 대화할 기회를 가질 수 있었다. 자신에게 일어난 여러 가지 변화에 벅찬 감사를 느끼며 허드슨 테일러는 새로운 복장 착용에 관해 "분명 중국 내지 사역에 큰 도움이 될 것"이라고 집에 보낸 편지에 적었다.

그리고 그의 마음은 점점 더 '내지'로 기울기 시작했다. 남문 근방의 새 집에서 보낸 몇 주 사이에 그의 영혼은 놀랄 만큼 활력을 되찾았다.

그가 10월 초에 쓴 편지글이다.

닥터 파커는 닝보로 떠났지만 저는 혼자가 아닙니다. 한 번도 체험해 본 적이 없는 하나님의 뚜렷한 임재를 경험하고 있으니까요. 그동안 올린 많은 기도의 응답을 놀라운 축복으로 돌려받는 중입니다.

중국인 거주지 남문 근처에 마련한 그만의 작은 공간은 매우 만족스러웠고 그곳에서도 현지인에게 전도할 기회는 많이 열렸다. 하지만 허드슨 테일러는 다시금 '저 너머의 지역'을 찾아 떠나는 것을 선택했다. 그리스도인이던 그의 언어 선생이 그곳에 남아 복음에 관심을 보이는 이웃을 양육하기로 했고, 다른 선교사들도 상하이를 거점지역으로 삼아 효과적으로 사역을 감당하고 있었다. 그러니 굳이 멀고 먼 내지까지 들어가서 하나님의 말씀을 뿌리는 활동은 말그대로 '흩뿌리는' 게 돼서 그다지 열매를 맺지 못하는 방법처럼 보일 수 있었다. 그렇더라도 그것은 주님의 가르침과 본을 따르는 길이었다. 이 길을 누군가가 걷지 않는다면 저 멀리 내지에 거하는 사람들이 어떻게 복음을 들을 수 있겠는가?

그 이후의 나날들은 기쁨과 슬픔이 묘하게 엇갈리는 시간이었다. 허드슨 테일러는 내지로의 여행을 통해 풍성한 열매를 거두기도 했지만 그 결과로 곤경에 처하게도 되었기 때문이다. 그의 1차 목적지는 인구가 백만이 넘지만 개신교 선교사는 한 명도 없는 대도시이자 섬인 충밍(Chongming)이었다. 그 전 해에도 버든 선교사와 함께 상하이 위쪽에 있는 충밍을 방문한 적이 있었지만 그때와는 사뭇 다른 영접을 받았다. 섬에 첫 발을 내딛기가 무섭게 사람들은 그가 떠난다는 얘기는 아예 입 밖에도 꺼내지 못하게 했다. 자신들과 같은 옷차림을 한 허드슨 테일러는 외국인처럼 느꺼지지 않았다. 그의 설교만큼이나 관심을 끈 것은 그의 의료기구 상자였다. 그가 현지의 습한 기후 때문에 그곳에서 지내려면 이층방이 필요하다는 말을 꺼내자 기다렸다는 듯 그들이 말했다.

"그가 이층 방을 못 찾으면 절에서라도 지내게 합시다!"

천만다행히도 다락방을 갖춘 집이 있었다. 허드슨 테일러는 섬에 도착한 지 사흘만에 최초로 '중국 내지'에 자기 집을 소유하게 되었다.

빠른 상황 전개도 놀라웠지만 더 놀라운 것은 메시지에 대한 반응이었다. 날마다 그의 모임에 이웃들이 찾아왔고 손님들과 환자들의 줄이 끊이질 않았다. 중간에 현지 의료인들의 반발로 다소 위축되기는 했지만, 그가 충밍에서 진행한 6주간의 행복한 사역 후에 진지한 초신자들의 모임이 생겨났다. 한 초신자는 창(Chang)이라는 이름의 대장장이였고 또 한 명은 "주께서 그 마음을 열어[주신]"(행 16:14) 명망있는 사업가였다. 주께서 맨처음 인도하신 첫 회심자 퀘이화(Kwei-hwa)와 다른 그리스도인 조수가 동역자로 있는 덕분에 허드슨 테일러가 필요한 물품을 가지러 상하이로 돌아갈 때에도 이 작은 모임은 계속되었다.

그 다음 전혀 예기치 못한, 고통스런 낙망의 사건이 터졌다. 그가 모르는 사이에 충밍에서 누군가가 인맥을 동원해 그를 고발했던 것이다. 젊은 선교사는 무상으로 의료사역을 했지만 지역의 일부 의사와 약사는 그를 경쟁 상대로 여겼다. 그들은 선교사가 다시는 그 지역에 발붙이지 못하도록 고위관료에게 압력을 행사했다. 영국 영사관에 출두하라는 소환장이 날아왔고, 그저 평화롭고 친근하게만 보였던 충밍에 계속 머물게 해 달라는 그의 청원은 기각되었다. 영사는 영국 조약에 따르면 항구도시 거주만을 허용하며 만일 그가 타지 정착을 시도한다면 500달러의 벌금을 물릴 수도 있다고 했다. 그는 충밍의 집을 포기하고 짐을 상하이로 옮길 것과 다시는 법을 어기지 않도록 주의하라는 지시를 받았다. 하지만 가톨릭의 프랑스 사제들은 보충조약의 보호권 아래 이미 충밍에 거주하고 있었다. 허드슨 테일러는 다른 국가에 허용된 면책권은 영국인에게도 적용되어야 한다는 조항이 있음을 잘 알고 있었다. 그런 까닭에, 보다 고위급인 당국에 항소할 수도 있었지만 당시로서는 영사의 결정을 받아들일 수밖에 없었다.

그날 저녁 그는 가슴 아픈 편지를 고국에 보냈다. 충밍에 남겨진 초신자들은 어떻게 될까? 그들은 믿음 안에서 그가 낳은 자식들이지 않은가? 어떻게 아무 도움도 받지 못하고, 하나님에 대한 지식도 거의 없는 상태로 방치될 수 있는가? 그러나 주님께서 이 일을 허락하셨음은 분명하다. 이 일은 주님이 행하셨다. 주님은 그들을 실망시키거나 내버려두지 않으실 것이다.

"더 이상 이 모임에서 당신과 함께할 수 없다니 정말 슬픕니다." 마지막으로 만난 날 저녁, 대장장이가 그에게 말했다.

"형제님 집에서 계속 예배 모임을 가지십시오." 대장장이의 친구(허드슨 테일러)가 대답했다. "주일에는 가게 문을 닫으시고요. 내가 이곳에 있든 없든 관계없이 하나님은 항상 함께하실 겁니다. 누군가에게 성경을 읽어달라고 하시고 이웃들을 모아서 복음을 들으세요."

"나는 너무 부족합니다." 쑹(Sung)이 끼어들었다. "성경을 읽어도 그게 무슨 의미인지 알 수가 없거든요. 하지만 하나님께서 선생님을 이곳에 보내주신 것만으로도 감사하고 있습니다. 너무도 무거웠던 나의 죄는 이제 예수님이 짊어지시고 그분은 날마다 나에게 기쁨과 평강을 주시니까요."

황망하고 실망스런 상황 가운데 젊은 선교사는 향후 나아갈 길을 놓고 하나님의 처분을 기다릴 수밖에 없었다.

당시 그가 부모님에게 쓴 편지다.

기도해 주세요. 부디 저를 위해 기도해 주세요. 저에겐 더 많은 은혜가 필요합니다. 제가 당연히 누려야 할 것들로부터 한참 못미치는 삶 가운데 있습니다. 정말이지, "나는 양을 위하여 목숨을 버리노라"(요 10:15)고 말씀하신 주님처럼, 저도 그런 삶을 살아가길 원합니다. 이리가 가까이 올 때 양들을 버리고 도망치는 삯군이 되고 싶지 않습니다. 그렇다고 안전함 가운데서 많은 일을 성취할 수 있음에도 섣불리 위험 속으로 뛰어들고 싶지도 않습니다. 주님의 뜻을 알고 싶습니다. 비록 강제추방을 당한다고 할지라도 그게 주님의 뜻이라면 그렇게 행하고 싶을 정도입니다. 정말이지 주님의 은혜가 필요합니다. "지금 내 마음이 괴로우니 무슨 말을 하리요… 아버지여, 아버지의 이름을 영광스럽게 하옵소서"(요 12:27, 28). 제가 말뿐 아니라 진실한 행함으로 그리스도를 따르는 자가 되도록 기도해 주세요.

고뇌하는 허드슨 테일러는 전혀 알지 못하는 가운데, 그보다 더 하나님의 일에 경험이 풍부한 한 사람, 더 강하고 더 단단한 심장을 소유한 사람이 동일한 문제를 놓고 씨름하고 있었다. 이 남자 역시 중국 내지의 죽어가는 수백만 영혼에 대한 부담감을 안고 있었다. 그 역시 순회 전도의 가능성을 타진하고 있던 중이었으며, 이런 사역에 고무적인 가능성이 열리는 것을 목도하고 있던 터였다. 그러나 그는 난징까지 들어가는 데 실패했고, 진출이 좌절된 후 배에서 생활하며 천천히 해안 도시로 돌아오고 있었다. 하나님이 1839년의 강력한 부흥 때, 스코틀랜드와 캐나다에서 너무나도 특별하게 사용하셨던 설교자이자 전도자인 윌리엄 번즈(William Burns)였다. 그가 상하이 가까이로 오는 중이었고, 결국 상하이에서 곤경에 처한 허드슨 테일러와 조우했다. 얼마 지나지 않아 두 사람은 나이 차이에도 불구하고 같은 마음을 품었음을 발견하게 되었고, 바울과 디모데처럼 가까워졌다. 그해 겨울, 두 사람은 허드슨 테일러의 선교사로서의 삶뿐 아니라 그의 지도력 아래 형성될 원대한 사역의 방향 설정에 결정적인 영향을 미칠 운명적인 우정을 키워나갔다.

그로부터 두 사람은 한 척이 아닌 두 척의 배를 준비해 상하이에서 중국 내지로 이어지는 수로망을 따라 동반 여행을 떠났다. 두 사람은 각각 중국인 선교사 한 명과 다른 여러 조수들을 대동했다. 배 위에선 매일마다 상당한 규모로 예배 모임이 열렸다. 번즈 씨는 이런 사역에서 그가 계발한 나름의 노하우를 가지고 있었고, 그의 동반자는 기꺼이 그 방법을 따랐다. 그들은 복음 사역에 중요한 거점을 선정한 다음 순서를 따라 차례로 한 지역에 정박하고 거기서 2-3주간 머물렀다. 그들은 매일 아침 일찍 구체적인 계획을 가지고 밖으로 나섰다. 함께 나가는 날도 있었고 다른 마을을 방문하기 위해 따로 움직이는 경우도 있었다. 번즈 씨는 외국인들이 희소한 외곽지역에서 조용하게 시작하여 점차 북적이는 중심부로 옮겨가는 방법이 더 좋다고 믿었다. 그래서 그들은 도시의 외곽지역에 며칠을 할애하고 점차 교차로나 시장에 접근해서 상점 주인들의 심기를 건드리거나 장사에 방해를 초래하게 될 때까지 사역했다. 그 다음엔 사찰, 학교, 찻집을 방문했고 복음전파에 적합한 장소라 판단되면 수차례 재방문했다. 매번 모일 때마다 사람들에게 언제 다시 이곳을 찾겠다고 공지했다. 그래서 종종 낯익은 얼굴들을 보는 기쁨을 누렸고, 관심있는 청중은 더 깊은 대화를 나누기 위해 배를 따로 방문할 수도 있었다.

시간이 흐르면서 번즈씨는 허드슨 테일러가 비록 자기보다 나이는 훨씬 어리고 경험도 적지만 더 많은 사람들의 관심을 받는 것을 눈여겨보지 않을 수 없었다. 현지인들은 번즈 씨는 밖에서 기다리라고 하면서 허드슨 테일러에겐 자기들 집으로 청하는 일이 빈번했다. 호기심을 해결하는 데 관심있는 무리들은 서양 옷을 입은 외국인 전도자 주변으로 모여들었지만, 방해받지 않고서 진지하게 복음을 듣고 싶은 사람들은 자신보다 눈에 덜 띄는 옷차림을 한 외국인을 따라갔다.

그 결과는 번즈 씨가 다음의 편지에서 전한 대로다.

1856년 1월 26일

이번 여행을 위해 상하이를 떠난 지 41일째 되었습니다. 중국신교회의 탁월한 젊은 영국인 선교사 허드슨 테일러가 저와 동행했습니다… 우리는 많은 은혜를 누렸고 그와의 동행은 우리의 사역에 상당한 도움이 되었습니다.

이미 여러 번 말했지만 다시금 4주 전인 12월 29일의, 제가 지금처럼 중국인 복장을 착용하게 된 이야기로 돌아가야겠네요. 이런 변화는 허드슨 테일러가 저보다 몇 달 앞서 도입한 방식으로, 결과적으로 복음을 전할 때 현지인들의 방해가 훨씬 적었습니다. 그래서 그의 본을 따르는 게 마땅하다고 판단하게 되었습니다…

이 지역 특성상 비록 특정 장소에 오랫동안 머물며 기초를 닦는 것은 어려울지 몰라도, 우리가 수고하여 추수할 아주 넓은 밭이 있습니다. 사람들은 복음의 메시지에 제법 관심을 보입니다. 다만 설득과 회심은 저 위에서 오는 권능이 있어야 가능하죠. 그곳 킬시스(Kilsyth)에선 하나님의 사람들 가운데 우리를 위해 기도하려는 분이 얼마나 계시는지 궁금합니다. 이곳엔 얼마나 큰 필요가 있는지, 그리고 얼마나 많은 기도 제목이 있는지 말로 다할 수 없습니다! 이곳에서는 실로 추수할 것은 많으나 일꾼이 적고, 아직 미숙하여 큰 은혜 없이는 일할 수 없는 일꾼들도 많거든요. 그럼에도 하나님의 은혜가 있기에 낙망하진 않습니다. 그 은혜로 우리 같은 소수의 미약한 도구들이 위대한 일을 감당할 뿐만 아니라, 우리의 생각을 훨씬 능가하는 일들을 성취할 수 있기 때문입니다.

기도는 윌리엄 번즈에겐 삶의 호흡이었고 하나님의 말씀은 일용할 양식이었다. 그의 전기 작가가 남긴 글이다.

그는 성경에 능통한 사람이었다. 설교를 행할 때 드러나는 그의 가장 큰 능력은 사람들의 양심과 마음에 '성령의 검'을 사용하는 데 있었다… 그의 엄중한 호소를 듣다 보면 때로는 살아있는 선지자가 처음 전하는 성경의 새로운 장을 듣는 게 아닌가 착각이 들 정도였다… 그의 전 생애는 문자적으로 기도의 삶이었고 그의 전 사역은 은혜를 구하는 자리에서 치러진 전투의 연속이었다… 그는 말씀의 밭을 파고 들어 위대한 보화를 캐내었고 그것은 그의 영적 재산이 되었다.

교양있고 온화하며 타고난 기지가 번득였던 그는 이상적인 동반자였다. 찬송가는 그가 삶에서 누리는 낙이었다. 사람들과 함께할 때마다 그들에게 도움이 될 만한 재미있는 이야기를 들려주곤 했는데 마치 다양한 일화로 가득한 놀라운 이야기 보따리를 품고 있는 듯했다. 이렇듯 대단한 사람과 함께하며 현재와 장래의 시간을 고스란히 누리는 우정은, 당시 삶의 기로에서 허드슨 테일러에게 하나님이 허락하신 선물이자 축복이었다. 이 우정의 영향 덕분에 허드슨 테일러는 성장했고 확장되었으며 그의 사후에까지 영향을 미칠 영적 가치에 대한 이해를 얻게 되었다. 그리고 그 이해는 그의 인격과 삶과 후대에 남겨질 이야기에 분명한 흔적을 남겼다. 윌리엄 번즈가 그곳 중국에 앞서 들어와 생활하면서 체득한 실질적인 경험과 지식은 허드슨 테일러에겐 어떤 대학 강의보다 유익한 배움과 통찰을 선사했다.

그들의 행복한 동역은 7개월간 지속되었다. 그들의 사역지는 처음에는 상하이 인근이었다가 후엔 산터우(Shantou)라는 대도시 주변이었다. 전혀 예상에 없이 방문한 이 남부 항구에서 그들은 비록 힘겨웠지만 얼매기 풍성한 사역지의 최초의 선교사가 되는 영예를 누렸다. 그들이 중국인 차림새가 아니었다면 현지인들만 사는 시내에 체류하며 격동이 심한 이웃들 가운데 그렇게 많은 친구를 사귀는 것이 가능하지 않았을 것이다. 4개월이 지나자 의료사역에 대한 하나님의 축복으로 집 하나를 통째로 임대하여 방 하나를 의료사역에 썼다. 이제 초기의 난관들은 다 끝난 것만 같았다.

어느 날 번즈 씨의 요청으로 젊은 동역자는 안전한 보관을 위해 상하이에 맡겨둔 의료기구를 가지러 상하이로 돌아갔다. 마치 긴 헤어짐의 무거운 그림자를 예감이라도 한 듯 허드슨 테일러는 왠지 상하이로 가는 걸음을 내켜하지 않았다. 최악의 폭염에 번즈 씨를 혼자 내버려두는 것도 마음에 걸렸다. 마치 그의 삶에서 너무 큰 의미를 가졌던 동반자 관계가 깨어지는 것을 마치 알기라도 한 것처럼 그는 상하이로 가길 주저했다.

오랜 시간이 지난 후 허드슨 테일러가 회고한 내용이다.

그와 함께 보낸 수개월은 나에겐 형언할 수 없는 기쁨이자 위안의 시간이었다. 번즈 씨와 같은 영적 아버지를 곁에 둔 것은 그때가 처음이었기 때문이다. 이와 비슷하게 누군가와 거룩하고 행복한 교제를 누려본 적도 없었다. 무엇보다 번즈 씨의 말씀을 향한 사랑은 내게는 큰 기쁨의 원천이 되었다. 거룩하고 경건할 뿐만 아니라 하나님과 늘 소통하는 그의 모습을 보노라면 내 마음에 자리한 깊은 열망이 충족된다는 느낌을 받았다.

번즈 씨는 병원사역을 키워나가야 한다는 열정이 있었고 그러려면 의료기구와 의약품이 필요하다고 했다. 보관해 둔 의료기구를 가지러 배를 타고 상하이로 돌아간 허드슨 테일러 앞에는 비극적인 소식이 기다리고 있었다. 화재 사고로 그 모든 물품들이 불타 없어진 것이다. 필요한 의료기구와 물품을 새로 구하는 수밖에 없었다. 그가 물품을 새로 구하러 수소문하던 차에 비극적인 또다른 소식이 들려왔다. 그토록 사랑하고 존경하는 동역자가 중국 당국에 의해 체포되었고 31일에 걸쳐 경찰의 감시 하에 광저우(당시에는 광동[Canton]으로 불렸다)로 압송된다는 것이었다. 충격에 고통을 더한 것은 그들이 산터우로 복귀하는 것이 금지되었다는 소식이었다. 이전까지 선명하게 보였던 길은 이제 기이한 불확실성 속에 사라지고 말았다.

  그러나 이 크고 예기치 못한 시련이 아니었다면 허드슨 테일러는 그를 기다리고 있던 필생의 과업으로 인도되지 못했을 것이다. 또한 다른 모든 인간의 수준을 넘어 지고의 기쁨과 축복이 된 사랑 역시 만나지 못했을 것이다.

7
하나님의 길은 완전하다

사막의 샘이 말랐던
순례의 나날로 인해 주님, 당신께 감사드립니다
그때 우리는 처음으로 얼마나 큰 심연을
당신의 사랑으로 채울 수 있는지를 배웠습니다
-허드슨 테일러

안그래도 불안정했던 중국은 정치적 상황이 더해지며 짙은 먹구름에 휩싸였다. 번즈 씨의 연행 소식을 선한 그 편지에는 영국과 중국 간에 전쟁이 발발했다는 소식도 들어 있었다. 허드슨 테일러가 영국 함대가 광저우를 포격하면서 향후 4년간 이어질 전쟁*이 촉발됐다는 뉴스를 접한 것은 닝보에서였다. 당연히 그에게 제일 처음 든 생각은 번즈 씨의 안위였다. 그는 다혈질인 남부 사람들의 적개심이 고스란히 드러날 산터우에서 광저우로 압송중이었다. 불행중 다행이라고 해야 하나? 어쩌면 그가 여태 그곳에 남아 있지 않은 것은 큰 은혜였을 것이다!

---

* 1856년 10월에서 1860년 10월까지 이어진 2차 아편 전쟁을 말한다.

허드슨 테일러가 그해 11월에 쓴 편지글이다.

누나도 알다시피 나는 여러 상황으로 닝보에 발이 묶여 있었어. 이제야 비로소 남부에서 벌어진 상황이 납득이 되더군. 우리에게 들려온 가장 최근의 소식은 광저우가 이틀 동안 포격을 당했고, 이틀째 되는 날에는 도시가 함락되었으며 영국군이 시내로 진입했다는 거야. 이후 상황에 대한 더 자세한 소식을 초조하게 기다리고 있어… 현재의 상황이 선교사인 우리에게 무슨 유익이 있는지는 아직 모르겠어… 그래서 이에 관해 나의 생각을 적는 것을 자제하려고 해. 다만 번즈 씨를 적시에 산터우에서 건져내신 하나님의 선하심에 관해선 말하고 싶어. 현재 여기서 목격하는 바를 근거로 산터우 중국인들의 감정 상태를 판단하자면, 그들의 수중에 떨어진 이방인은 누구든 큰 고초를 면치 못했을 거야.

처음에는 감당하기 힘든 대재앙으로 보였던 상황이 "하나님을 사랑하는 자 곧 그의 뜻대로 부르심을 입은 자들에게는 모든 것이 합력하여 선을 이루는"(롬 8:28) 상황으로 인식되기 시작했다. 이것은 허드슨 테일러가 터득해야 할 여러 교훈 중 하나였다. 즉, 하나님이야말로 우리 삶에서 가장 중요한 상수가 되시며 다른 모든 외부적인 변수에 해당하는 상황은 하나님이 명하시거나 허락하신 것이므로, 결국 하나님을 신뢰하는 우리에겐 모든 것이 가장 선하고 지혜롭고 최상의 길이라고 여기는 사고방식을 체득하게 된 것이다. 그리고 그는 닝보에 발이 묶인 지 얼마 안 되어 하나님의 사랑과 보살핌의 또다른 증거를 발견하게 되었다. 바로 이곳에서 그는 그의 삶을 온전하게 채워줄 사람과 조우하게 된다.

닝보 남단의 유서 깊은 첨탑 근방의 두 호수 사이에 브릿지 스트리트(Bridge Street)라는 한적한 거리가 있었다. 닥터 파커가 자기 병원에서 3-4킬로미터 떨어진 이 거리에 약국을 개업했고, 가을이 깊어질 무렵 허드슨 테일러가 이 거리에 임시 거처를 마련했다. 그 작은 처소는 주목할 만한 곳이다. 훗날 여러 성에서 수백 개의 거점을 두고 사역할 중국내지선교회(China Inland Mission) 최초의 기지였기 때문이다.

그 초창기 시절을 회고하며 허드슨 테일러가 쓴 글이다.

밤에 이불 위에 수북이 쌓인 눈에 내 이니셜을 그려 넣었던 기억이 뚜렷이 난다. 그 방은 큰 헛간 같은 이층방이었는데, 지금은 안락하게 지붕을 씌운 네다섯 개의 작은 방으로 분할해 쓰고 있다. 중국 가옥의 기와지붕은 비는 막아도 눈은 막아내지 못한다. 눈이 기와 틈새를 비집고 집 안으로 새어 들어온다. 그러나 좀 엉성하게 지어졌다고 해도 그 작은 집은 현지인들 사이에서 복음을 전하는 데 안성맞춤인 곳이었다. 나는 그곳에서 아침, 점심, 저녁으로 섬길 넉넉한 보금지리를 얻었고 감사한 마음으로 정착했다.

닥터 파커 부부와 허드슨 테일러 외에 당시 그 지역에 사는 다른 외국인은 역시 중국선교회 소속인 존스(J. Jones) 선교사 부부, 그리고 두 명의 젊은 조력자들과 함께 교육 사역을 벌이는 앨더시(Aldersey) 양이 전부였다. 앨더시 양은 중국 최초의 여학교를 세워 놀랄 만큼 성공적으로 운영하고 있었다. 앨더시 양을 돕는 두 여성은 중국에 최초로 들어온 초기 선교사들 중 한 분이자 로버트 모리슨(Robert Morrison)의 동료였던 사무

엘 다이어(Samuel Dyer) 목사의 딸들이었다. 존스 부부와 그 가족이 학교에서 멀지 않은 곳에 살 집을 마련했을 때에도 다이어 목사의 둘째 딸이 틈나는 대로 존스 부인을 도왔다. 그들은 기회가 닿는 대로 마을로 나갔고 중국어에 능통한 다이어 목사의 딸 덕분에 외출 시간은 기쁨이 되었다. 스무 살도 채 되지 않은 어린 나이에 여학교 일까지 거드느라 정신이 없었지만 이 총명하고 재능 많은 소녀에겐 사람의 마음을 얻는 재주가 있었다. 그녀와 함께라면 선교 사역은 단순한 가르침에서 끝나지 않았고 사람들을 확실하게 그리스도에게로 인도하는 열매를 맺었다.

이 점이 허드슨 테일러의 관심을 끌었다. 그는 동료 사역자들의 집에서 다이어 양과 마주칠 수밖에 없었고 점점 불가항력적인 매력을 느꼈다. 그녀는 너무도 진솔하고 자연스럽게 다가왔고, 그들은 이내 좋은 친구가 되었다. 특히나 두 사람은 중요한 사안과 관련해서 가치관과 사고방식이 서로 잘 맞았다. 부지불식간에 그녀는 늘상 빈 여백으로 남아있던 그의 가슴 한 켠을 어느새 채워나가기 시작했다.

그러나 얼마 지나지 않아 뜻밖의 사건으로 닝보의 선교사 공동체가 흩어지고 두 사람 사이의 우정도 난관을 만나게 되었다. 외국인을 몰살하려는 무지막지한 음모가 계획 단계에서 밖으로 알려진 것이다. 이 음모는 결국 좌절되었지만 외국인을 향한 현지인들의 증오가 극에 달해 있었다. 다른 선교사들은 그렇다 해도 어린 자녀들이 있는 선교사 가족은 연안으로 대피하는 게 불가피해 보였다. 상하이 사투리가 가장 유창했던 허드슨 테일러가 이 일행을 인솔하기 위한 적임자로 선택되었고 이런 시기에 닝보를 떠난다는 것이 내키지는 않았지만 거절할 수는 없었다.

앨더시 양은 보다 안전한 곳으로 피신해야 한다는 것을 받아들이지 못했다. 연로한 나이로 인해 자신이 운영하던 여학교를 미국장로교선교회(American Presbyterian Mission)에 이양하는 과정에 있었던 그녀는 지금은 섣부르게 변화를 줄 시점이 아니라고 판단했다. 그리고 최대한 안전에 만전을 기할 테니 자매 조력자들에게 함께 남아주기를 요청했다. 자매 중 언니는 허드슨 테일러의 특별한 친구인 버든 선교사와 약혼을 한 상태였다. 동생 다이어 양은 그렇지 못했다. 상대적으로 더 외로울 테고 위급시에 보호막이 되어줄 누군가도 없었다. 안전이 보장되지 않는 시점에 다이어 양을 남겨두고 상하이로 간다는 것이 허드슨 테일러에게는 참 어려운 일이었다. 그렇다고 그의 존재가 그녀에게 어떤 위안이 될 것이라고 생각할 이유도 없었다. 서로 교제하는 사이도 아니었고 다이어 양을 향한 그만의 일방적인 호감에 불과했기 때문이다. 실제로도 그는 그녀를 잊어버리려고 노력 중이지 않았던가?

그는 무엇보다도 자신이 사랑하는 이에게 줄 수 있는 것이 얼마나 적은지를 뼈저리게 인식하고 있었다. 중국선교회의 대리인으로서 그가 처한 입장은 최근 늘어 섬섬 더 낯뜨거운 것이 되고 있었다. 선교회는 빚더미에 올라 있고 그의 급여마저 꽤 오래전부터 빚을 갚는 데 쓰였다.

당시의 상황을 회고하며 그가 쓴 글이다.

나는 개인적으로 항상 빚을 피하려고 했고 그러기 위해선 때로는 매우 신중하게 돈을 쓰고 검약해야 했다. 그때는 수입이 더 많아진 덕분에 빚을 지지 않는 게 어렵지 않았지만, 선교회 자체가 빚을 진 상태였다. 나와 다른 이들이 인출해야 하는 분기별 지급액은 종종 차입금으로 지불되었다. 빚을 지지 말아야 한다는 신념이 확고했던 나로서는 이 상황이 양심에 걸렸고 이 문제를 놓고 선교회와 대화를 시작했다. 결국 이듬해에 나는 사임을 결정했다.

하나님의 말씀이 가르치는 바는 오해할 여지 없이 선명한 것이라고 믿었다. "피차 사랑의 빚 외에는 아무에게든지 아무 빚도 지지 말라"(롬 13:8). 돈을 꾼다는 것은 내 사고 속에서는 성경과 모순되는 일이었다. 그러니까 돈을 꾼다는 것은 하나님이 뭔가 좋은 것을 숨겨 두고 안 주신다는 고백이었고, 주님이 주시지 않은 것을 스스로 취하겠다는 결단이라고 보았다. 한 명의 그리스도인이 하면 그릇된 일이 그리스도인의 연합체가 하면 바른 일이 될 수 있을까? 이전에 많은 선례가 있다고 해서 그릇된 노선이 합리화될 수 있을까? 내가 말씀으로부터 배운 바가 있다면 그것은 빚과는 무관한 삶을 살라는 것이다. 나는 하나님이 가난하시거나 자원이 부족한 분이라고 생각할 수 없었다. 어떤 사역이든 그것이 정말 하나님이 뜻하시는 길이라면, 하나님은 그 일에 필요한 것을 공급하시는 데 결코 인색하지 않으실 것이다. 그러므로 어떤 상황이나 특별한 시점에 이르렀을 때 그 사역을 지속적으로 수행할 자금이 부족하다면, 그 사역은 더 이상 하나님이 뜻하신 길이 아니라고 나는 생각했다. 결국 나의 양심에 거슬리는 괴로움을 겪지 않으려면 선교회와의 동역을 내려놓을 수밖에 없었다… 나의 친구이자 동료인 존스 선교사도 동일한 행보를 취하도록 인도하심을 받았다는 것이 나에게 크게 위안이 되었다. 그리고 우리 둘 다 선교회와의 결별이 그들과 우리 사이의 호의적인 감정이나 연대감을 훼손하지 않았다는 데 가슴 깊이 감사했다…

우리가 그날 내딛은 한 걸음은 결코 자그마한 믿음의 시험이 아니었다. 하나님이 내게 무엇을 하기 원하시는지, 또는 이전처럼 사역을 계속하도록 나의 필요를 채워주실지에 관해서 전혀 확신이 서지 않은 상태였다… 그러나 하나님은 나를 축복하셨고 형통케 하셨다. 선교회와의 결별을 선택한 쪽이 선한 길이었다는 생각이 들 때마다 얼마나 기쁘고 감사했던지! 나는 흡족한 마음으로 하나님의 얼굴을 똑바로 응시할 수 있었고, 그분의 은혜를 힘입어 그분이 내게 일러주실 다음 단계의 일을 수행할 준비가 되어 있었다. 나를 향한 그분의 사랑과 배려는 그 어느 때보다 견고하다고 느꼈다.

　이후 그분이 얼마나 복된 길로 나를 인도하셨는지는 말로 다 표현할 수 없을 것이다. 영국에서 하나님의 인도하심을 시험하던 나의 앞선 경험의 연장선에 있는 것 같았다. 나의 믿음은 항상 시험대 위에 올라 있었다. 믿음에서 실족하는 일이 비일비재했으며 하나님 아버지를 신뢰하지 못하는 자녀된 나의 믿음 부족 때문에 스스로 자책하며 자괴감을 느꼈다. 하지만 그 모든 시간 동안 나는 그분을 알아가는 법을 배워가고 있었다. 그 당시에도 나는 이 시험을 피하지 않으려고 했을 것이다. 그분은 너무 가까이, 너무 실제적으로, 너무 친밀하게 임재하셨다! 간혹 불거진 자금난은 개인적인 필요에 대한 공급이 모자라서 발생한 적은 한번도 없었고, 다만 우리 주변의 굶주림으로 죽어가는 숱한 사람들의 필요를 돌아본 결과였다. 그리고 다른 방면에서 훨씬 숙고를 요하는 시련들이 이런 자금 문제를 압도했고, 깊은 시련들은 더 풍성한 열매를 결과물로 안겨다 주었다.

　그해 겨울 그들이 먹을 것을 공급하던 딱한 사람들은 태평천국 운동으로 황폐화된 지역에서 탈출해 상하이로 몰려든 피난민들이었다. 헐벗고 병들고 굶주린 이 환난 중에 있는 사람들은 나즈막한 봉분을 파헤쳐 그 속에서 거주하거나 잔해 더미 속 다 쓰러져가는 폐가에서 살았다. 당시 허드슨 테일러는 런던선교회의 채플 한 곳을 맡았을 뿐 아니라 날마다 사람들이 모이는 시내에 가서 복음을 전하고 있었다. 그러나 그 와중에도 짬을 내어 존스 선교사와 함께 이 불운의 현장을 찾아가 병들고 배고픈 이들에게 먹을 것을 제공하고 돌보는 일을 했다.

그러므로 그의 생각이 끊임없이 닝보로 향하게 된 것은 할 일이 부족해서가 아니었다. 오히려 자신이 결혼에 대한 문제를 심각하게 고려할 정도로 조바심을 내고 있음을 발견했기 때문이다. "내가 결혼하지 아니한 자들과 과부들에게 이르노니 나와 같이 그냥 지내는 것이 좋으니라"(고전 7:8)는 사도 바울의 조언은 다소 오해할 만큼 비밀스러운 부분이 있지만 허드슨 테일러는 최근 들어 그 의미를 제대로 깨닫고 있었다. 하나님이 허락하신 크고 놀라운 사랑이 그에게 다가오고 있었던 것이다. 이유는 확실해졌다. 그렇다면 더 이상 머뭇거릴 이유가 없었다.

한편 닝보에서도 은혜가 풍성하신 하나님의 섭리가 동일한 방식으로 역사하고 있었다. 넘어야 할 장애물은 많았지만, 다이어 양의 마음밭은 이미 준비되어 있었다. 동생 마리아 다이어(Maria Dyer)는 사려 깊고 온화한 성품의 소유자였다. 어릴 적부터 외로웠던 그녀는 자라는 내내 진짜 속마음을 터놓을 친구를 갈구했다. 그녀가 어릴 때 돌아가신 아버지에 대한 기억은 거의 없었고 어머니도 그녀가 열 살때 세상을 떠나셨다. 그녀는 앨더시 양을 돕기 위해 중국에 오기로 결심할 무렵 진지한 회심을 경험했고, 그후의 선교 사역은 완전히 새로운 양상을 띠게 되었다. 그러나 중국은 십대의 어린 소녀에게는 외로울 수밖에 없는 곳이었고 그녀의 친언니가 결혼을 전제로 남자 선교사와 약혼한 이후에는 외로움이 더욱 커져만 갔다.

그 즈음에 허드슨 테일러가 나타난 것이다. 그녀는 이 젊은 선교사에게서 자신과 여러 모로 비슷하다는 인상을 받았다. 하나님 앞에서 거룩한 삶을 살고자 애쓰면서 귀하게 쓰임 받기 원하고 한평생 하나님과 친밀한 사귐의 길을 걷고 싶은 갈망이 느껴졌다. 그는 여느 사람들과는 달랐다. 더 재능이 있거나 매력이 넘친다는 뜻이 아니라 (그는 명석하고 유쾌하고 잔잔한 재미가 넘치는 사람이었지만) 그에게서 풍기는 뭔가가 그녀에게 안도감을 줄 뿐만 아니라 그와 대화를 나눌 때면 자신이 이해 받는다는 느낌을 받았다. 그는 너무도 불합리한 이 세상에 살면서 너무도 이상적인 하나님나라의 실재를 소유한 듯이 보였다. 비록 그와 긴 시간 마주칠 기회는 별로 없었지만 그가 가까이 있다는 사실만으로도 위안이 되었다. 서로 얼굴을 대면한 기간이 고작 7주였을 뿐인데, 그가 산터우로 돌아갔을 때 자신이 얼마나 그를 보고 싶어하는지를 알고는 스스로도 놀랄 지경이었다.

그러던 차에 두 사람 사이에 잠시 막혀 있던 길이 놀랍게도 다시 열렸다. 그가 닝보로 돌아온 것이다. 이 일을 계기로 그녀는 자신이 그에게 품은 감정에 눈뜨기 시작했던 것 같다. 여하간 그녀는 이내 깨달았고, 사랑스럽고 진실한 성품대로 이 감정을 자기 자신에게나 하나님으로부터 숨기려 하지 않았다. 그에 관해선 다른 누구에게도 말하고 싶지 않았다. 그녀와 달리 다른 사람들은 그닥 호의적인 시선으로 허드슨 테일러를 바라보지 않았기 때문이다. 외국인 선교사들은 그의 중국인 복장을 싫어했고 현지인들과 완벽하게 일체화되려는 그의 노력을 못마땅하게 여겼다. 그녀는 그의 중국인 차림새가 너무 좋았다! 아니, 그녀가 마음에 흡족했던 부분은 이것이 그의 영혼에 대해 증거하는 바였다. 그녀는 가난하고 헐벗은 자들에게 넉넉하게 베풀려는 그의 모습 또한 충분히 공감했다. 아직 저 멀리 복음이 닿지 못한 내지에서 살아가는 많은 영혼들에 대한 그의 사모함을 다른 사람들은 몽상가적이라고 비판했지만, 그녀의 마음 역시 동일한 부담을 안고 있었으며 할 수만 있다면 같은 삶을 살고 싶었다. 다만 여자이기에 그런 삶을 꿈꾸는 것이 현실적이지 않다고 여겼을 따름이다. 그렇기에 그녀는 비록 이 선교사 친구에게 말하지는 않았지만, 그와 그의 사역을 놓고 많은 기도를 드렸다.

수개월이 지나서, 허드슨 테일러가 상하이에 체류해야 했을 때 그리고 그녀를 떠난다는 게 그에게 어떤 대가를 지불하는 것인지 그녀가 몰랐을 때의 일이다. 어느 날 그에게서 편지가 왔다. 그녀는 갑작스런 기쁨에 사로잡혔지만 놀라지는 않았다. 다만 오랫동안 내면에서 움터있던 싹이 조용히 밖으로 나와 향기나는 꽃으로 자라기 시작했을 뿐이다. 그러니까 그녀 혼자만의 오해가 아니었던 것이다. 두 사람은 서로를 위해 하나님이 예정하신 존재였다. 두 사람은 "그가 만드신 바라 그리스도 예수 안에서 선한 일을 위하여 지으심을 받은 자니 이 일은 하나님이 전에 예비하사 [두 사람으로] 그 가운데서 행하게 하려"(엡 2:10) 하심이었던 것이다.

허드슨 테일러로부터 반가운 편지를 받은 그녀는 먼저 기쁨으로 감사를 드린 후 언니를 찾아갔다. 언니는 그녀의 마음을 가장 잘 헤아려 주었다. 그 다음은 앨더시 양에게 말하는 일이 남았다. 앨더시 양이 언니 부렐라(Burella)의 약혼 소식을 기뻐했듯이 자기 사연도 반갑게 들어주기를 바랐다. 그러나 연로한 여인은 이야기를 듣고는 격노했다.

"허드슨 테일러라고! 그 젊고 돈 없고 인맥도 없는, 아무것도 아닌 사람이, 그 사람이 어떻게 감히 그럴 생각을 했지? 당연히 프로포즈를 당장 거절하고 그걸로 끝내는 게 좋겠어요."

마리아는 허드슨 테일러가 자신에게 얼마나 의미있는 존재인지를 설명하려고 애썼으나 헛수고였다. 말을 하면 할수록 상황은 더 꼬여만 갔다. 앨더시 양은 마리아를 그녀의 어리석은 선택으로부터 당장 구해 내려고 했다. 그녀를 누구보다 아끼는 동역자이자 친구였으므로 가장 순수한 의도에서 자기가 직접 문제를 해결하겠다고 나섰다. 앨더시 양은 마리아에게 편지를 쓰도록 했다. 두 사람의 결혼과 관련한 모든 논의를 종결하고 다시는 이 문제를 거론하지 말 것을 허드슨 테일러에게 단호하기 그지 없는 어조로 요구하는 내용이었다. 앨더시 양의 태도가 워낙 강경하고 강압적이어서 마리아는 거의 모든 문장을 일일이 앨더시 양이 불러주는 대로 받아적어야 했다.

당황하고 상심한 이 딱한 소녀는 달리 어찌해야 할지 몰랐다. 앨더시 양의 친구들까지 강력하게 농조하고 나선 마당에 혼자 그 결정을 거스르기는 어려웠다. 그러기엔 그녀는 아직 어렸고 경험이 적었으며 이런 문제에 대해 너무 수줍음이 많았다. 슬픔과 수치심으로 상처를 입은 그녀가 할 수 있는 일이라곤 하늘 아버지의 손에 문제를 내맡기는 것밖에 없었다. 하나님은 모든 것을 아시고 가장 깊이 이해하셨다. 그 이후의 길고도 고독한 나날 동안에도 그녀의 친언니조차 앨더시 양에게 동조하게 되었다. 이제 그녀에게 남은 유일한 안위는 주님께는 그 어떤 일도 너무 어려운 일은 없다는 확고한 믿음이었다. "그분이 나의 이삭을 죽여야만 한다면 그분이 되살리실 수 있을 거야"라고 스스로에게 되뇌었다.

그러나 봄이 다시 오고 떠났던 무리가 상하이에서 돌아오자 그녀의 입장은 더 난처해졌다. 허드슨 테일러의 재등장에 분개한 앨더시 양은 가능한 모든 방법을 동원해 그를 깎아내리는 것이 자기의 책무라고 여기는 듯했다. 다이어 양에게서 (거의 강제로 쓰다시피한) 거절의 편지를 받은 후 다이어 양을 만나려는 시도조차 할 수 없었던 허드슨 테일러는 그녀의 속마음이 어떤지 전혀 눈치채지 못했다. 재능있고 매력 넘치는 그녀 주변엔 구애자들뿐만 아니라 좋은 배필을 소개해 주겠다는 사람들이 넘쳐났다. 주변 사람들의 이런저런 간섭과 훼방도 만만치 않았지만, 그들이 발 딛고 살아가는 중국의 (미혼남녀가 지켜야 하는) 예절과 관습도 크게 작용하여 두 사람이 만나는 것은 거의 불가능한 일이 되어 버렸다. 그러나 두 사람은 기도하고 있었다. 혹독한 연단 가운데 있는 두 사람의 마음은 하나님께 열려 있었고 진심으로 그분의 뜻이 무엇인지 알고자 애썼다. 그리고 그분은 놀라운 방법으로 역사하셨다!

7월의 어느 무더운 오후, 원래 정해진 순번에 의해 존스 선교사 집에서 기도 모임이 열렸다. 평상시 참석하던 부인들이 변함없이 모였다. 그러다 사정이 생겨서 그날의 모임은 오는 것보다 떠나는 게 더 어려운 일이 되었다. 예고도 없이 갑자기 닝보에 폭우가 쏟아졌고 많은 강우로 바다와 인접한 지점의 강물이 범람한 것이다. 존스 선교사와 당시 존스 선교사 집에 하숙하던 허드슨 테일러는 병원에 나가 있다가 길이 물에 잠기는 바람에 귀가가 늦어졌다. 두 사람이 비를 뚫고 귀가했을 때, 대부분의 모임 참석자들은 기도 모임을 마치고 돌아간 상황이었고, 여학교에서 일하는 한 하인이 마리아 다이어 양과 그녀의 동행인은 아직 인력거를 기다리고 있노라고 귀뜸해 주었다.

"내 서재로 들어가 있어요." 존스 선교사가 말했다. "내가 상황이 어떤지 알아볼게요."

잠시 후 돌아온 존스 선교사는 두 아가씨와 자기 아내만 남아 있으며 허드슨 테일러를 보고 싶어한다고 전했다.

일이 어떻게 돌아가는지 몰라서 얼떨떨한 상태로 허드슨 테일러는 위층으로 올라가 그동안 너무도 보고 싶었던 사람과 마주했다. 물론 중국의 관습상 불가피하게 다른 사람들도 방 안에 있었다. 하지만 그에게 다른 사람은 보이지 않았으며 오로지 그녀만 눈에 들어왔다. 원래 그는 런던에 있는 그녀의 후견인에게 (결혼 허락을 구하고자) 편지를 써도 되겠냐고 물어보려던 참이었다. 그러나 자신도 걷잡을 수 없이 구애의 말들이 쏟아져 나왔다! 그녀가 어떻게 반응했을까? 막역한 친구들에 둘러싸여 있었고 다시 만나려면 또 얼마나 기다려야 할지 모를 일이었다! 그녀는 그 자리에서 허드슨 테일러의 마음을 받아주었다. 그게 끝이 아니었다. 진실한 마음으로 그녀는 자신에게도 그가 애틋한 존재임을 알려주고 그의 두려움을 말끔히 씻어주었다. 그후 허드슨 테일러는 다음의 말로 상황을 정리했다. "이 모든 것을 주님께 기도로 가져갑시다."

4개월은 기다리기엔 너무 긴 시간이었다. 특히 앨더시 양이 마리아의 먼 친척들을 설득하고자 본국에 편지를 보냈다는 사실을 안 이후론 더욱 길게만 느껴졌다. 만일 런던의 후견인이 앨더시 양의 강력한 호소에 설복당하면 어쩌지? 만일 그가 결혼을 승낙하지 않으면 어쩌지? 두 젊은 이는 부모나 부모의 권위를 가진 이들에게 순종하는 사람 위에 하나님의 축복이 머무른다는 것을 믿어 의심치 않았다.

수년 후 허드슨 테일러가 쓴 글이다.

나는 부모님의 단호한 지시에 불순종한 일이 한 번도 없다. 비록 부모님이 틀렸더라도 대들거나 반항하지 않았다. "오직 주님을 통해 이겨 내라. 하나님은 어떤 문도 여실 수 있다."* 자녀에게 순종할 것을 강하게 요구할 때, 이런 경우 그 책임은 부모에게 있으며 그 무게 또한 엄중하다. 그리고 그 모든 상황에서 자녀는 전심으로 이렇게 기도해야 한다. "주님, 당신이 길을 여시기를 기다리고 있습니다. 그 문제는 전적으로 주님의 손안에 있으니 주님이 감당해 주십시오."

실제로 주님은 그가 고민하는 문제를 감당해 주셨다. 11월 말이 다가오자 학수고대하던 편지가 왔다. 긍정의 회신이었다! 런던에 있던 그녀의 삼촌은 신중한 조사 끝에 허드슨 테일러가 비상한 가능성을 가진 선교사라는 사실을 알게 되었고 마음에 흡족해 했다. 중국선교회의 간사들은 그에 관해 좋은 이야기밖에 할 게 없었고, 다른 정보원들을 통해서도 가장 좋은 평판을 들을 수 있었다. 결과적으로 그의 귓전을 스쳤을 수도 있는 심란한 소문들은 뜬소문으로 치부되었고 예의를 갖추어 조카의 약혼을 수락했다. 다만 조카가 성인이 될 때까지 결혼은 유예해 달라는 요청만 덧붙였다. 그녀가 성인이 되려면 2개월이 조금 안 되게 남은 시점이었다.

---

* 허드슨 테일러는 부모 중 한 분 또는 두 분 모두가 수락하지 않은 상태에서 선교 사역으로의 부르심 문제를 놓고 고민했던 경험이 있다.

허드슨 테일러와 마리아 다이어 두 사람은 공개적으로 약혼을 했고 그 행복한 겨울날은 이전의 모든 어려움을 보상하고도 남았다. 예비신부는 1월 16일 토요일 21세가 되었고 결혼식은 그 다음 주에 열렸다.

그 즈음 허드슨 테일러가 어머니에게 쓴 편지글이다.

제 인생에서 이렇게 영육간에 안녕하다고 느낀 적이 없었어요… 사랑하는 어머니, 제게 일어난 일이 도무지 믿기지가 않습니다. 우리가 겪었던 모든 고뇌와 긴장 끝에 이렇게 자유롭게 만나고 함께 시간을 보낼 수 있다니, 그리고 며칠만 지나면, 결혼하게 된다니요! 하나님은 진실로 선하십니다. 그분은 우리의 기도에 응답하셨고 결혼을 반대하는 이들 앞에서 우리의 편이 되어주셨어요. 아, 그분과 더 가깝게 걷고 더 충성되이 그분을 섬길 수 있으면 좋겠습니다. 어머니께 저의 소중한 사람을 보여드릴 수 있다면 정말 좋겠어요. 그녀는 진정 보배입니다! 그녀는 제가 바라던 모든 것이기도 하구요.

그리고 6주 후에는 이렇게 썼다.

아, 이렇게 애틋하게 사랑하는 사람과 결혼을 하다니… 이건 형언할 수도, 상상할 수도 없는 축복입니다. 단 한순간도 아쉬움이 없어요. 날마다 사랑하는 사람의 속마음을 알아갈수록, 이런 귀한 보물을 가지게 되었음이 자랑스럽고 행복하답니다. 우리의 선하신 하나님께서 이 땅의 선물 중 최고의 것을 제게 주셨음에 감사로 충만해져요.

8
추수의 기쁨

> 씨 뿌린 후에 추수가 있고,
> 소나기 후에 햇빛이 나네
> 어두움 후에 빛이 오고,
> 괴로운 후에 평안이 있네
> - F. R. 해버갈

낯선 땅 중국에 들어가 사역을 시작한 지 2년반, 하나님께서 허드슨 테일러에게 허락하신 열매는 실로 풍성했다. 브릿지 스트리트의 작은 집은 이제 진짜 가정집이 되었다. 아래층은 예전처럼 그리스도인과 예비신자가 자유롭게 드나드는 예배실과 응접실로 사용되었지만, 위층은 이전의 헛간 같은 다락방의 모습은 온데간데 없었다. 햇빛이 들어오는 밝은 분위기의 작은 방들에는 창마다 커튼이 드리워져 있고, 앞창으로는 좁은 거리가, 뒷창을 통해서는 수로가 눈에 들어왔다. 가장 큰 변화는 그곳에서 여자들과 아이들도 남자들과 마찬가지로 양육을 받게 되었다는 점이다. 얼마 전까지 다이어 양으로 불리던 테일러 부인은 결혼 전에도 그 마을의 유명인사였지만 이젠 방문하는 곳마다 현지인들의 환대를 받는 존재가 되었다. "사랑하는 사람은 온 세상이 사랑한다"는 말처럼 하나로 연합한 두 마음에서 풍기는 매력은 영향력이 컸다.

그들의 따뜻한 친구이자 조력자 중엔 니(Ni)라는 사람이 있었다. 이전에 불교계의 지도자로 알려졌던 사람으로 그 도시에서 목화솜을 취급하는 상인이었다. 그는 닝보에 거주한 지 오래 되었으나 한 번도 복음을 접해본 적이 없었다. 신앙심이 깊었던 그는 지역 내 여러 종교인들이 모이는 단체 대표자로도 활동하며 '다수의 신'을 섬기는 일에 많은 시간과 돈을 썼다. 그러나 그의 마음은 평안하지 않았다. 쳇바퀴처럼 반복되는 종교 의례를 따를수록 공허감만 커져갔다.

어느 날 저녁 브릿지 스트리트 거리를 지나다가 우연히 대문이 열린 집을 보았고 그 안에서 일어나는 일에 호기심이 생겼다. 종이 울리자 마치 모임이 열리는 것처럼 사람들이 모여들었다. 종교 문제를 논의하는 곳이라는 이야기에 그 역시 안으로 들어갔다. 최근에 그에게는 두 가지 큰 관심사가 생겼다. 사람이 죄를 지으면 어떤 형벌을 받게 되는지, 그리고 죽음 이후에 영혼은 어디로 가는지에 대한 궁금증이었다. 중국인 복장을 한 젊은 외국인이 그의 경전을 가지고 설교를 하고 있었다. 그는 닝보 사투리를 능숙하게 구사했다. 니 씨는 그가 낭독하는 구절을 한 단어도 빠짐없이 다 알아들을 수 있었다. 그러나 무슨 의미인지는 알 수 없었.

모세가 광야에서 뱀을 든 것 같이 인자도 들려야 하리니 이는 그를 믿는 자마다 영생을 얻게 하려 하심이니라 하나님이 세상을 이처럼 사랑하사 독생자를 주셨으니 이는 그를 믿는 자마다 멸망하지 않고 영생을 얻게 하려 하심이라 하나님이 그 아들을 세상에 보내신 것은 세상을 심판하려 하심이 아니요 그로 말미암아 세상이 구원을 받게 하려 하심이라(요 3:14-17).

심판이 아니라 구원을 받게 한다, 믿는 자마다 영생을 얻는다, 세상을 사랑한 하나님, 뱀, '인자'가 들려야 한다… 대체 이 모든 게 무슨 뜻일까 궁금증이 더해만 갔다. 그의 머릿속에서 관심이라고 표현하기엔 너무 큰 울림이 일기 시작했다. 그리고 한 순간에, 죄와 죄의 치명적인 결과에 대한 신적 해결책을 예시하는 광야의 놋뱀 이야기, 예수 그리스도의 삶과 죽음과 부활, 이 모든 것들에 대해 성령의 권능이 임하며 깨달음이 왔다. 그동안 자신이 느끼고 있던 갈급함에 마치 단비가 내리는 것 같았다. 시대를 초월하는 성령의 놀라운 일하심이었다. 이는 하나님께 감사하게도 오늘도 현재진행형인 기적이다! "내가 땅에서 들리면 모든 사람을 내게로 이끌겠노라"(요 12:32).

어느새 모임은 거의 끝나가고 외국인 선생은 말하기를 멈추었다. 이 방면에서 지도자로 일했던 사람답게 그는 본능적으로 자기 자리에서 일어나 사람들을 둘러보며 단도직입적으로 말했다.

"나는 오랫동안 진리를 찾아다녔지만 찾지 못했습니다. 가까이서, 멀리서 찾아 헤맸지만 발견하지 못했습니다. 유교, 불교, 도교, 그 어디에서도 평안을 찾지 못했습니다. 그러나 오늘밤 들은 이야기 속에서 평안을 찾았습니다. 이제 나는 예수님을 믿는 사람이 되었습니다."

그는 열렬한 성경 학도가 되었고 지식과 은혜 방면에서 경이로운 성장을 이루었다. 회심 후 얼마 되지 않은 시점에 그가 이전에 대표자로 활동하던 단체의 회합에서 이야기를 전할 기회가 생겼다. 그와 동행한 허드슨 테일러는 그가 얼마나 명료하고도 풍성하게 복음을 제시하는지 깊은 감명을 받았다. 이전에 니 씨를 따르던 사람 가운데 하나가 그날 그의 간증을 통해 그리스도에게로 인도함을 받았다. 이렇게 니 씨는 영혼을 추수하는 사람의 기쁨을 맛보기 시작했다.

어느 날 그의 외국인 선교사 친구 허드슨 테일러와 이야기를 나누던 니 씨는 문득 이런 질문을 던졌다.

"당신 나라에서는 얼마나 오래전부터 이 복된 소식을 누렸습니까?"

"수백 년 되었죠."

선교사의 조심스러운 답변이 돌아왔다.

"뭐라고요! 수백 년이라고요?"

슬픈 어조로 니 씨가 말을 이어갔다.

"나의 부친은 예전부터 진리를 찾아 헤맸지만 결국 찾지 못하고 돌아가셨어요. 아, 왜 더 일찍 이 땅에 오지 않았나요?"

이것은 허드슨 테일러가 결코 잊지 못할 고통의 순간이었다. 그리고 이 고통은 아직 복음을 듣지 못한 사람들에게 그리스도를 전하려는 열심을 한층 더 고취시켰다.

그 즈음 점점 확장되어가는 선교 사역 덕분에 이 일을 도와줄 조력자가 필요해졌다. 현지인이어야 했고 무엇보다 이 일에만 전념해야 하는 조건이었다. 그는 이 풀타임(full time) 조력자를 구하는 문제에서 하나님보다 앞서가지 않기 위해 상당히 인내해야 했다. 당시 니 씨는 목화솜 사업을 하면서 남는 모든 시간을 열정적으로 쏟아부었고, 바구니 만드는 일을 하는 능쿠웨이(Neng-Kuei), 호서(湖西) 출신의 농부 왕(Wang), 인정 많은 어머니와 함께 사는 교사 치우(Tsiu) 역시 그랬다. 그들과 많은 이들이 저녁마다 선교회로 쓰이는 집에 모이고 주일엔 그곳에서 대부분의 시간을 보내지만 주중에는 전적으로 생업에 매달려야만 했다. 테일러 부인의 사역지인 여학교에서 일하는 그리스도인 선생을 고용하거나 아니면 다른 이들을 직분에 걸맞는 훈련을 시켜 적은 급여로 쓰는 게 차라리 더 쉬운 길이었을 것이다. 그러나 장기적으로는 이런 방식은 디딤돌이 된다기보다는 걸림돌이 될 것이라는 게 선교사들의 중론이었다. 아무리 열심 있고 진지한 초신자라도 그에게 급여를 줘서 복음을 전하게 하는 것은, (그리고 외국에서 오는 자금으로 급여를 주는 것은) 종국에는 그들이 그리스도인으로 성장하는 데 방해가 되고 영향력을 약화시킬 것이라고 보았다. 언젠가 때가 되면 하나님이 누군가를 이런 전임 사역자로 부르신다는 것이 모든 지체에게 자명하게 드러날 때까지 기다려야 했다. 그렇게 되면 현지의 그리스도인 지체들이 자신들의 힘으로 현지인 전임 사역자들을 지원할 수 있을 것이다. 중국인으로 이루어진 교회를 통해서가 아니면 어떻게 중국의 복음화가 완수될 수 있겠는가? 그리고 만일 선교사들이 인내심을 가지고 중국인의 영적 성장을 기다려주지 않는다면 어떻게 회심자들이 돈을 받고 하는 섬김이 아니라 주 예수 그리스도에 대한 사랑에서 우러나오는 자발적인 섬김의 기쁨을 알겠는가?

    결국 허드슨 테일러와 그의 동료들은 주위에서 초신자들이 성장해 가는 동안 벅찰 정도로 바쁜 삶을 감당해야 했다. 허드슨 테일러는 노방에서 전도하거나, 채플에서 방문자들을 만나거나, 편지를 주고 받고, 회계장부를 기장하며, 전도여행을 지속적으로 하는 것에 더하여 적잖은 의료사역도 감당하고 있었다. 그러나 그 모든 것에 앞서 가장 중요한 사역이 있었고 어떤 이유로도 그것만은 놓치지 말아야 했다. 바로 날마다 현지인 그리스도인들과 예비신자들을 만나서 그들과 이야기를 나누며 복음 안에서 교제하는 일이었다.

　회심자들에게 이런 사랑과 섬김을 쏟아붓는 상황에서 이들이 은혜를 경험하며 하나님을 아는 지식에서 자라가는 것은 어찌 보면 당연한 일이었다. 선교사들은 저녁마다 그들에게 시간과 정성을 쏟았다. 정규적인 공개 모임 이후 공들여 준비한 세 차례의 성경공부를 진행했다. 맨 먼저 허드슨 테일러가 구약 성경공부를 인도했다. 그 다음 잠깐 휴식 후 〈천로역정〉이나 다른 유익한 책에서 한 장(章)씩 골라 읽는 시간을 가졌다. 마지막으로 신약의 성경 구절을 택해 나눔을 하고 실제 삶에 적용하는 시간을 가졌다. 매일 저녁마다 이런 순서로 모임이 진행되었으며, 주일에는 예배를 드리고 이후에 밖에 나가서 전도 활동을 했다.

　물론 주일에도 성경공부 시간이 있었다. 그렇기에 현지인들은 주일에 가게와 상점 문을 닫아야 했다. 일주일 중 하루의 사업을 희생하는 것은 그리스도인들에게 적잖은 대가를 요구하는 일이었다. 그러나 허드슨 테일러와 그의 동료들은 이것 말고 다른 기초 위에는 견고하고 스스로 성장하는 교회를 세울 수 없음을 알았다. 그러므로 그들은 현지인들의 희생을 허비하지 않기 위해 최선을 다하면서 하나님께 드려진 시간이 유익한 열매를 맺도록 노력했다. 몇 차례 드려지는 정규 예배 사이사이에는 그리스도인, 예비신자, 환자, 학생 및 하인으로 구분되는 주일학교가 진행되었는데 즐겁고도 친근한 방식으로 가르침이 이루어졌다. 그 결과 겨우 넷밖에 되지 않는 선교사들에게 주일은 힘에 부칠 정도로 바쁜 날이 되었다. 그러나 힘든 수고와 피로의 대가를 지불함으로써 오히려 회심자들이 치르는 희생의 가치를 더 잘 이해하게 되었다. 어떤 이들은 종일 주린 배를 안고 먼 거리를 걸어서 주일예배에 왔다. 어떤 이들은 박해와 개인적인 손해를 감수해야 했다. 그러나 그들 대다수는 주일 예배가 자신들의 삶에 어떤 차이를 만들어내는지 경험하고 있었기에 어떤 대가라도 지불하고자 했다.

그렇게 교회는 성장했고 선교사들은 성숙해 갔으며 그들이 섬길 수 있는 기회도 점점 더 확대되어가았다. 허드슨 테일러가 결혼하던 해 여름에 텐진조약(1858년)이 체결되었다. 이로 인해 마침내 모든 내륙 지방으로 들어가는 길이 전면 개방되었다. 이제 여권만 있으면 외국인들도 자유롭게 통행할 권리를 누리게 되었다. 오랜 시간 기도했던 복음의 문이 마침내 열렸고 실제로 들어가는 일만 남았다.

허드슨 테일러가 11월에 쓴 편지글이다.

전에 새 조약에 관해 자세히 들어보셨을 겁니다. 우리의 닝보 선교사들 중에도… 내지로 들어가는 이들이 생길 것 같은데, 그러면 이곳에서 사역할 선교사 숫자가 줄어들지도 모르겠습니다. 그래서 드리는 말씀인데, 고국에 있는 교회가 분발하고 힘을 모아 복음의 일꾼들을 이곳으로 좀 더 파송해 주실 수 있을런지요?

우리 중 많은 이들이 내지로 들어가기를 사모합니다. 저 역시도 마찬가지입니다. 아, 얼마나 사모하는지요! 그러나 주님 외엔 그 누구도 풀 수 없는 의무와 매듭이 우리를 붙들고 있습니다. 주님이 현지의 여러 그리스도인들에게 합당한 '은사'를 허락하시어… 이미 형성된 교회를 돌봄에… 적합한 자격을 갖추게 하시고… 그렇게 함으로써 우리가 내지에서 복음의 개척자 사역을 감당하도록 자유롭게 풀어주시기를 기도합니다.

선교사들에게는 하나님의 공급하심을 따라 재정적으로 자립한 교회, 그리고 스스로 성장하는 교회를 세워야 한다는 부담감이 있었다. 게다가 아직도 주 안에서 영적 부모인 그들을 필요로 하는 현지인 신자들의 마땅한 권리를 외면할 수 없었다. 이 신자들은 선교사들의 사랑과 기도에 전적으로 의탁된 영혼들이었다. 그런 그들을 지금 떠나겠다고 선택하는 것은 비록 그것이 누군가에게 유익을 끼칠지는 몰라도 자녀를 돌보아야 하는 영적 부모로서 모든 신뢰와 책임을 내버리는 일이 될 것이다. 그리고 다음의 사건이 분명하게 증거하듯이 그들의 이런 판단은 옳았다.

갓 그리스도인이 된 현지인들을 양육하기 위해 하나님께서 사용하실 만한 사람들 중엔 니, 능쿠웨이, 왕 외에 몇몇이 있었다. 대다수가 그렇듯 이들도 가난하고 많이 배우지 못했지만 '사람 낚는 어부'가 될 사람들이었다. 이 초기의 회심자들 중 6-7명 정도가 중국내지선교회의 형성기에 선교의 조력자가 되었다. 인간적으로 말하면 새로운 프로젝트는 이들의 협조 없이는 결코 실현될 수 없었다. 당시 브릿지 스트리트 인근의 사역을 통해 얻어진 모든 결실들은 아무리 높이 평가해도 지나침이 없을 것이었다. 선교사들이 믿음 안에서 낳은 자녀들은 선교사들이 보여주는 모범을 고스란히 닮아갔고 영적인 복을 물려주는 통로로 이보다 더 효과적이고 확실한 방법은 없었다.

이 모든 추수의 한복판에서 크고도 예기치 못한 슬픔이 허드슨 테일러에게 닥쳤다. 근래에 닥터 파커는 외국인 거주지 내에 새 병원을 설립한 상황이었다. 도시 성문 근처에 강이 내려다보이는 기막힌 입지에 세워진 넓고 쾌적한 병원 건물은 날마다 지나가는 수천 명의 이목을 끌었다. 병원의 모든 시설과 장비는 인고의 세월을 통해 쌓아 올려진 것이었고,

사역의 필요에 놀랄 만치 꼭 맞게 지어졌다. 그러나 닥터 파커의 가정에 큰 문제가 발생했다. 사랑하는 아내가 숨을 거둔 것이다. 오랜 시간 숱한 역경을 견디며 마침내 사역의 열매를 맛보려는 참이었던 이 불굴의 남자는 불과 몇 시간 병을 앓다가 네 아이를 남긴 채 갑작스레 하나님 품에 안긴 아내와의 사별에 고통스러워하고 있었다. 그러다가 아이 하나가 중병에 걸렸고 의사인 아버지는 아이들을 고국 스코틀랜드로 데려가야겠다는 결정을 내렸다. 그러면 병원은 어떻게 해야 하는가? 병동은 환자들로 가득 차 있었고, 약제실엔 매일같이 도움을 필요로 하는 사람들이 끊이지 않았다. 닥터 파커를 대체할 만한 다른 의사도 없었고, 겨울이 다가오는 시점에 병원을 폐쇄하는 건 생각할 수도 없는 일이었다. 닥터 파커는 이 사역을 위해 남겨줄 자금은 없었지만 (병원 운영자금은 닥터 파커의 개인적인 진료 활동 수익으로 충당하고 있었다) 그와 동역한 경험이 있던 허드슨 테일러가 어떤 식으로든 약제실의 명맥만이라도 이어가기를 기대했다. 그렇게 예기치 못한 제안이 허드슨 테일러에게 떨어지게 된 것이다.

허드슨 데일리기 회고히는 내용이다

주님의 인도하심을 기다린 후 나는 기도를 들으시는 하나님께서 피할 길을 제공하실 거라는 믿음이 생겼고, 그러자 약제실뿐 아니라 병원도 인수해야 한다는 데까지 생각이 미쳤다.

때로는 입원환자가 50명에 달하기도 하고 약제실 이용자 수도 상당했다. 통상 30여 개의 침상이 무료 진료 환자들과 그들의 간병인에게 배정되었고 30여 개는 돈을 내고 아편 중독을 고치기 위해 입원한 아편 이용자들에게 배정되었다. 병동 환자들의 모든 필요뿐 아니라 외래과에서 사용하는 의약품 역시 무상으로 제공되었다. 그렇기 때문에 날마다 소요되는 비용이 상당했다. 운영 직원도 필요했으므로 이 역시 어디선가 재정 지원이 이루어져야 해결되는 부분이었다. 여태까지는 모든 유지비용을 닥터 파커의 외국인 진료 활동 수익으로 충당했는데, 이제 그가 떠나자 그 수입원이 끊긴 것이다. 그러나 우리 주 예수님의 이름으로 구하는 것마다 이루어질 것이라고 하나님이 말씀하시지 않았던가? 그리고 먼저 하나님의 나라를 구하면 (하나님의 나라를 확장할 수단뿐 아니라) '이 모든 것을' 우리에게 더해 주신다고 말씀하시지 않았던가? 분명 이런 약속들만으로도 충분할 것이다.

사람들은 이것이 위급한 상황이라는 점을 실감하지 못했다. 그러니까 고국의 친구 중 누구도 이 상황을 예견하지 못했을 뿐만 아니라, 중국에서 긴급한 요청을 호소하며 보낸 편지에 대한 회신을 받으려면 수 개월이 소요될 거란 점을 크게 개의치 않았던 것이다. 하지만 허드슨 테일러는 사태의 심각성을 인식했고 자신이 그동안 경험했던 효과적인 수단을 이번에도 동원할 생각이었다. 평상시뿐만 아니라 위급한 시기에도 변함없이 역사하는 믿음의 비밀은 매일같이 묵묵히 하나님을 의지하는 것이다. 즉 필요한 모든 것의 공급자이신 주님만 바라보는 것이다. 자녀가 믿음으로 아뢰는 기도에 주님이 실망시키신 적이 단 한 번이라도 있었던가? 이를 통해 하나님은 그분을 신뢰하는 자의 마음에 살아계시는 존재가 되신다.

허드슨 테일러의 기록이다.

닝보 병원을 맡는 일은 8일 전만 해도 그럴 생각이 눈곱만큼도 없었다. 고국의 친구들은 이런 급박한 상황 전개를 더더욱 예상하지 못했을 것이다.

그러나 일련의 사건들이 온전히 증거하듯이 주님은 이 상황을 미리 내다보고 계셨다.

닥터 파커가 떠난 뒤 그와 함께 일하던 병원 직원들도 상황의 심각성에 대해 듣게 되었다. 병원이 보유한 자금으로는 바로 그달 지출할 경비밖에 감당할 수 없으며 그 후엔 기도가 유일한 자원임을 알게 되자 그들은 너무도 자연스런 행보를 취했다. 당장 그만두겠다고 결정한 것이다. 병원은 새로운 조력자들이 필요했다. 어떻게 대체인력을 구할지 몰라 닥터 파커도 고민했던 부분이었다. 허드슨 테일러는 그 방법을 알고 있었고, 그를 단 한 번도 실망시키지 않았던 브릿지 스트리트의 현지 그리스도인 공동체에게 도움을 청했다. 그들은 하나님께서 영적 축복을 놀랍도록 부어주셨으므로 당연히 물질적인 부분도 채워주시리라 기대하는 것을 당연하게 여겼다. 더 큰 축복 속에 더 작은 축복이 포함되는 건 자연스러운 게 아닌가? 그리고 하나님은 자녀된 신자들의 필요를 결코 모른체 하실 수 없는 진짜 아버지가 아니시던가? 그렇게 그들은 병원의 조력자로 자원했고 선교사 친구들에게 기쁜 마음으로 힘을 보탰다. 더 나아가 이런 결정을 통해 그들은 하나님이 얼마나 신실하신 분인지를 자신들을 지켜보는 주변 사람들 모두에게 생생하게 증거했다.

사람마다 각각 일하는 방식은 달랐다. 어떤 이는 남는 자원을 바쳤고, 어떤 이들은 지원은 받지만 급여보장 없이 전임으로 일했다. 그리고 모든 이가 병원과 병원의 필요를 마음에 품고 기도로 도왔다.

약제실과 병동에 새로운 분위기가 확산되기 시작한 것은 어찌보면 당연한 일일 것이다. 환자들은 정확히 원인까지 파악하진 못했지만 (적어도 처음엔 그랬다) 화목한 가정집 같은 분위기와 모든 일에서 성의를 다하는 직원들의 열의를 느꼈고 그것을 고스란히 누렸다. 새로 병원에서 일하게 된 조력자들(잔디 깎는 사람 왕과 화가 왕, 니, 늉쿠웨이와 다른 이들)은 빼앗길 수 없는 행복의 비밀을 소유한 사람들 같았고 전할 것이 풍성한 자들이었다. 병동을 돌아볼 때는 친절하고 사려 깊은 태도로 일했고, 모든 자투리 시간마다 그들은 인생을 송두리째 변화시킨 한 분, 안식을 얻고자 나아오는 자를 흔쾌히 받아주시는 그 한 분에 관해 전하는 데 쏟았다. 이 외에도 병원엔 책과 그림과 노래가 있었다. 모든 것이 실로 찬양에 걸맞는 분위기였다! 사람들은 병원 채플에서 날마다 열리는 모임을 점점 더 사모하게 되었다.

비밀이 없는 중국에서 병원 운영에 필요한 재정 상황도 비밀로 남을 수 없었다. 이내 환자들은 모든 사실을 알게 되었고 일의 귀추를 주목하기 시작했다. 환자들은 모이기만 하면 이 문제를 대화 주제로 올렸다. 닥터 파커가 남겨준 이월금이 바닥나고 허드슨 테일러가 애써 마련한 것까지 거의 소진되자 그 다음엔 어떻게 될지에 대한 우려가 커졌다. 두말할 나위 없이 허드슨 테일러는 홀로 그리고 적은 무리의 조력자들과 함께 많은 기도를 드렸다. 이것은 어쩌면 그에게 닥친 어떤 시험보다도 더 공개적인, 그래서 더 결정적인 시험이었다. 그리고 그는 이 문제에 병원 사역의 장래뿐 아니라 적잖은 사람들의 믿음이 달려 있음을 인식했다. 그러나 기대했던 응답은 오지 않고 하루 하루 시간만 흘러갔다.

어느 날 아침 요리사 쿠에이화(Kuei-hua)*가 허드슨 테일러에게 심각한 소식을 전하러 왔다. 마지막 쌀 포대를 개봉했고 쌀이 급속도로 줄어들고 있다는 것이었다.

"그러면 주님이 우리를 도우실 시점이 가까웠네요." 허드슨 테일러의 대답이었다.

그리고 실제로 그렇게 되었다. 쌀 포대가 바닥나기 전 이 젊은 선교사가 이제껏 받았던 어떤 편지보다 놀라운 편지가 도착했다.

발신인은 버거(Berger) 씨였고 그 안에는 50파운드 수표가 들어 있었다. 버거 씨는 동봉된 편지에서, 하나님을 위해 부(富)를 사용하라는 무거운 부담이 자신을 짓눌렀다고 적었다. 근래에 버거 씨의 부친이 세상을 떠나면서 상당한 유산을 물려주었는데, 그는 그 돈을 개인적인 용처에 쓰고 싶지 않았다. 그는 이미 풍족한 사람이었다. 그는 자신에게 주어진 부친의 유산이 어떻게 사용되어야 할지 주님의 뜻을 구하며 기도했다고 한다. 그러다 마침 중국에 있는 자신의 선교사 친구들이 마음에 걸렸다고 한다. 그리면서 이번에 보낸 수표는 당장의 필요에 쓰면 되는데, 혹여 이 문제와 관련해 선한 영향력을 끼치는 일에 더 많은 돈을 쓸 수 있다면 자신이 받은 유산 전부를 수표로 보내겠다고도 했다.

50파운드! 그 돈은 테이블 위에 놓여 있었다. 이역만리의 친구가 마지막 쌀 포대에 관해, 또는 병원의 여러 필요에 관해 전혀 알지 못한 채 돈을 더 보낼지를 그에게 물어오고 있었다. 당연한 일이지만 허드슨 테일러

---

* 허드슨 테일러가 상하이와 충밍 등 여러 지역에서 사역할 때 그와 함께 했던 귀한 동역자로 지금은 탁월한 그리스도인으로 성장했다.

의 마음에 충만한 감사와 경외감이 몰려왔다. 만약 그가 재정 부족을 이유로, 아니, 실은 믿음 부족을 이유로 병원을 직접 맡아 운영하는 책임으로부터 뒷걸음질쳤다면 어떻게 되었을까? 믿음 부족이라니, 이런 약속을 주신 이런 하나님 앞에서 말이다!

그 당시엔 구세군이 없었지만 그날 채플에서 이루어진 찬양 모임은 구세군이 노래하면서 기쁨의 함성을 지르는 모습을 연상케 했다. 그러나 구세군 모임과는 달리 그날 모임은 짧게 끝나야 했다. 병동에서 환자들이 기다리고 있었기 때문이다. 그리고 그날 귀를 쫑긋 세우고 이 모든 일들을 주목하던 사람들은, 자신들이 일평생 공허하고 헛된 이교에 빠져 살았음을 깨닫기라도 한 듯 한마디씩 덧붙였다.

"이와 같은 기적을 행할 수 있는 신이 어디 있겠는가?" 모두들 한 입술과 한 마음으로 이렇게 질문했다. "우리가 곤란을 당할 때 우리가 모시던 신들이 이렇게 우리를 건진 적이 있었는가? 이런 식으로 기도에 응답한 적이 있었던가?"

9
은둔의 시기

> 아, 이들을 구원할 수만 있다면,
> 이들의 구원을 위해 내 삶을 바칠 수 있다면
> 이들이 생명을 얻도록 내가 목숨을 잃을 수 있다면,
> 이들 모두를 위해 기꺼이 제물이 될 수 있다면
> – 허드슨 테일러

바쁘고도 행복했던 병원 사역은 풍성한 열매를 맺었다. 허드슨 테일러가 닥터 파키의 후임으로 병원을 맡아 운영한 지 9개월 만에 병원 환자 중 16명이 세례를 받았고, 30명 넘는 새로운 신자들이 닝보의 여러 교회에 등록했다. 그러나 중국에서 그렇게 보낸 6년은 허드슨 테일러에게 또다른 방식으로 흔적을 남겼다. 그는 급속도로 쇠약해지고 있었다.

그가 부친에게 쓴 편지글이다.

사람들은 멸망해 가는데, 하나님은 이 사역에 너무 큰 복을 허락하고 계세요. 그럼에도 우리는 지쳐가고 있으며 도움의 손길이 필요합니다…

중국에서 하나님을 섬기고자 하는 신실하고 헌신된 젊은이들, 적은

생활비 외에는 어떤 보수도 바라지 않고 이곳에서 우리와 함께 사역하기 원하는 젊은이들이 혹시 있을까요? 아, 이런 조력자들이 네다섯 명만 있다면 얼마나 좋을까요! 그들은 아마도 6개월 안에 중국어로 설교하기 시작할 것이고, 생계에 필요한 재정도 기도 응답으로 충분히 공급될 수 있을 겁니다.

"사람들은 멸망해 가는데, 하나님은 이 사역에 너무 큰 복을 허락하고 계세요." 영혼 구원에 대한 이렇듯 절박한 인식 때문에 허드슨 테일러는 무리한 일정을 강행하다 몸에 이상이 왔고, 1860년에 결국 질병을 얻어 고국으로 돌아가야 했다. 그나마 그가 몇 년을 고집스럽게 버틸 수 있었던 것도 영혼 구원에 대한 절박한 책임감 덕분이었을 것이다. 의사들은 그가 중국으로 다시 돌아갈 수 있을 정도로 체력을 회복하지는 못하리라고 보았다. 그들의 진단은 적절했다. 그럼에도 그의 내면에는 여전한 절박감이 있었고 수년 후 의사의 판단을 뒤집게 되는 동력으로 작용했다. 악화된 건강도, 주위의 만류나 다른 어떤 난관도 멸망을 향해 가는 수많은 영혼들에게 그리스도를 전하려는 소명 의식을 약화시킬 수 없었다.

허드슨 테일러는 런던 동쪽 끝, 예전에 근무하던 병원 근처에 숙소를 잡았고, 차츰 건강이 호전되어감에 따라 의학 공부를 다시 시작할 수 있었다. 그는 또한 로마자로 표기된 닝보 성경의 개정 작업에 착수했고 영국 성서공회가 이 개정판을 출간해 주기로 했다. 더불어 그는 중국을 사역지로 놓고 고민하는 젊은 선교사 후보생들과 많은 편지를 주고 받았다. 그 노력의 결과로 딱 한 사람이* 닝보의 존스 부부를 돕기 위해 출국했다. 허드슨 테일러의 간절함에도 불구하고 중국 선교에 대한 사람들의 관심은 점차 사그러들고 있었다. 테일러 부부는 몇 안 되는 그의 지지자들과 함께 기도에 전념하면서 하나님의 때를 기다렸다. 29세와 24세라는 창창한 나이에 간절히 열망하던 선교 사역으로부터 단절된 채 런던 빈민가의 삭막한 뒷골목에 갇혀 지낸다는 건 쉽지 않은 일이었다. 그러나 이런 은둔 시절에만 가능한 풍성한 성장과 연단이 없었다면, 어떻게 청년의 비전과 열정이 성숙한 리더십으로 도약할 수 있었을까?

만약 낡고 먼지 수북한 상자 안에서 허드슨 테일러의 손글씨로 빼곡히 적어 내려간 작고 얇은 노트 몇 권이 발견되지 않았더라면, 5년이라는 긴 은둔 생활 동안 테일러 부부가 겪은 일에 대해 우리는 거의 아는 바가 없었을 것이다. 잡동사니들 가운데에서 한 권씩 발굴된 노트는 우리 앞에 12권의 완전한 시리즈로 모습을 드러냈다. 단 한 권도 소실되지 않았다. 빛바랜 기록을 더듬어가며 읽어내려가던 사람들은 눈앞에 전개된 놀라운 이야기에 눈시울을 적시지 않을 수 없었다!

새롭게 발견되는 노트의 기록은, 두 사람이 해가 갈수록 하나님과 더 친밀해지며 그분을 더 의지해 가는 모습을 보여주었다. 그들의 믿음은, 아주 세미한 부분까지 미치는 신실함이 드러났다. 그들의 헌신은, 단호하고 주저함 없는 수고로 이어지는 자기 희생이 따랐다. 그들의 기도는, 오래 참고 견딜 때에만 경험할 수 있는 경이로운 응답이 있었다. 그러나 뭔

---

* 제임스 메도우즈는 중국내지선교회 출범 3년 전인 1862년에 중국으로 떠났으며 50년 넘게 이 단체의 명예회원으로 섬겼다. 그의 딸 중 두 명은 아직도 이 선교회 소속으로 중국에 있다.

가가 더 있었다. 하나님을 따르기를 힘쓰는 영혼에게만 찾아오는 깊고도 지난한 훈련이 있었다. 보이는 대로가 아니라 믿음으로 걷도록 부름 받은 사람이 겪어야 하는 점진적인 연단이 있었다. 다른 무엇보다도 하나님을 기쁘시게 하기 원하는 마음, 오로지 하나님 한 분의 품속으로 파고들려는 마음의 형언할 수 없는 자신감이 그 속에 있었다.

> 믿음이 없이는 하나님을 기쁘시게[또는 만족하시게] 하지 못하나니 하나님께 나아가는 자는 반드시 그가 계신 것과 또한 그가 자기를 찾는 자들에게 상 주시는 이심을 믿어야 할지니라(히 11:6).

겉보기엔 조용하고 단조로운 일상의 의무로 채워진 듯하지만, 각양각색의 시련과 그에 상응하는 온갖 기쁨으로 풍성한 나날이었다. 닝보에서 태어나 너무나도 큰 행복을 안겨준 어린 딸은 이제 세 남동생의 누나가 되었다. 테일러 부부는 매우 한정된 자원을 가지고 집과 아이들을 건사해야 했다. 하나님만을 직접적으로 의지하는 길을 걸었던 테일러 부부는 종종 믿음의 시험대를 통과해야 했다. 한편 중국의 닝보에서 감당하던 의료 및 복음증거 사역도 여전히 지원하고 감독해야 했으므로 상당 분량의 서신 교류가 있었다. 신약성경 개정은 주해작업까지 포함하게 되었고, 따라서 일은 시간이 갈수록 줄기는커녕 점점 더 불어나는 것 같았다. 그러나 결과적으로 성경주해는 닝보의 그리스도인들에게 큰 유익이 되었다. 아울러 번역과 주해를 병행하는 길고도 고된 작업은 젊은 선교사가 날마다 하나님의 말씀에 몇 시간씩 붙들려 있게 하는 적잖은 축복을 선사했다.

그가 개정작업을 위해 감당한 일의 양은 놀라울 정도였다. 아래의 기록이 아니었다면 어느 정도의 에너지가 투입되었는지 헤아리기 어려웠을 것이다. 허드는 테일러가 날마다 작업일지를 기록하며 주요 작업에 들어간 시간을 정리한 내용이다.

> 4월 27일, 개정작업 7시간 [저녁에는 엑세터 홀에서]
>
> 4월 28일, 개정작업 9시간 반
>
> 4월 29일, 개정작업 11시간
>
> 4월 30일, 개정작업 5시간 반 [침례 선교회 모임]
>
> 5월 1일, 개정작업 8시간 반 [저녁 10시까지 방문객]
>
> 5월 2일, 개정작업 13시간
>
> 5월 3일, 주일은 베이즈워터(Bayswater)에서 보냄. 오전에는 루이스(Lewis)* 목사의 요한복음 3장 33절 본문 설교를 듣고 오후에는 그곳에서 성찬식을 진행함. 저녁에는 집에서 우리의 중국 사역을 놓고 기도함.
>
> 5월 4일, 개정작업 4시간 [서신과 손님맞이]
>
> 5월 5일, 개정작업 11시간 반
>
> 5월 6일, 개정작업 7시간 [중요한 면담]
>
> 5월 7일, 개정작업 9시간 반
>
> 5월 8일, 개정작업 10시간 반
>
> 5월 9일, 개정작업 13시간

---

* 런던 서쪽 끝의 베이즈워터는 당시 허드슨 테일러의 누이인 아멜리아가 얼마전 결혼한 B. 브룸홀과 함께 신혼집을 차린 곳이다. W. G. 루이스는 허드슨 테일러가 출석한 침례교회의 목사였다.

5월 10일, 주일: 오전엔 라이준(Lae-djun)*과 함께 히브리서 11장 첫 번째 부분을 공부하며 행복한 시간을 보냄. 제임스 메도우즈(James Meadows)에게 편지함. 오후에 마리아와 함께 이 집을 떠나는 문제를 위해, 메도우즈를 위해, 참된 사랑을 위해, 성경 개정작업 등을 위해 기도함. 로드(Lord)** 씨에게 편지함. 저녁에는 케네디(Kennedy) 목사의 마태복음 27장 42절 설교를 들음. ("그가 남은 구원하였으되 자기는 구원할 수 없도다.") 아, 온유함과 오래 참음과 사랑이 풍성하신 예수님을 더 닮을 수 있다면! 주님, 제가 당신을 더 닮게 하소서.

위에서 언급된 잦은 모임들은 당시 허드슨 테일러의 사역에서 큰 비중을 차지하는 부분이었다. 그는 여러 교단이 중국 내지 복음화 사역에 참여하도록 설득하는 데 심혈을 기울였다. 혼자서 또는 성경 개정작업의 동역자인 중국선교협회(CMS)의 F. F. 고우(Gough) 목사와 함께 교단 선교회의 책임자들을 만났다. 선교지로서 오랫동안 외면받아온 중국 내지에도 외국인의 여행과 거주를 허용하는 여권이 발급되면서 접근성이 확보되었다는 점을 강조하며 선교의 필요성을 역설했다. 대부분은 공감을 표현하며 경청은 해도 중국 내지 선교라는 너무나도 거대한 규모로 인해 어느 이사회도 선뜻 나서려고 하지 않았다.

---

* 라이준은 급여도 받지 않고 테일러 부부의 사역을 돕기 위해 자발적으로 영국에 온 닝보 출신의 중국인 그리스도인이다. 그는 훗날 중국내지선교회 최초의 현지인 목사가 되었고, 그후 30여 년간 가장 헌신적인 목사 중 한 명으로 크게 쓰임 받았다.
** 닝보의 E. C. 로드 목사는 미국침례교선교회(American Baptist Mission)와 연결되어 있었지만 존스 선교사를 대신해 브릿지 스트리트의 교회를 돌보는 일에 시간을 내주었으며 메도우즈 부부에게 많은 도움을 주었다. 훗날 존스 선교사는 병으로 중국을 떠날 수밖에 없는 상황에 이르렀고 영국에 도착하기 전 사망했다.

이 모든 상황은 자연스럽게 허드슨 테일러를 한 방향으로 몰아갔다. 그는 중국 내 특정 지역에 대한 개인적인 지식을 바탕으로 중국 선교지 전반에 대한 심도 있는 연구를 진행했다. 그리고 그 결과는 놀라웠다. 허드슨 테일러의 개인적인 연구 내용을 듣고는 〈침례교 소식지(Baptist Magazine)〉의 편집인이자 그의 친구인 루이스 목사가 닝보 선교회에 대한 관심을 촉구하는 차원에서 연재글을 기고해 달라고 요청했다. 첫 번째 원고가 잡지에 게재된 후 루이스 목사가 두 번째 원고를 테일러에게 돌려보냈다. 단일 교단 소식지에만 실리기엔 너무 중요하고 비중 있는 글이라는 것이 루이스의 의견이었다.

"이걸 좀 더 보강해서 닝보 지역만이 아닌 중국 내지 선교 전반에 대한 호소문으로 게재합시다." 루이스 목사가 독촉하듯 말했다.

그것을 계기로 허드슨 테일러는 중국의 모든 지역에 대한 영적 필요를 면밀히 조사하게 되었다. 닝보에 체류하는 동안은 그를 에워싼 주변의 요구가 워낙 크고 긴급하여 타(他)지역의 더 큰 필요에 대해서는 깊이 생각할 겨를이 없었다. 그러나 이제는 날마다 그의 서재 벽에 걸어둔 지도를 마주하고 있었다. 그의 심령을 사로잡았던 약속들을 담은 성경을 펼쳐놓은 채 중국의 광활한 내륙 지역을 보고 있노라면 그가 사역했던 연안 지역만큼이나 그곳에 가까이 다가가고 있음을 느낄 수 있었다. 너무나 당연한 말이지만 "짓눌린 마음이 안도감을 얻는 유일한 길은 기도였다!"

그러나 기도조차도 더 이상 안도감을 가져다주지 못하는 시점이 도래했다. 중국 내지를 향한 타오르는 열정을 담아 기도로 애쓰고 있지만 실제로는 그 거대한 과업으로부터 한발 비켜나 있는 자신의 모습이 자꾸만 신경쓰였다. 그는 펼쳐진 성경에서 뿜어져 나오는 밝은 빛을 통해 하나님이 자신 같은 사람도 사용하실 수 있다는 사실을 보기 시작했다. 그것이야말로 여지껏 드려온 기도의 응답 같았다.

허드슨 테일러가 쓴 글이다.

하나님이 내게 원하시는 것은 내지 선교에 필요한 일꾼들과 함께 내가 직접 그곳으로 가는 것이라는 확신을 점점 더 얻게 되었다. 그러나 그 전에 내가 극복해야 하는 장애물이 있었다. 믿음의 첫 걸음을 내딛는 것을 가로막는, 오랜 기간 쌓여온 불신앙이었다…

하나님의 말씀을 공부하면서 중요한 진리를 깨달았다. 먼저 주의 사역에 동원할 일꾼들을 얻기 위해선 지금처럼 여러 교단을 방문해 호소할 것이 아니라 하나님께 일꾼을 보내달라고 진실한 기도를 드려야 한다는 것이다. 그런 다음 하나님께서 영국 교회 전역에 영적 부흥을 일으키심으로 부르심에 사로잡힌 사람들이 가만히 이곳에만 머무를 수 없게 되어야 한다는 것이다. 복음의 사명을 받은 자라면 방법과 수단을 강구할 게 아니라 "그런즉 너희는 먼저 그의 나라와 그의 의를 구하라 그리하면 이 모든 것을 너희에게 더하시리라"(마 6:33)는 하나님의 확실한 약속을 신뢰하며 나아가야 한다. 그것이 부르심 받은 자가 일에 착수하는 가장 효과적인 방법임을 깨달은 것이다.

그러나 불신앙은 얼마나 모순 덩어리인지! 믿는다고 말하면서 엄청난 불신앙에 젖어 있는 내 자신을 발견했다. 나는 동료 사역자들을 달라고 주 예수 그리스도의 이름으로 기도드렸고, 이것이 기도한 대로 이루어질 것을 믿었다. 내가 드린 기도에 대한 응답으로 복음 사역에 매진할 수단이 어떻게든 마련될 것도, 그리고 중국 내지의 미전도 지역으로 들어가는 문이 열릴 것이라는 점도 믿어 의심치 않았다.

그러나 나는 그때 나 자신을 위해서도 하나님께서 능력과 은혜를 예비하신다는 사실을 신뢰하는 법은 미처 배우지 못한 상황이었다. 뿐만 아니라 나는 하나님께서 나와 함께 보내실 다른 이들도 충분히 돌보실 것도 신뢰하지 못하고 있었다. 이런 사역에 수반되는 위험과 난관과 시련이 닥쳤을 때, 미성숙한 그리스도인들이 실족한 상태로 나에게 와서는 결코 감당할 수 없는 일에 자신들을 끌어들였다고 원망할 것이 두려웠다.

내가 무엇을 할 수 있을지 고민할수록 일종의 죄책감이 점점 더 심해졌다. 어쩌면 단순한 믿음으로 주님께 일꾼들을 보내달라고 기도하지 않아서 사람들이 나타나지 않은 것은 아닌가? 그래서 중국에 가지 못하는 것은 아닌가? 내가 머뭇거리는 동안에도 그 땅에선 날마다 수만 명이 그리스도 없이 살다가 무덤으로 들어가고 있었다! 나의 불신앙 탓에 여전히 중국이 멸망 가운데 놓였다는 사실이 내 마음과 정신을 사로잡았고, 나는 낮에도 안절부절 못하고 밤에도 거의 눈을 붙이지 못해 건강이 위태로운 지경에 이르렀다.

그렇게 영국에서 보낸 5년의 은둔 생활은 허드슨 테일러에게 연단과 성장을 위한 시기로 작용했다. 이제 그는 하나님이 쓰실 수 있는 도구로 준비되었다. 런던 동부의 작은 집에서 올려드린 강력한 기도는 예기치 못한 방식으로 응답을 받게 되었다.

10
하나님께 투항하다

> 믿음은 홀로 걷는다
> 앞에도 뒤에도 아무것 없이
> 믿음은 추락하듯 허공을 내딛으나
> 곧 반석 위에 발이 닿는다
> - J. G. 위티어

다시 여름이 왔다. 런던 동부의 거리는 후텁지근하고 먼지로 자욱했다. 허드슨 테일러의 건강상태가 좋아 보이지 않자 오랜 친구 하나가 브라이튼 해변에서 며칠 머물다 가라고 초대했다. 남편의 건강이 염려되었던 테일러 부인은 그가 떠나는 걸 반겼다. 하지만 남편이 어떤 고민과 마음의 부담을 안고 있었는지 다 알지는 못했다. 그는 아내에게조차 더 이상 참을 수 없을 수준이 된 영혼의 악전고투를 다 내보이지 못했다.

그는 주일 아침에 브라이튼의 모래사장에서 홀로 인생 최대의 위기에 맞부닥쳤다. 다른 사람들과 같이 교회에 갔으나 구원의 축복 가운데 기쁨으로 예배하는 신자들의 모습을 보는 게 도리어 견디기 힘들었다. 아무도 돌아보지 않는 가운데, 잃어버린 영혼들이 중국에서 죽어가고 있었기 때문이다. "또 이 우리에 들지 아니한 다른 양들이 내게 있어 내가 인도하여야 할 터이니"(요 10:16). 사랑으로 호소하시는 예수님의 음성이 들리는 듯했다.

순간 그는 자신에게 이렇듯 큰 부담감을 안기시는 분이 하나님이심을 깨달았다. 앞서 우리가 보았듯이, 당장이라도 하나님의 뜻에 순복하고 하나님의 인도하심을 따라 기도하기만 한다면, 중국 내지로 갈 전도자들이 주어질 것임을 그는 알았다. 그들에게 필요한 재정도 당연히 채워지리라는 확신이 들었다. 그들을 부르시고 보내시는 하나님께서 그들에게 일용할 양식을 공급하는 일에 실패하시지는 않을 것이다.

허드슨 테일러에게 불확실한 요소란 더 이상 존재하지 않았다. 그럼에도 여전히 해소되지 않는 고민은 있었다. 중국으로 들어간 선교사들이 실패하면 어떻게 되는가? 그는 중국이 얼마나 거친 땅인지, 복음의 열정을 품고 발을 디뎠을 때 어떤 시련이 기다리고 있는지에 대해 누구보다 경험이 많았을 뿐 아니라, 그곳에 진을 치고 오랫동안 왕 노릇 해온 진짜 원수를 누구보다 잘 파악하고 있었다. 그렇기에 만약 동료 사역자들이 낙심하고 무너져서 그에게 원망을 돌린다면 어떻게 해야 하는지 가장 염려되었다.

당시의 자기 상황을 허드슨 테일러는 이렇게 기록했다.

불신앙의 문을 통해 자아가 성큼 들어왔다. 마귀는 우리가 기도와 믿음으로도 완전한 문제 해결이 어려울 것 같으면 자력으로 최선을 다해 거기서 헤쳐나와야 한다는 생각을 내게 불어넣었다. 하나님께서 사람들을 부르시고 보내실 뿐만 아니라 사역에 필요한 모든 자원을 공급하실 분이라면, 마땅히 그 사람들을 그 자리에 견고히 붙들어두실 것도 믿어야 했지만 그곳은 중국에서도 험하디 험한 오지라서 어렵겠다는 불신앙에 사로잡히고 말았다.

그러는 동안에도 그 광대한 기다림의 땅에서는 매달 백만 명씩 하나님을 모르는 채 죽어가고 있었다. 이런 생각에 미칠 때마다 그는 도저히 견딜 수가 없었다. 어떤 식으로든 결단을 내려야만 한다는 걸 그 역시 알고 있었다. 사역자들을 위해 기도하는 것은 상대적으로 쉬운 일이었다. 하지만 그가 과연 그 사람들을 영적으로 이끄는 리더십의 자리를 감당할 수 있을까? 또는 그럴 의지가 있을까?

나는 영적 고뇌를 느끼며 모래사장을 홀로 걸었다. 그리고 그곳에서 주님은 나의 불신앙을 무너뜨리셨고, 나는 이 사역을 감당하기 위해 내 자신을 하나님께 투항했다. 앞으로 벌어질 모든 일과 결과에 대한 일체의 책임은 하나님이 맡으셔야 하며, 하나님의 종으로서 나의 소임은 다만 하나님께 순종하고 따르는 것이며, 하나님의 소임은 나와 나의 동역자들에게 방향을 제시하고 돌보고 이끄시는 것이라고 말씀 드렸다.

 그날 그 자리에서 나는 24명의 동역자들을 달라고 했다. 선교사가 들어가지 못한 11곳의 지역에 두 명씩, 그리고 몽골에 두 명, 이렇게 24명의 동료 사역자들을 구했다. 이 간구를 내가 들고 있던 성경의 빈 여백에 적어넣자 수개월간 누리지 못했던 안식이 마음에 임했다. 나는 평안한 마음을 안고 집으로 발걸음을 돌렸다. 주님께서 이 사역을 축복하실 것이며 나는 그 축복에 당당히 동참하리라는 확신이 임했다…

고뇌와 갈등은 끝났고 평강과 기쁨이 남았다. 피어스(Pearch) 씨 집까지 언덕을 올라가는 걸음은 마치 하늘을 나는 것처럼 가벼웠다. 그날 밤 얼마나 깊이 잠을 잤는지! 사랑하는 아내는 브라이튼 여행이 내게 기적을 선물했다고 생각했다. 실제로 그랬다.

11
하나님이 보내신 사람

주님께 의지하는 사람은
그분 안에서 항상 안전하리라
일하시는 주님을 바라보는 사람은
그분 안에서 항상 이루어지라
- 파울 게르하르트

믿음의 길로 부르심을 받은 사람이 인생의 동반자에게 공감과 조력을 얻을 수 있다면 그는 진정 행복한 사람이다. 허드슨 테일러는 아내와 함께한 지난 7년반의 결혼생활에서 단 한 번도 실망한 일이 없었다. 두 사람의 결혼생활은 그만큼 완벽한 시간이었다. 이번에도 그랬다. 스물여덟 한창인 나이에도 몸이 허약했던 테일러 부인은 녹록지 않은 살림 형편에 네 자녀를 돌보느라 눈코 뜰 새 없이 바빴다. 하지만 남편이 이 위대하고도 가히 불가능에 가까운 중국 내지 복음화라는 과업으로 부르심을 받았다는 소식을 들었을 때, 그녀는 진심으로 기뻐하며 남편에게 축하와 격려를 아끼지 않았다. 그녀는 평소에도 수시로 보내야 하는 남편의 편지를 받아 적고, 믿음 안에서 남편을 지지할 뿐만 아니라, 그 모든 사역을 끊임없는 기도로 뒷받침했다. 그녀는 이렇게 실질적인 경험과 넉넉한 사랑으로 선교회의 대모(mother)가 되었다.

그들이 브릿지 스트리트를 떠나 새로 이사간 코본 스트리트(Coborn street)의 더 큰 집은 곧 중국 선교사 후보생들로 북적거렸다. 처음엔 넓어 보이기만 하던 방들은 토요 기도모임차 모여든 사람들로 발디딜 틈이 없었다. 허드슨 테일러는 그의 전재산인 50달러를 가지고 '중국내지선교회' 명의의 은행 구좌를 개설했다. 사역에 동참하려는 자들이 늘어나며 잔고도 불어났다. 그리고 첫 번째 선교사 팀 파송계획의 윤곽이 드러나기 시작했다.

유일하게 허드슨 테일러가 조용히 글 쓸 시간적 여유를 가졌던 주일에 코본 스트리트 30번지의 응접실 풍경을 그려보자. 테이블 앞에는 테일러 부인이 손에 펜을 쥔 채 앉아 있다. 허드슨 테일러는 머릿속 주제에 골몰한 채 방안을 이리저리 걸어다닌다. 루이스 목사가 제안한 기고문은 이제 새로운 의미를 띠기 시작했다. 단지 중국 내지 선교에 대한 긴박한 필요를 알릴 뿐만 아니라, 내지 선교의 새로운 이정표가 되어야 했고 하나님께만 의존하는 사역의 필요를 채우기 위한 구체적인 고민의 결과물이어야 했다. 그렇게 해서 출판된 〈중국의 영적 필요와 요구(China's Spiritual Needs and Claims)〉라는 소책자는 그들이 오랫동안 기도하며 집필하고, 집필하며 기도한 산물이었다. 아마도 현대의 어떤 책도 이만큼 효과적으로 하나님의 사람들의 마음을 감동시키지는 못할 것이다. 쇄를 거듭할수록 얼마나 많은 이들이 중국으로 파송되었는지, 세계 전역의 선교 사역에 얼마나 큰 공감을 불러일으켰는지, 얼마나 믿음을 굳세게 하고 기도와 헌신을 촉진시켰는지는 모든 마음의 비밀이 드러나는 그날이 오기 전까지는 결코 알 수 없을 것이다. 누군가의 소감에 따르면, "문장 하나하나가 다 기도로 흥건히 젖어 있었다." 모든 문장이 하나님의 권능으로 생동하는 듯했다.

그 책은 많은 친구를 만들었고 많은 기회의 문을 열었다. 출판한 지 3주만에 2쇄를 찍어야 했고, 아래와 같은 호의적인 편지를 (지금은 작고한) 레드스톡(Radstock) 경으로부터 이끌어냈다.

> 당신의 소책자를 읽고 마음이 크게 술렁였습니다. 당신의 이야기에 성령이 능력을 덧입혀 주시어 많은 일꾼을 포도밭으로 보내게 되리라 믿습니다. 친애하는 형제님, 당신의 포부를 더 크게 가지십시오! 100명의 일꾼을 달라고 구하십시오. 그러면 주께서 주실 것입니다.*

그러나 허드슨 테일러가 맨 처음 정한 목표는 100명이 아니라 단 24명이었다. 지금 우리 앞에는 허드슨 테일러가 이제는 빛이 바랬지만 또렷한 손글씨로 기도문을 적어 넣은 그의 낡은 성경책이 놓여 있다. 성공이라는 새로운 상황에 들뜨기보다 그는 도리어 더 큰 책임감을 느꼈다. 그 잊지 못할 겨울, 그는 '하나님에 대한 의식'을 다른 심령들 속에 고취시키고자 '하나님이 주신 메시지'에 붙들려 전국 방방곡곡을 다니며 메시지를 전했다.

---

* 가히 예언자의 전망이랄 수 있는 이 파격적인 제안은 500달러의 넉넉한 기부금과 함께 이루어졌다. 실제로 허드슨 테일러는 한 해에 100명의 일꾼을 달라고 구했을 뿐만 아니라 그 기도가 응답되었고, 이 모든 과정을 래드스톡 경은 살아생전에 목도했다.

당시에는 지구 반대편에서 진행되는 선교 사업의 재정 충당 기반으로 믿음 하나면 충분하다는 이야기를 듣고 당황해 하는 이들이 많았다. 믿음의 원리로 선교회를 운영한다는 '믿음 선교회(faith missions)'라는 것도 듣도 보도 못한 사례였다. 당시 존재했던 유일한 선교조직은 기존 교단 산하의 위원회였다. 그러나 비록 나이는 어렸지만 허드슨 테일러는 매우 실질적인 방식으로 하나님에 대해 배워왔다. 나중에 기록으로도 남겼듯이, 그는 하나님이 믿음으로 드리는 기도에 대한 응답으로 바다의 사나운 풍랑을 잠잠케 하시는 것을, 풍향을 바꾸시는 것을, 기근 때에 비를 내리시는 것을 목도했다. 그는 기도에 대한 응답으로 하나님이 살인자의 손을 제지하시는 것을, 격분한 남자들의 폭행을 잠잠케 하시는 것을 목도했다. 그는 하나님께서 기도에 대한 응답으로 질병을 꾸짖으시고 모든 회복의 가망이 사라진 듯한 시점에 죽어가는 자를 일으키시는 것을 목도했다.* 그는 8년 넘게 기도에 대한 응답으로 하나님께서 그의 가족과 사역의 예기치 못한 필요를 예기치 못한 방식으로 채우시는 신실함을 체험했다. 어떻게 그가 다른 이들에게 자식을 잊지 못하는 하나님의 사랑과 실망시키는 법이 없는 그 신실하심을 신뢰하라고 격려하지 않을 수 있겠는가? 그는 이렇게 선포했다.

우리는 모든 권능과 능력의 주인 되시는 하나님, 팔이 짧아 구원하지 못하는 법이 없는 하나님, 귀가 둔해 듣지 못하는 법이 없는 유일하신 하

---

* 이 경험은 허드슨 테일러의 더 방대한 전기 1권에, 특히 429-492쪽에 자세히 실려 있다. 근래의 작가들이 쓴 〈초창기의 허드슨 테일러: 영혼의 성장(Hudson Taylor in Early Years: The Growth of a Soul)〉을 참조하라.

나님과 함께 행해야 합니다. 그분의 변함없는 말씀이 우리에게 제시하는 방향은 구하고 받음으로 기쁨을 충만하게 누리라는 것이며, 우리의 입을 크게 벌려 하나님이 채우시도록 하라는 것입니다. 은혜가 풍성하신 하나님은 스스로 겸비하게 되시어 그 전능하신 권능을 믿는 자가 드리는 기도의 처분 하에 두셨습니다. 그리고 하나님은 멸망하는 자들을 위해 기도하기를 게을리한 자들에게는 핏값을 물으십니다…

언약을 지키시는 하나님의 신실하심을 검증해 본 적이 없는 이들에게는… 24명이나 되는 신입 선교사들을 "의지할 분이라곤 오로지 하나님밖에 없는 상태로" 머나먼 이교도의 땅으로 보낸다는 것은 위험천만한 실험처럼 보일 수 있습니다. 그러나 수년에 걸쳐 (고국과 해외에서, 육지와 바다에서, 아플 때와 건강할 때, 위험과 필요와 죽음의 문턱에서) 하나님을 시험하는 특권을 누린 사람에게는 이런 우려는 전혀 핑곗거리가 될 수 없습니다.

허드슨 테일러가 하고자 하는 일은 어느 한 교단에 국한시키기엔 너무 원대했다. 그가 설립한 '믿음' 선교회는 선교사에게 급여를 제공하지 않았다. 따라서 하나님에 대한 확고한 신앙체험을 소유하지 못한 사람은 도전할 결심조차 하기 어려운 조건이었다. 그렇기에 오직 믿음만 붙잡고 중국으로 가겠다고 헌신한 이들은 단지 명목상의 연합이 아닌 실질적인 연합을 이룰 수 있었다.

허드슨 테일러가 회고한 내용이다.

우리는 다양한 교파에 소속된 이들이 단순한 복음 안에서 여타 종교적 견해 차이로 마찰을 빚지 않고 협력하는 것이 가능한지를 고려해야 했다. 많은 기도를 통해 우리는 이것이 가능하리라는 결론에 도달했다. 그리고 하나님의 말씀을 온전히 믿고 오로지 우리가 소유한 성경이 약속하는 바를 의지해 중국 내지로 들어갔다. 무엇보다 믿음의 생명력을 삶의 현장에서 경험하려는 동료 선교사들에게 교파에 따른 다양한 견해를 초월해 협력할 것을 요청했다.

하나님의 말씀은 이렇게 약속한다. "너희는 먼저 그의 나라와 그의 의를 구하라 그리하면 이 모든 것[먹을 것과 입을 것까지 포함해]을 너희에게 더하시리라"(마 6:33). 만일 하나님의 말씀이 진리라고 믿지 않는 사람이 있다면, 그 자신을 위해서도 차라리 중국에 가지 않는 편이 나을 것이다. 만일 그가 이 말씀을 진리라고 믿는 사람이라면, 분명 이 약속만으로 충분할 것이다. 다시금 우리는 말씀을 통해 위로와 확신을 얻는다. "여호와 하나님은 해요 방패이시라 여호와께서 은혜와 영화를 주시며 '정직하게' 행하는 자에게 좋은 것을 아끼지 아니하실 것임이니이다"(시 84:11). 만일 '정직하게' 행하려는 마음이 없다면, 그는 차라리 고국에 남는 편이 나을 것다. '정직하게' 행하려는 마음이 있다면, 그는 이미 자신의 모든 필요를 공급할 보장성 기금(fund)을 가지고 있는 것이다. 세상의 모든 금과 은이 다 하나님의 소유이며, 모든 초지 위의 가축이 다 하나님의 소유물이다. 그러니 우리는 고기가 없다는 이유로 굳이 채식주의지가 될 이유가 없다!

사실 우리가 원하기만 했다면, 우리는 우리 힘으로 보장성 기금을 마련할 수도 있었다. 그러나 우리는 이것이 불필요하며 심지어 해가 될 것이라고 판단했다. 그릇된 곳에 놓인 돈과 그릇된 동기로 주어진 돈은 둘 다 크게 두려워해야 마땅한 대상이다. 우리는 주님이 주겠다고 결정하신

만큼의 최소한의 돈을 소유하는 일은 할 수 있어도, 거룩하지 않은 돈이나 그릇된 곳에 놓인 돈을 소유할 수는 없다. 그럴바엔 차라리 수중에 빵 살 돈도 없는 처지가 낫다. 중국에도 허다한 까마귀가 있고 주님은 지금도 까마귀를 통해 빵과 고기를 보내실 수 있다… 하나님은 광야에서 40년간 수백만 명의 이스라엘 백성을 먹여 살리신 분이다. 우리는 그분이 수백만 명의 선교사를 중국에 파송하리라 기대하진 않지만, 만일 그러셨더라도 그들 모두를 먹여살리실 만한 풍족한 자원의 소유자이심을 믿는다.

그러니 우리의 시선을 계속 하나님께 두자. 그분의 길을 걸으며 범사에 그분을 기쁘시게 하고 영화롭게 하자. 하나님의 방식으로 행해진 하나님의 일에는 결코 하나님의 공급하심이 모자라는 법이 없음을 믿자.

허드슨 테일러가 각별히 신경을 쓴 한 가지가 있다면, 이 새로운 사업이 기존 단체들로부터 사람과 자원을 빼오는 방식으로 이루어져선 안 된다는 것이었다. 베드로의 것을 가져다가 바울에게 주는 식은 하나님의 일에 보탬이 안 될 것이다. 대학교육을 받지 못해 다른 선교회엔 들어갈 수 없는 일꾼들에게 길을 열어주는 것도 이런 취지였다. 아울러 그는 누구에게도 내지선교회에 합류해 달라고 청하지 않았다. 만일 추수의 주님께서 이 특정한 밭에서 일하기를 원하시는 사람들이 있다면, 주님이 그들의 마음에 자원하는 심령을 주실 것이다. 마찬가지로 그는 모금을 위한 어떤 호소도 하지 않기로 작정했다. 만일 선교회가 정기회원 명부나 어떤 종류의 기금 조성을 위한 모금 활동 없이 기도 응답으로만 지속될 수 있다면, 기존 단체들로 유입되는 기부금을 끌어올 위험 없이 기존 단체들과 동반성장할 수 있으리라고 보았던 것이다. 가장 위대한 사역자인 하나님께 시선을 집중하는 방식으로만 복음을 전할 뿐 아니라, 오로지 하나님만이 하나님 자신의 사역을 하는 데 필요한 조건이라는 근본 원칙의 실사례를 제시함으로써 다른 선교단체들에게도 준거가 될 거라고 판단했다.

그와 같은 대원칙 아래, 다른 나머지 부분에서는 최소한의 규모와 조직으로 감당하고자 했다. 영국에서 진행된 사역의 필요는 준비하는 내내 놀라운 방식으로 채워졌다. 그 중에 버거 부부가 있었다. 두 사람이 중국 내지 선교를 위해 테일러 부부와 한 마음으로 기도하며 헌신한 덕분에 많은 일꾼들이 힘을 얻었다. 그들은 세인트 힐에 있는 자신들의 아름다운 저택을 선교회의 제반 사무를 담당하는 센터로 사용하도록 내주었다. 버거 부부와의 관계에 대해 허드슨 테일러가 언급한 내용이다.

내가 앞으로 나아가기로 결단했을 때 버거 씨는 영국에 남아서 우리 선교회를 대표하기로 결단했다. 이렇게 시작된 일은 점차 성장했고 우리는 점점 더 하나가 되어 갔다. 선교회의 명칭을 확정짓는 일도 모두가 그의 서재에 모였을 때 이루어졌다. 우리는 누가 누구에게 요구하거나 지정하는 관계가 아니었다. 그냥 모든 게 물흐르듯 자연스러웠다.

그들은 선교사 후보생들과 함께 대화하고 이야기하면서 핵심적이고 영적인 사역의 원칙들을 설명했고 그것만이 내지선교회가 딛고 서는 기초가 될 것임을 명백히 했다. 버거 씨가 입회한 가운데 선교사 후보생들의 몇몇 단순한 조건에 대한 서면 합의가 이루어졌고, 그렇게 행정절차가 끝났다.

그러고 나면 허드슨 테일러가 단순하게 설명했다.

우리는 하나님의 자녀로서 하나님의 일을 하라는 하나님의 부르심을 받고 그분의 공급하심만을 전적으로 의지하며 나갑니다. 우리는 중국 현지인의 의복을 입고 내지로 들어갈 것입니다. 중국에서는 제가 여러분을 이끌면서, 당면하는 여러 문제와 사안들에 대한 결정은 제가 맡아서 이론의 여지가 없게 하겠습니다.

동일한 방식으로 영국에서의 책임은 버거 씨가 맡았다. 그는 선교사 후보생들과 연락을 취하고, 기부금을 수령하고 전달하며, 감사를 거친 회계 장부를 게재한 〈선교 소식지(Occasional Paper)〉를 발간하며 재정 여건이 허락하는 한도 내에서 적합한 인력을 충원하여 파송하고, 빚을 지지 않는 일을 맡았다. 빚을 지지 않는 것은 모든 일에 적용되는 주된 원칙이었다.*

허드슨 테일러의 간증이다.

하나님의 입장에서는 사역에 필요한 재정을 미리 사전에 주시는 것이 전혀 어려운 일이 아니다. 실제로 이것이 하나님이 훨씬 선호하시는 방식

---

* 처음부터 허드슨 테일러는 자기 자신이나 자기 가족을 위해 선교회의 기금을 인출하는 일은 결코 없을 것임을 분명히 못박았다. 그럼에도 허드슨 테일러는 주님이 주시는 능력을 덧입어 선교회 재정의 큰 부분을 감당하는 기쁨을 누렸다. "근심하는 자 같으나 항상 기뻐하고 가난한 자 같으나 많은 사람을 부요하게 하고 아무 것도 없는 자 같으나 모든 것을 가진 자로다"(고후 6:10).

이다. 하나님은 재정이 부족해져서 하나님의 계획이 좌절되도록 내버려 두시기엔 너무 지혜로우시다. 그러나 신령하지 않은 방법으로 획득한 돈은 분명 축복의 걸림돌이 된다.

오로지 경험을 통해서만 답을 얻을 수 있는 문제들이 많이 있었는데, 버거 씨가 이에 대해 언급한 실용적인 예화가 있다. 번창하는 전분 제조업체의 대표로서 공사다망한 사람이었던 그는 살아있는 모든 것은 자기 집 마당의 나무들처럼 성장하기 마련이라는 것을 알았다.

버거 씨가 들려준 예화다.

가지가 무성하려면 그 전에 나무가 자라기를 기다려야 합니다. 처음엔 잎이나 싹이 조금 달린 앙상한 줄기밖에 없겠죠. 그 다음 작은 잔가지들이 모습을 드러냅니다. 종국에는 이 잔가지들이 뻗어나가 굵은 가지들로 자라고 나중엔 재목으로 쓸 수 있을 정도로 자랄 것입니다. 그러나 여기에는 시간과 인내가 요구됩니다. 생명력이 있는 것은 자기 나름의 질서를 따라 발전하기 마련입니다.

선교회가 첫 번째 선교사 팀의 파송을 준비하는 과정에서 받은 허다한 기도 응답은 여기서 소개하기에는 너무 많다. 실로 경이로운 응답이었던 것만큼은 분명하다! 최초의 〈선교 소식지〉에 여정과 물품 구입을 위한 총경비가 이미 확보되었다는 간지를 급히 끼워넣어야 할 정도였다. 그러나 이런 경험 이면엔 허드슨 테일러의 집에서 매일 정오마다 드려진 기도와 허드슨 테일러의 집과 세인트 힐에서의 주별 모임과 특별 기도와 금식의 나날들이 있었다. 그리고 이 모든 것은 하나님과의 매우 긴밀하고도 행복한 동행을 뜻했다.

인간적으로는 무일푼이었으나 그들에겐 하나님이 허락하신 풍성함이 있었다. 둘 다 엄연한 현실이었고, 이것이 코본 스트리트에서 보낸 날들의 특징이었다. 이곳을 드나드는 친구들은 누구나 이런 분위기를 감지하지 않을 수 없었다. 여기저기 널려 있는 짐 상자와 꾸러미 사이에서 마지막 기도 모임이 열렸다. 방과 계단을 빼곡히 채운 사람들은 대충 의자로 쓸 만한 것들을 가져다 착석했다. 벽에는 여전히 지도가 걸려 있었고 테이블 위엔 성경이 펼쳐진 채 놓여 있었다.

허드슨 테일러가 중국내지선교회의 사명에 관해 쓴 글이다.

우리의 큰 소망과 목표는 이제껏 복음의 발길이 닿지 않은 중국의 11개 성과 중국령 타타르(Tartary)*에 십자가의 도를 심는 것이다.

"무모한 사업이에요." 오로지 난관만을 바라보는 사람들의 말이었다. "초인적인 과업이군요." 그들에게 행운을 빌어주었던 사람들의 한숨 섞인 말이었다. 심지어 벗들 중에서도 염려하는 이들이 많았다.

"당신들은 잊혀진 존재가 될 거예요"라고 누군가 우려를 표했다. "잠재적 후원자가 될 사람들을 지속적으로 만나 선교 사역에 동원할 본국 내 조직이나 위원회 없이 그 먼 땅에서 사역하다 보면 금세 사람들의 관심사에서 밀려날 거예요. 요즘 여기저기서 얼마나 많은 지원 요청이 들어오

---

* 당시 중앙아시아와 중국의 서부와 몽골 인근 지역 및 만주를 서구 지리학자들이 일컫던 명칭이다.

는데요. 얼마 지나지 않아 당신들은 생필품조차 살 수 없는 처지가 될 겁니다!"

"저는 아이들도 데리고 갑니다"라고 허드슨 테일러가 차분하게 답변했다. "아이들에겐 아침, 점심, 저녁 식사가 필요하다는 것을 저는 잘 알고 있습니다. 아버지인 제가 어떻게 그런 것을 잊을 수 있겠습니까? 그런데 이 부족한 아버지보다 훨씬 더 자상하시고 섬세하신 하늘에 계신 아버지라면 이 땅에서 살아가는 동안 우리에게 필요한 모든 것을 잊지 않고 주시리라 믿습니다. 그분이 제가 제 아이들을 대하는 것보다 훨씬 무정하고 무관심하게 우리를 돌보실 것이라곤 전혀 상상할 수 없으니까요. 그분은 결코 우리를 잊으실 수가 없습니다!"

그 후의 오랜 세월 동안 허드슨 테일러와 그 주변에서 일어난 일들은 그의 믿음이 늘 옳았음을 넘치도록 증명해 주었다.

12
간절함을 품은 사람

> 어둠 속에서 사람들이 죽어간다
> 소망도 없이 무덤을 향해 나아간다
> 그 곁에 바로 당신이 있으니
> 속히 칠흑 같은 어둠을 밝힐
> 횃불을 높이 들고 크게 흔들어라
> - H. 보나르

향후 몇 년간의 기록에서 분명하게 드러나는 점은 내지선교회의 지도자들과 초창기 사역자들의 힘찬 발걸음에 어떤 동력이 있었다는 것이다. 특히 인상 깊게 다가오는 건 그들 모두 마음속에 '간절함'을 가졌다는 점이다. 그 간절함이 있었기에 그들은 갖은 난관과 시련을 견뎌낼 수 있었다. 좀 더 자세히 들여다보면, 먼저 그들에게 있던 주 예수 그리스도를 향한 사랑의 '간절함'을 들 수 있겠다. 그들은 새롭고 깊은 차원으로 주님의 고난에 참예함으로써 주님을 알아가는 특권을 누리는 것을 영광으로 여겼다. 아울러 그들 주변에 있는, 멸망을 향해 가는 심령들을 구하고픈 '간절함'도 그들 속에 있었다. 요즘 시대는 영혼의 중요성에 관해 말한다든가, 멸망하는 영혼의 구원의 필요성에 관해 말하는 걸 우스꽝스럽게 여긴다. 그러나 요한복음 3장 16절의 신학은 세상의 모든 지혜와 자원을 동원해도 필적할 수 없는 결과를 신자들 속에, 그리고 신자들을 통해 일궈냈다.

> 하나님이 세상을 이처럼 사랑하사 독생자를 주셨으니 이는 그를 믿는 자마다 멸망하지 않고 영생을 얻게 하려 하심이라(요 3:16).

오늘날 우리는 더 많은 부(富)를 소유하고, 더 나은 교육을 받고, 더 편안하게 여행하며 더 좋은 환경에서 산다. 심지어 선교사들조차 그럴지 모르지만, 과연 우리보다 앞서 간 이들을 움직인 그 내면의 간절함이 우리에게 있는지 모르겠다. 뼈에 사무치도록 강렬한 주님에 대한 그 간절한 사랑과 죽어가는 영혼을 살리고픈 그 간절함이, 그 깊은 내면의 확신이 우리에게 있는지 확인해 보기를 권한다. 만일 우리에게 그와 같은 간절함이 부족하다면 그 결핍은 어떤 것으로도 대신 메울 수 없다.

> 검푸른 바다 위 흔적 없는 물 위로,
> 소수의 한 무리가 하나님을 섬기러 떠나가네
> 머나먼 이방의 땅에서 구원자 임마누엘의 이름을 외치기 위해
> 외로운 망망대해를 가르며 나아가네
> 이역만리 동방에서 매달 백만 명씩
> 하나님 없이 죽어가는 형제들의 신음소리가
> 떠나는 그들의 귓전을 울리고 있네

하나님 외엔 어떤 것도 의지할 데 없으니

오로지 아버지의 손길만이

머나먼 땅에서 그들의 필요를 채우시리라

이 땅과 하늘의 '모든 권능'

세상의 충만한 것이 그분의 소유일 테니

그들은 하나님이 주신 약속 안에서

약하나 강하며 가난하나 부요하리라

그러므로 하나님이면 충분하네

지금도 그들의 귓전을 울리는 형제들의 신음소리

이역만리 동방에서 매달 백만 명씩

하나님 없이 죽어가네*

16명의 선교사와 4명의 어린 자녀로 이루어진 일행이 800톤의 짐을 실은 범선을 타고 4개월간 항해했다. 결코 만만치 않은 여정이었으므로 사전에 많은 기도가 있어야 했다. 단지 안전을 위한 기도만이 아니라 하니님께서 승무원들을 말씀으로 축복하시기를 구하는 기도도 드렸다. 항해 첫날은 객실에 입실하여 주변 정리를 하며 보냈고, 다음 날부터 중국어 어학공부가 시작되었다. 오전 수업은 허드슨 테일러가 맡고, 오후 수업은 테일러 부인이 맡았다. 때로는 학생 전원이 심한 배멀미로 쓰러지는 바람에 선생들이 의도치 않게 승무원이 되어 그들을 돌보아야 했다. 그러나 그들 모두 기나긴 항해에 적응하기 시작했고 젊은 사람들은 뱃사람이라고 해도 좋

---

* 1866년 5월 26일 중국내지선교회(CIM)의 첫 번째 파송팀이 출항하던 날 그라탄 기네스(H. Grattan Guinness) 목사가 쓴 시에서 발췌함.

을 만큼 파도에 익숙해졌다. 사실 모두들 젊은 축에 속했고 가장 나이 많은 지도자라고 해봐야 34살에 지나지 않았다.

 작은 범선의 좁은 공간에서 부대끼며 생활하다 보면 인격이 고스란히 드러나기 마련이다. 뱃사람들은 만일 허드슨 테일러를 포함한 승객들이 선교사라는 명함에 어울리지 않게 행동한다면 이를 어렵지 않게 발견할 수 있었다. 말할 필요도 없이 선교사들은 일할 때나 쉴 때나 사람들의 주목을 받았다. 그렇기에 이들은 함께 배를 타고 가는 다른 승객뿐만 아니라 배의 선원들에게도 자신들의 존재가 항해의 즐거움이 될 수 있도록 최선을 다하고 기도하며 때를 기다렸다. 어느 시점에선가 뱃사람들이 먼저 선교사들에게 다가오기 시작했고 그러다 자신들도 모임에 참여하고 싶다는 바람을 내비쳤다. 곧 선원들이 참석하는 모임이 시작되었고 이 모임을 통해 하나님께서 일하시기 시작했다. 결과는 승무원 대다수의 회심이었다. 당시에 주고받은 여러 편지를 통해 확인할 수 있는 사실은 이 항해가 경이로운 시간의 연속이었다는 것이다. 그리고 이것은 선교회의 개척자들이 얼마나 간절히 그리스도에게로 영혼을 데려오는 일에 매진하는 삶을 살았는지를 잘 보여준다. 물론 그들도 예외없이 허물이 있었다. 축복을 가로막는 과오와 잘못에 대한 내용이 여러 글에서 발견된다. 그러나 그들은 이런 과오를 당연시하지 않았다. 자신들에게서 비롯된 잘못에 대해 애통하는 마음을 품으며 진지한 고백을 통해 주님과의 교제를 회복했다.

 '공중의 권세 잡은 자' 된 대적은 이 선교사 일행이 열매 맺는 것을 좌절시키지 못하자 이들을 배와 함께 바다 밑으로 침몰시키려 애쓴 듯했다. 그러므로 그들이 목적지에 다다른 것은 기적에 가까웠다. 중국해에 도착할 때까지 계속된 풍랑과 거센 바람이 사방에서 그들을 우겨쌌다. 15일간 두 차례의 태풍을 겪은 후엔 모두들 실신 일보직전이었다.

태풍 12일째 되는 날 허드슨 테일러가 쓴 글이다.

이젠 정말 상황이 처참해 보인다… 배는 무섭게 널을 뛰고 이미 부러져 이리저리 흔들리던 마스트 돛대와 활대가 우리의 마지막 하나 남은 돛을 찢어버렸고… 부러진 돛대가 주활대를 말뚝처럼 계속 들이받고 있다. 뱃머리에서 선미루까지의 갑판은 바닷물로 뒤덮였다. 성난 물소리, 쩔렁이는 쇠사슬, 공중에 매달린 마스트 돛대와 활대가 부딪히는 소리, 찢겨진 돛이 바람에 펄럭이는 날카로운 소리 때문에 선장의 어떤 명령도 거의 들리지 않았다.

그 후 3일간 물살이 빨라지며 사태는 더 심각해졌다. 불씨가 다 꺼졌고 취사도 불가능했다. 한동안은 식수도 구할 수 없었으며 남자뿐만 아니라 여자들까지 바닥에 들어찬 바닷물을 빼내기 위한 펌프질에 동원되었다. 그러나 이 모든 것을 통해 기도는 놀랄 만한 방식으로 응답되었다. 어떤 인명 손실도 없었고, 크게 다친 사람도 없었다. 우리 일행은 "모든 지각에 뛰어난 하나님의 평강"(빌 4:7) 속에 거했고 심지어 자녀들을 염려하는 어머니(테일러 부인)조차 능력을 덧입어 이런 글을 남겼다.

난생 처음 하박국 선지자가 겪었을 법한 상황 속에 놓였다. 내 입에선 그때 그 선지자처럼 "나는 여호와로 말미암아 즐거워하며 나의 구원의 하나님으로 말미암아 기뻐하리로다"(합 3:18)는 고백이 절로 나왔다.

하지만 이보다 더 경이로운 기도 응답을 얼마 후 경험했다. 상하이에 도착한 일행은 모두 중국인 옷차림을 하고 내지에서 살 집을 찾아나섰다. 수상가옥 배를 타고 이 도시에서 저 도시로 이동한 덕분에, 호기심 많은 구경꾼들로부터 여자들과 아이들을 보호할 수 있었다. 한편 일부 젊은 남자들이 앞서 정착할 만한 집을 찾아다녔지만 돌아온 건 실망뿐이었다. 거래가 성사될 듯하다가도 막판에 협상이 결렬되는 일이 되풀이되었다. 그렇게 항저우(Hangzhou) 근방에 다다를 때까지 그들은 한 무리로 이동했다. 아무리 현지인 옷차림을 했다지만 20명이나 되는 서양인이 무리지어 다니는 것이 중국인들 눈엔 곱게 보이지 않을 수 있었다. 게다가 항저우엔 이미 두세 선교사 가정이 거주하고 있었다. 만약 이렇게 큰 무리가 지역 사회 안으로 들어온다는 사실이 알려지면 반발이 예상될 뿐 아니라 기존 선교사들에게도 부담을 줄 게 눈에 보였다. 그러나 어찌하겠는가? 가을은 이미 깊어가고 배 위에서 밤을 보내기엔 너무 추웠다. 일행 중 대여섯 명은 다소 아픈 상태였고, 이 보트 피플은 겨울이 닥치기 전에 집을 구해야 한다는 압박감에 시달렸다. 허드슨 테일러는 시(市) 외곽의 한적한 곳에 보트를 남겨둔 채 발등의 불인 숙소를 구하러 선발대로 나섰다. 그가 여태껏 이렇게 책임을 막중하게 느꼈던 적도 없었다.

테일러 부인 역시 상황을 심각하게 인식하고 있었다. 조용하고 확신에 찬 믿음으로 그녀는 젊은 선교사들을 기도의 자리로 불러모았다. 그리고 그날 아침 성경묵상 시간에 시편을 통해 받은 위로를 나누었다.

누가 나를 이끌어 견고한 성에 들이며 누가 나를 에돔에 인도할까 하나님이여 주께서 우리를 버리지 아니하셨나이까 하나님이여 주께서 우리 군대와 함께 나아가지 아니하시나이다 우리를 도와 대적을 치게 하소서 사람의 구원은 헛됨이니이다(시 60:9-11).

그들은 이 말씀을 함께 봉독했고 뒤이어 시작된 합심기도는 고통스런 긴장의 시간을 오래도록 기억에 남을 하나님과의 사귐의 시간으로 바꾸어 놓았다.

바깥이 갑자기 왁자지껄해졌다. 허드슨 테일러의 목소리인가? 이렇게 금세 돌아왔나? 무슨 소식을 가지고 왔을까? "그들이 부르기 전에 내가 응답하겠고 그들이 말을 마치기 전에 내가 들을 것이며"(사 65:24). 그렇다, 희소식이었다! 그들이 들어갈 집이, 살림살이까지 구비된 집이 그들이 들어오기만을 기다리고 있었다. 항저우의 한 선교사가 일주일 동안 외지로 출타하면서 살림살이까지 다 갖춰진 집을 허드슨 테일러 일행이 마음껏 써도 된다며 허락해 준 것이다. 임시로 머물게 된 집은 한적한 거리에 위치해 있었기에 사람들의 이목을 끌지 않은 채 배에서 나와 조용히 들어갈 수 있었다. 그리고 바로 그날 밤 비록 몸은 녹초가 되었지만 감사로 충만한 선교사 일행은 견고한 성에서 안식을 취할 수 있었다.

그러고 나서 며칠 후 허드슨 테일러는 우여곡절 끝에 그들이 장기로 거주할 집을 마련할 수 있었다. 한때 어느 중국인 관리의 거주지였던 크고 드넓은 저택은 이제는 세월이 흘러 일반인들의 평범한 공동주택이 되었다. 사실 워낙 오래되고 낡은데다 거주 세대가 많아서 마치 토끼 사육장 같은 느낌이었다. 허드슨 테일러 일행은 공동주택의 일부만 소유했지만 다행히 개조가 어렵지 않은 집이었다. 더욱이 자기 집 안에서 크게 이목을 집중시키지 않으면서도 당장 선교사의 일에 착수할 수 있었다.

사랑으로 충만한 마음은 쉽게 넘쳐 흐른다. 일행 중 최연소자인 폴딩 양이 그랬다. 비록 많은 말을 하지 않았지만 그녀는 이미 현지인 여성들 사이에서 많은 교감을 나누고 있었다.

폴딩 양이 12월 중순에 쓴 편지글이다.

아직 더 손봐야 할 곳이 많지만 그래도 집은 점점 더 안락한 곳이 되어 가고 있습니다. 테일러 씨와 청년들은 차가운 바람을 막을 방법을 고민하다가 나무 천장 틀에 종이를 덧바르는 방법을 시도했는데 꽤 효과가 있습니다. 이층 구조의 방은 고국의 예배당처럼 지붕 틀이 노출되어 있습니다. 그들은 방과 방 사이의 칸막이들도 마찬가지로 도배를 했습니다. 물론 우리는 아직도 시행착오를 겪고 있지만 차츰 나아지고 있고 언젠가는 완전히 안정되리라 기대합니다.

이곳에 세들어 살던 중국인들은 다음 주에 집을 비워야 합니다. 그들은 주로 아래층에 살고 있습니다… 그들이 잠깐이라도 이곳에 머물렀다는 사실이 저에겐 너무 감사한 일입니다. 그들 중 적지 않은 수가 중국인 기도모임에 참석하기도 하고 우리가 전하는 복음에 귀를 기울였기 때문입니다. 아직은 집 밖으로 나가 방문 전도를 할 형편이 못 됩니다… 그러나 저는 이 여인들과 날마다 성경을 읽고 이야기를 나누었고 그들도 이 모임을 좋아하는 게 보입니다. 특히 한 여성에 대해선 큰 소망을 품고 있습니다.

크리스마스가 되기 직전 주일예배엔 50-60명의 현지인들이 참석했고 허드슨 테일러는 최소한 한 번 이상의 전도여행을 다녀왔다. 그와 메도우즈(Meadows) 씨는 인근 도시에서 복음을 전할 좋은 기회를 얻었고, 그곳에 빠른 시일 내에 몇몇 신참 선교사들을 정착시킬 요량으로 작은 집을 임대했다. 허드슨 테일러가 버거 씨에게 쓴 여러 편지에선 위대한 과업에 임하는 그들의 마음가짐이 드러난다.

한 가지 다행스런 소식을 알려드리자면 내지로 편지를 보내고 송금하는 현지 우편체계가… 꽤 양호한 수준이라는 것입니다. 중국 내 어느 지방으로든 큰 어려움 없이 송금할 수 있으리라 생각됩니다. 마찬가지로 가장 먼 벽촌에서도 항구 지역으로 편지를 보낼 수 있습니다. 이런 교신은 시간이 오래 걸리며 다소 비쌀 수도 있지만 그래도 확실한 방법이기에 참을 만합니다. 이렇게 우리는 내지 사역을 위한 길이 우리 앞에 열리는 것을 목도하고 있습니다.

12월 4일, 이곳의 날씨는 매우 춥습니다. 벽과 천장이 부실하고 창문도 제대로 설치된 게 아니라서 겨울을 나려니 여간 힘든 게 아닙니다. 제가 묵는 방은 두 평이 채 안 되는 공간입니다만, 대충 종이로 막아놓은 벽이라서 우풍이 자유롭게 드나듭니다. 그래도 우리는 별로 그것에 개의치 않습니다. 주변엔 우리가 돌아보아야 할 가난하고 소망 없는 영혼들이 허다하기 때문입니다. 이곳에는 인구밀도가 높아도 선교사 하나 없는 도시와 마을이 즐비합니다. 모두 은혜를 경험할 방편이 없는 상태입니다. 그러므로 약간의 불편을 두려워한 나머지 이런 사실들을 부러 잊어버리거나 숱한 영혼들이 멸망하도록 내버려둘 수 있는 사람들의 안락함이 저는 부럽지 않습니다. 우리가 하나님께, 그리고 하나님이 맡기신 사역에 신실한 자가 되도록 하나님이 도우시길 기도하고 있습니다.

항저우에서 허드슨 테일러는 많은 일을 감당해야 했다. 구정 명절이 되면서 환자들이 그의 약제실로 몰려들었고, 어떤 날은 하루에 200명이 오기도 했다. 그리고 그만큼의 사람들이 주일예배에 참석했다. 1867년 초 영국에서 지원 인력이 처음 도착했을 때 허드슨 테일러는 너무 바쁜 나머지 도착 몇 시간 후에야 겨우 그들과 눈인사라도 할 수 있었다. 당시 그는 병원 앞마당에서 환자들에게 설교를 하고 있었다. 지원 선교사 일행이 메도우즈 씨의 안내를 받아 들어왔을 때 겨우 설교 도중 큰 소리로 벅찬 환영 인사를 할 뿐이었다. 이제 중국에 발을 디딘 신참 선교사들은 모든 게 분주하게 제대로 돌아가는 듯한 이런 상황에 만족감을 느꼈다. 얼마 지나지 않아 존 맥카티(John McCarthy)라는 신입 선교사가 허드슨 테일러를 도와 곁에서 일하기 시작했고, 이내 의료 사역에서 허드슨 테일러의 주요한 동역자가 되었다. 여러 외적 어려움 가운데서도 허드슨 테일러의 동료 사역자들은 정도의 차이는 있었지만 그들이 사랑해 마지 않는 지도자이자, 그들의 이상(理想)을 실제 삶으로 살아내는 지도자를 옆에서 지켜보며 사역하는 기회를 만끽했다.

38년 후 중국 서부에서 맥카티 선교사가 쓴 글이다.

허드슨 테일러를 알게 된 이래로 나는 항상 그를 친절하고 사랑이 많은 사람, 자신을 제외한 모든 사람에게 사려 깊게 배려하며 어디를 가나 축복이 되며 마주치는 모든 이에게 힘과 위로를 주는… 말그대로 선교사가 갖춰야 할 모든 덕목을 갖춘 귀감으로 여겼다.

그러나 그 시절에도 스스로의 피폐한 영적 생활로 인해 주변 사람들에게 비판을 일삼는 사람들이 더러 있었다. 영국에서 중국으로 배를 타고 오던 기간 내내 문제를 일으켰던 그 어둠의 영이 여전히 그들 가운데 세력을 미치고 있었으며, 이 때문에 테일러 부인도 남편만큼이나 비방으로 고통 받았다. 그러나 그녀는 수개월이 지나서야 비로소 (그것도 버거 부인에게 쓴 편지를 통해) 이 문제를 언급했으며 사랑과 인내로 문제를 극복하고자 안간힘을 썼다. 세인트 힐에서 안부를 묻는 버거 부인의 편지에 대한 그녀의 장문의 회신이다.

> 우리를 위해 많이 기도해 주세요. 지금 우리는 만물을 붙드시는 하나님의 은혜가 절실히 필요한 상황입니다. 우리는 사탄의 강력한 영향력에 맞서 싸우고 있으며 사탄은 잠시라도 우리를 편하게 내버려두지 않으리라 생각합니다. 만약 우리가 이곳에 우리 자신의 힘으로 터를 잡았다면 얼마나 큰 우를 범했을까요! 그러나 우리를 대적하는 모든 권세들보다 크신 주님이 우리를 위해 일하실 뿐만 아니라 우리를 위해 싸우셔요… 우리 일행 중 자매들 간에 불화가 싹트고 있는 걸 식섭 본다면 너무 안타까울 거예요. 이것이 제가 지금 두려워하는 악이에요… 그 자매 문제가 어떻게 전개될지는 저도 예측을 못하겠어요. 제가 아는 한 가지가 있다면, '이스라엘의 소망' 되신 분께서 우리를 버리지 않으시리라는 거예요. 어떤 이는 이런 의문을 품을지도 몰라요. "왜 그 자매가 이곳에 오도록 허락하셨을까?" 어쩌면 그건 우리 선교회가 처음부터 철저하게 주님만을 의지하는 올바른 믿음의 초석 위에 세워지기 위함이라 믿어요.

여름이 끝나갈 무렵, 믿음과 인내를 시험하는 듯한 또 하나의 슬픔이 찾아왔다. 이미 여름이 되기 전 많은 영혼들이 구원을 얻었고 교회 출석 인원이 1,500명에 달하도록 부흥하는 역사가 일어났다. 5월에는 최초의 세례식이 거행되었고, 이 시기에 테일러 부인은 다시금 버거 부인에게 편지를 썼다.

> 어쩌면 사랑하는 주님은 알고 계신 것 같아요. 주님이 우리 사역에 계속 허락하시는 이 풍성한 축복으로 우리가 들뜨지 않으려면 슬픔이 있어야 한다는 걸요.

하지만 그해 여름에 찾아온 슬픔은 전혀 예상치 못했고 개인적으로 그녀에게 너무 가혹한 것이었다.

테일러 부부가 닝보에서 낳은 딸 그레이시(Gracie)는 이제 만 여덟 살이 다 되었고, 자녀 중 가장 사랑스럽고 총명했다. 주 예수님을 사랑할 뿐만 아니라 주변 사람들에게도 사랑을 아끼지 않았던 그레이시는 동생들에게 이상적인 누이였으며 동생을 돌보는 일뿐 아니라 사역에도 적잖은 힘을 보탰다. 그러나 그해 특히나 심했던 계속된 폭염으로 그레이시는 조금씩 쇠약해졌다. 무더위를 피해 몸을 회복할 수 있을까 싶어 아이들을 산 속으로 데리고 갔지만 그 어떤 것도 이 어린 생명을 지켜주지 못했다.

폐허가 된 옛 사찰에서 점점 숨이 잦아드는 아이 곁을 지키며 허드슨 테일러는 자신과 자신이 가장 사랑하는 사람들이 처한 상황을 직면했다. 그가 버거 씨에게 쓴 편지글이다.

> 이 땅의 기후와 풍토, 이 나라 사람들을 잘 알면서도 제 자신을 포함해

제 아내와 자녀들을 섬김을 위한 제물로 바친 행위는 결코 허영이나 무지에서 비롯된 선택이 아닙니다. 저는 자격 없는 사람이었습니다. 그럼에도 은혜로 주께서 부르셨기에 단순한 믿음으로, 그리고 거룩한 신실함으로 주님을 섬길 수 있었고 이는 앞으로도 변함이 없을 것입니다. 그러는 동안 주님은 우리에게 성공의 열매도 맛보게 하셨습니다. 무엇보다 주님은 지금도 우리 곁을 떠나지 않으셨습니다.

허드슨 테일러는 어머니에게는 좀 더 드러내놓고 심경을 토로했다.

우리의 사랑하는 아이 그레이시! 아침에 눈을 뜨자마자 가장 먼저 우릴 반겼던 그 아이의 사랑스런 목소리가 온종일, 밤늦게까지 얼마나 듣고 싶은지 모르겠어요! 제 곁에서 깡총거리던 그 아이와 함께 거닐던 산책길을 걸을 때면 슬픔이 엄습하며 이런 생각이 되살아나요. "내 손을 꽉 움켜쥐던 그 자그마한 손을 다시는 못 느낀다는 게 정말 실감이 나질 않아… 그 또랑또랑한 눈망울의 반짝임을 더 이상 보지 못한다는 게 믿기지가 않아!" 하지만 그레이시는 영영 사라진 게 아니에요. 단지 제가 아이를 되돌려받지 못할 뿐이죠. 함께한 날들 동안 언제나 우리 삶을 비추던 햇살 같은 아이였지만 어쩌면 하나님께서 다른 집 아이가 아니라 우리 아이를 데려가신 게 감사해요…

    사랑하는 아이의 시신만큼 완전하고 아름다운 건 본 적이 없는 것 같아요. 활처럼 유려하게 휜 눈썹, 실크처럼 부드럽고 긴 속눈썹, 너무나도 섬세하게 조각된 콧날, 풍부한 표정을 담은 작고 사랑스런 입술, 완벽하게 하얀 얼굴 윤곽… 모든 것이 제 마음과 기억에 깊이 아로새겨졌습니다. 그리고 앙증맞은 중국 외투를 걸친 채 꽃 한송이를 쥔 손을 가슴에 포갠 모습이란… 아, 너무도 아름다웠어요. 그래서 우리의 시야 밖으로 영영 내보내기가 너무 힘들었어요.

    우리를 위해 기도해 주세요. 우리가 사역을 진행할 때마다 시시때때로 찾아오는 내적 그리고 외적 시련으로 거의 나가떨어질 지경이에요. 그러나 그분은 말씀하셨지요. "그가 친히 말씀하시기를 내가 결코 너희를 버리지 아니하고 너희를 떠나지 아니하리라"(히 13:5). 그리고 "나에게 이르시기를 내 은혜가 네게 족하도다 이는 내 능력이 약한 데서 온전하여짐이라 하신지라 그러므로 도리어 크게 기뻐함으로 나의 여러 약한 것들에 대하여 자랑하리니 이는 그리스도의 능력이 내게 머물게 하려 함이라 그러므로 내가 그리스도를 위하여 약한 것들과 능욕과 궁핍과 박해와 곤고를 기뻐하노니 이는 내가 약한 그 때에 강함이라"(고후 12:9-10). 그래요, 그렇게 정말 그렇게 될 거예요.

첫째 딸 그레이시를 잃는 슬픔을 겪으면서도 테일러 부부는 복음을 들고 중국 내지로 나아가는 과업에 새롭게 자신들을 헌신했다. 그들은 그 해가 가기 전에 닝보가 속해 있는 저장(Zhejiang)성의 모든 현급시(縣級市)를 방문했다. 인근 장쑤성의 난징에는 이미 다른 선교사들이 사역하고 있었으므로 그곳에서 멀게는 24일 이동할 거리만큼 떨어진 곳에서 사역을 진행했다. 항저우의 교회 역시 왕라이준(Wang Lae-djun)*을 담임목사로 세운 후 자리를 잡아가고 있었다. 이듬 해 봄이 왔을 때 선교회 지도자들은 항

---

* 왕라이준은 테일러 부부와 영국으로 동행했던 닝보의 현지인 동역자이다.

저우(Wenzhou) 사역이 더 이상 외국인인 자신들이 없어도 될 거라는 판단을 내렸다.

당시 중국의 어느 지역이든 그곳에 선교기지를 개척한다는 건 목숨을 잃을 각오를 해야만 가능한 일이었다. 폭동이 일어나는 건 예측 가능한 일상이었다. 허드슨 테일러가 다리 하나를 잃고 목발을 의지하여 걸어들어온 선교사 후보생에게 이렇게 묻는 게 하나 이상할 게 없을 정도였다.

"그런데 이곳에서 폭동이 일어나 도망칠 수밖에 없는 상황에 처하면 어쩌시렵니까?"

"도망치는 건 생각해 보지 않았는데요." 그는 차분하게 대답했다. "여호와는 우리의 왕이시니… 때가 되면… 다리를 저는 사람도 그 재물을 취할 것(사 33:22-23)'이라는 말씀만 생각해 봤습니다."

실제로 상상했던 그 일이 일어났을 때, 그는 자신의 말대로 행했다.

"왜 너는 줄행랑 치지 않는 거지?" 그가 가진 것을 모조리 강탈한 후 심지어 목발까지 빼앗으려던 폭도들이 이렇게 소리쳤다.

"줄행랑 친다구요?" 그가 미소를 지으며 대답했다. "어떻게 다리 하나로 줄행랑 치죠? 궁금한데요!"

그의 용기와 침착한 태도에 성난 폭도들은 무장해제를 당하고 분위기가 누그러졌다. 보이지 않는 기도의 힘이 그날의 최후 승리자가 되었다.*

동일한 영성을 가졌던 스코틀랜드 북부 출신의 키가 크고 과묵한 조지 던칸(George Duncan)은 난징에 진출하여 난징 최초의 상주 선교사로

---

* 첫째 딸 그레이시의 죽음 이후, 중국에 수년간 머무르던 조지 스코트(George Scott)가 원저우 현급시에 교회를 개척했다. 현재 이 교회에 출석하는 성인 신자 수는 8천 명에 달한다.

활동했다. 그는 다른 숙소를 구하지 못하자 고루(Drum Tower, 내부에 있는 종과 북을 사용해 시간을 알리는 기능을 갖춘 일종의 종각)에서 족한 마음으로 살았다. 찍찍거리는 쥐와 나즈막히 울려퍼지는 종이 설치된 뺑뚫린 종각에 살면서, 낮에는 거리와 찻집을 다니며 인파 속에서 복음을 전했다. 수중에 돈이 거의 떨어져가자, 그의 유일한 친구이자 아침 저녁으로 음식을 해주던 중국인 요리사가 와선 어떻게 하면 좋겠느냐고 물었다. 그러니까 이 도시를 떠나야 할 때가 되었으며, 그렇다면 그들이 세들어 살던 이 누추한 거처로 되돌아오긴 힘들 거란 뜻이었다.

"어떡하긴요?" 선교사가 말했다. "왜 있잖아요, 시편 말씀에 '여호와를 의뢰하고 선을 행하라 땅에 머무는 동안 그의 성실을 먹을 거리로 삼을지어다'(시 37:3)라고 말이에요."

몇 날이 지났고, 허드슨 테일러는 현지 은행을 통해 난징에 송금하려 했지만 불가능한 상황이었다. 던칸에 대한 염려로 결국 형제 선교사 한 명을 급파해 이 상황을 해결해 보도록 했다. 이 즈음 중국인 요리사가 자신이 모아둔 돈으로 변통해 봤지만 그 돈마저 바닥이 난 상태였다. 두 사람은 수중에 단돈 1달러도 없었다. 그러나 던칸은 전전긍긍하는 요리사에게 이런 말을 남기고는 평소처럼 전도하러 나갔다.

"우리 그냥 '여호와를 의뢰하고 선을 행합시다.' 그분의 약속은 언제나 옳을 테니 '땅에 머무는 동안 그의 성실을 먹을 거리로 삼을지어다'라는 말씀대로 될 거예요."

그날 저녁 러드랜드(Rudland) 선교사는 어떻게 해서 대운하의 수심이 급감하여 부득불 육로로 나머지 구간을 여행할 수밖에 없었는지, 그래서 뱃길로 오는 것보다 며칠 일찍 난징에 도착했는지를 이해하게 되었다.

그가 던칸의 거처에 도착했을 땐 그 집의 찬장과 지갑 모두 텅빈 상태였다. 온종일 끝없이 이어지는 거리를 누비며 전도한 던칸은 지치고 허기진 상태로 귀가했다. 놀랍게도 그의 중국인 요리사가 그를 맞으러 달려 나오는 모습이 눈에 들어왔다.

"아, 선생님," 그가 거친 숨을 고르며 외쳤다. "이제 괜찮아요! 이제 괜찮아요! 러드랜드 씨가… 돈을… 맛난 저녁식사가 준비됐어요!"

"내가 아침에 그러지 않았습니까!" 던칸이 다정하게 요리사의 어깨에 손을 얹으며 말했다. "살아계신 하나님을 신뢰하는 것은 언제나 '옳다'고 말예요!"

허드슨 테일러는 젊은 선교사들만 개척자로 내보내는 일에 만족하지 않았다. 자신과 아내도 내지로 들어가야 한다고 생각했다. 허드슨 테일러 부부는 이전부터 어떤 위험이나 곤경도 감수할 각오가 되어 있었다. 선교회에서 개척자로 파송된 다른 이들과 마찬가지로 그들의 가슴에도 동일하게 간절함이 있었다. 그래도 16개월 동안 항저우에서 그나마 안정되게 사역을 진행했기에 그곳에서 해야 할 일도 충분히 넘쳤다. 교회에 출석하며 세례를 받은 현지인 신자가 이미 50명에 달했고, 복음에 관심을 보이는 사람들도 많이 있었다. 그러나 맥카티 선교사가 담임목사인 왕라이준을 보조하고 폴딩 양이 여성들을 양육하고 있었으므로 이 선한 사역은 충분히 지속될 수 있었다. 익숙한 사역지를 떠나는 일이 쉽지 않을 테지만, 각지에서 홀로 사역하며 도움을 필요로 하는 개척자들이 있었고, 생명의 말씀을 한 번도 들어보지 못한 사람들로 가득찬 대도시와 소도시와 시골 마을들이 있었다. 허드슨 테일러 부부는 정든 집을 뒤로 하고 자녀들과 한동안 배에서 생활해야 하는 불편을 감수하면서 봄이 되자 도시를 떠났다. 난징에서 던칸과 합류하기 위해 가는 도중 그들에게 문이 열리는 곳이 있다면 어디건 정착할 작정이었다.

2개월 간 배에서 생활한 후 허드슨 테일러 일행은 큰 도시 양저우(Yangzhou)에 정착할 수 있었다. 양저우에 오기 전 그들은 선교회 일원인 헨리 코든(Henry Cordon)과 함께 그 유명한 쑤저우에서 3주간의 시간을 보냈다. 코든 선교사는 이제 막 쑤저우에서 사역을 시작한 터였다. 그후 허드슨 테일러 가족은 도도히 흐르는 양쯔강과 대운하의 교차점에 있는 전장(Zhenjiang)에 도착했다. 전장의 전략적 중요성에 깊은 인상을 받은 허드슨 테일러는 이내 부지 구입을 위한 계약을 추진했다. (종국엔 계약이 성사되었으나) 협상이 생각보다 지연되자 그는 다시 양쯔강을 건너 대운하의 북단으로 몇 킬로미터를 더 이동했다. 그렇게 그들은 한때 마르코 폴로가 총독으로 다스렸던 이름도 유명한 도시 양저우에 도착했다. 포탑 성벽으로 둘러싸인 인구 36만의 이 도시엔 그리스도의 증인이 단 한 명도 없었다.

테일러 부인이 버거 부인에게 쓴 편지글이다.

지난 주에 우리가 겪은 감정은 아마 여행 경험이 많은 사람들만 이해하리라 생각해요. 지난 주 우리는 방마다 강물이 들이치는 선상 생활의 불편함을 뒤로 하고 일등급 중국 호텔의 특실로 들어갔어요. 호텔은 게다가 양저우 시내에 있었죠. 중국의 다양한 숙박시설을 상당히 많이 경험한 남편도 놀랄 정도로 훌륭한 호텔이었어요.

호텔 주인의 친절함과 관심을 보이는 방문객들의 연이은 방문 덕분에 처음엔 전망이 좋아 보였다. 양저우 총독 역시 그들에게 호의를 베풀었고, 테일러 가족은 집을 한 채 얻어 7월에 입주할 수 있었다. 그때 이미 견디기 힘들 정도의 무더위가 시작된 터라, 8월에는 조금 한적한 시간을 보내리라 희망했지만 이내 환자들이 밀려오기 시작했다. 방문객도 끊이지 않았다. 허드슨 테일러가 실력 있는 의사라는 사실이 알려지자 시내에 거주하는 이 외국인 가정으로 사람들이 몰려왔다. 테일러 부인의 호감 가는 중국어 회화와 매너는 여인들의 마음을 매료시켰다. 항저우에서와 꼭같이 사람들은 복음에 마음을 여는 듯했다.

그러나 원수도 그만큼 분주하게 움직였다. 이렇게 버젓이 원수의 영토를 침범하는데 당하고 있을 리가 없잖은가. 양저우의 식자층 사람들이 주도해 소동을 일으키기로 모의했다. 그들은 극악무도한 범죄가 외국인, 특히 '예수교' 전파를 업으로 삼는 자들에 의해 자행되었다는 내용의 익명의 전단을 도시 곳곳에 뿌렸다. 얼마 지나지 않아 선교사들은 사람들의 태도가 예전 같지 않음을 느꼈다. 친근한 방문자들 대신 비루한 부랑자 무리가 문 앞에 운집했다. 또다른 벽보가 불에 기름을 붓는 역할을 했다. 그나마 선교사들의 오래참음과 온화함으로 가까스로 폭동을 모면하는 일이 거듭되었다. 허드슨 테일러는 며칠간 문밖 출입도 못한 채 문가에서 쏟아지는 날선 질문에 답하며 폭도들을 진정시켰다.

소동이 잦아드는 듯 보이던 시점에 감사하게도 러드랜드 부부와 던칸 씨가 방문했다. 8월 한여름 폭염의 맥을 끊는 장마비로 그동안 소란을 피우며 선교사들을 위협하던 무리들도 잠시 흩어졌다. 하지만 휴지기는 오래가지 않았다. 바로 그 시점에 선교사들처럼 중국인 옷차림을 하는 대신 노골적으로 이방인 복장을 한 전장 출신의 두 외국인이 양저우에 나타난 것이다. 그들은 적잖은 물의를 일으키고 떠났다. 폭도들은 이 기회를 놓치지 않고 다시 발빠르게 움직였다. 모든 게 평온하다는 인상을 안고 방문자들이 떠난 직후 도처에서 아이들이 실종되었다는 유언비어가 퍼졌다. 사람들은 적어도 24명의 아이들이 비정한 외국인들에 의해 희생되었다는 유언비어를 믿었다. 성난 무리들은 한목소리로 외치며 시내를 행진했다. "용기를 내라! 우리가 당한 불의에 보복하라! 공격하라! 파괴하라! 전리품은 우리 차지가 될 것이다!"

48시간 후, 상처를 입고 고통을 당했지만 좌절하지는 않은 선교사 일행은 전장으로 향하는 배 안에서 서로의 온기를 나누며, 살기등등한 소요의 태풍에서 그들을 건져주신 놀라운 하나님의 보호하심에 감사하고 있었다.

테일러 부인이 이동 중 쓴 편지글이다.

우리 하나님이 우리를 건져내셨어요. 이번 일을 겪으며 앞으로는 더 온전하게 하나님을 찬양할 뿐 아니라 그분의 영광을 위해 살기로 결심했답니다. 우리는 또 한 번의 말하자면 '태풍'을 겪었어요. 2년 전에 겪은 말 그대로의 태풍처럼 오래 지속된 건 아니었지만 동일하게 우리 생명을 위험에 빠트렸고 계속되는 동안은 더 끔찍했던 태풍이었죠. 저는 하나님께서 이번 일을 통해 하나님 자신의 영광을 드러내실 것이라고 믿고, 마찬가지로 복음의 진전을 이루실 것을 소망해요…

우리와 함께 계시는 구주 안에서 당신의 벗 드림…

'우리와 함께 계시는 구주!' 폭도들이 어찌 선교사들의 평정심과 능력의 비밀을 이해할 수 있겠는가! 모종의 경외감에 기선제압을 당한 폭도들은 마지막 순간에 우왕좌왕했고 최악의 폭력 행위까지는 저지르지 않았다. 그곳에서 탈출해 안전해지기까지 죽음 일보직전까지 가는 일이 반복되었다. 허드슨 테일러는 지역 경찰의 도움을 청하러 가는 길에 격분한 폭도들 앞에 무방비 상태로 노출되었다. 그가 어쩔 수 없이 남겨두고 가야 했던 가족들 역시 거처에서 갇힌 채로 살해와 방화의 위험에 속수무책인 상태였다. 그럼에도 모두들 동일하게 보이지 않는 손의 보호하심 안에 있었다.

애간장이 타들어가는 시간도 있었다. 이층방에 있는 여성들과 자기 자식들을 폭도로부터 지키려다 결국엔 화재로 대피시켜야 했던 어머니의 번뇌가 있었고, 관청에 발이 묶인 채 파괴에 혈안이 된 폭도들의 고함소리를 듣고만 있어야 했던 아버지의 번뇌가 있었다. 겉보기엔 아무 위험도 없는 듯 침착했던 테일러 부인은 사랑하는 사람을 다시 못 볼 수도 있다는 불안감으로 가슴이 찢기는 고통을 느꼈다. 하지만 평정을 유지하고 완벽한 언어 구사력으로 죽을 고비를 여러 차례 넘겼다.

그 후 지난하고 힘겨운 협상 끝에 양저우의 부서진 집을 수리하고 선교사 일행이 복귀할 수 있도록 총독의 명령서가 떨어졌다. 그들을 맞이하기 위해 양저우에서도 상당한 성의를 보였다. 감격한 선교회의 지도자 허드슨 테일러는 감사로 충만하여 다음과 같이 썼다. "이 사건의 결과는 내지에서의 사역의 길을 여는 데 큰 영향을 미치리라 확신합니다." 그럼에도 여전히 남아 있던 사람들의 의구심과 불신은 그들이 해소해야 할 현안이었다. 그리고 서서히 그 의혹을 잠재운 것은 허드슨 테일러의 가정

생활과 선교사들의 친근한 분위기였다. "행동이 말보다 더 크게 말한다." 선교사들과 지근 거리에 있던 주민들은 허드슨 테일러가 그 난리를 겪고도 자녀들을 다시 데리고 왔다는 점, 그리고 테일러 부인이 특별히 평정심이 요구되는 임신 상황에서도 되돌아오기를 주저하지 않았다는 점이 과연 무엇을 의미하는지 곱씹게 되었다.

테일러 부인이 세인트 힐의 사랑하는 벗에게 쓴 편지글이다.

이 일에서도 역시 하나님은 내 마음의 소원을 허락하셨어. 뱃속의 태아에게 안전이 허락된다면 아이가 다른 어떤 곳이 아닌 이 도시에서, 이 집에서, 바로 이 방에서 태어나길 바랬거든. 물론 '다른 어떤 곳'에는 네가 있는 고국의 그 아름다운 집도 포함되겠지. 그곳에 있었다면 따뜻한 돌봄과 분에 넘치는 호사를 누리며 편안하게 출산했을 거야.

넷째 아들의 출산과 폭동 중에 부상을 입은 자들이 모두 신속하게 건강을 회복한 점도 현지인들에게 좋은 인상을 남겼다. 그러나 가장 뜻깊은 보상은 그 도시에서 맨 처음 그들을 맞아준 호텔 주인과 폭동 중에서도 그들과의 우정을 숨기지 않았던 다른 두 명이 이제는 그리스도를 구주로 고백하며 세례를 받게 되었다는 사실이다.

"눈물을 흘리며 씨를 뿌리는 자는 기쁨으로 거두리로다"(시 126:5).

13
어둠의 나날들

세상과 지옥이 손을 잡고 나를 대적하나
내게는 전능하신 주가 계실 뿐
만유 위에 계신 예수 그리스도, 그분이 내 것일세
- W. T. 맷슨

그해 겨울 영국에서는 버거 씨가 중국의 작은 선교 사역에 몰아친 것보다 더 거센 태풍을 마주해야 했다. 양저우에서 일어난 폭동 소식에 영국 의회와 온 나라에 가히 믿기 어려울 정도의 비난 여론이 촉발되었던 것이다. 하지만 이는 잘못된 상황 파악에서 비롯된 것이었다. 사실을 오해한 영국 언론은 선교사들이 중국인들을 "대포와 총검으로 위협해" 억지로 개종시키려는 대대적인 노력을 펼쳤으며 그 과정에서 중국인들이 들고 일어나자 영국 함대의 보호를 요구했다고 보도했다. 그리고 하마터면 그 선교사들 때문에 영국과 중국 간에 전쟁이 터질 뻔했다고 신랄하게 비난했다. 두말할 나위 없이 허드슨 테일러와 그의 동료들은 이런 비판을 받을 만한 빌미를 제공한 일이 없었다. 오히려 중국 주재 영사관에서 양저우 폭동 사건을 선교사들의 예상이나 바람과 다른 방향으로 처리한 탓이었다. 영국 외무부의 지시 하에 움직였던 영사관 대표자들은 이 폭동 사건을 일종의 기회로 적극 활용하여 조약상의 권한을 확대하려고 발빠르게 움직였다. 하지만 영국 총영사의 합리적이라고도 할 수 있는 요구들이 수락되기 전, 영국 내각의 교체가 일어나는 바람에 중간에 여러 오해와 혼선이 빚어졌다. 테일러 부인은 남편의 짐을 덜어주기 위해 버거 씨 부부에게 편지를 써서 사건의 자초지종을 설명했다. 그리고 그녀가 내린 결론은 이랬다.

세상의 가혹한 판단은 가슴이 아프지만 그리스도인 형제들이 억울하게 비난을 받는 것에 대해선 더욱 고통스럽습니다. 우리가 생각하는 최선의 대응책은 우리 일을 계속해 나가는 것이며 그밖에 다른 모든 것은 하나님께 맡기자는 겁니다. 그러나 당신들은 우리가 어떻게 행했고 왜 그랬는지를 소상히 알아야 합니다. 사실을 말씀드리자면, 우리 선교사들은 영국 군대의 도움을 요청한 적이 없습니다. 영국 총영사인 메드허스트(Medhurst) 씨가 본국에 조약상의 권한 확대를 제안하며 이에 관한 언급을 했고, 이 내용을 잘못 이해한 러더포드 앨콕(Rutherford Alcock) 경에 의해 사건이 예기치 않은 방향으로 확대된 것입니다. 게다가 새로 들어선 내각은 지난 정부의 외무부가 실시한 정책으로 인해 여기 나와 있는 사람들을 엄격하게 통제합니다. 하지만 이런 구체적인 사실들을 언론에 지면으로 알리는 것은 바람직하지 않으리라 봅니다. 우리가 만약 모든 오명을 그들에게 돌리며 그들의 입장을 더 난처하게 만든다면 이는 지혜롭지 못하며 지금껏 여러 모로 보호와 지원의 손길을 아끼지 않은 그들에 대한 배은망덕한 처사가 될 것입니다.

양저우에 다시 들어온 뒤에도 한참 동안 이어진 태풍의 여파를 견뎌 내기 위해 할 수 있는 일이라곤 기도와 인내 외엔 없었다. 실제로 4개월 후 버거 씨는 세인트 힐에서 이런 편지를 보내왔다.

> 양저우 건은 상원에 회부되었습니다… 이번 일이 이 나라에서 어떤 반향을 초래하고 있는지 당신은 상상하기 어려울 겁니다. 그럼에도 이렇게 말할 수 있음이 하나님께 감사합니다. "내가 달려갈 길과 주 예수께 받은 사명 곧 하나님의 은혜의 복음을 증언하는 일을 마치려 함에는 나의 생명조차 조금도 귀한 것으로 여기지 아니하노라"(행 20:24). 나는 하나님께서 이 일로 우리를 부르셨음을 믿습니다. 이 일로부터 도망치거나 역경에 굴복하는 것은 우리가 갈 길이 아닙니다… 용기를 내세요, 전쟁은 하나님께 속한 것이니.

양저우 사건으로도 버거운데, 선교회 내부에 심각한 문제가 발생해 설상가상의 상황이 빚어졌다. 선교 초창기부터 분란을 일으키던 몇몇 사람들로 인해 내부의 분열이 극에 달했고 결국 그들에게 사임을 요구해야만 했다는 것이다. 안 그래도 많은 오해를 받고 있던 상황인데 내부의 문제까지 알려지면서 영국에서의 오해가 가중되었고, 버거 씨의 현명하고도 강력한 리더십에도 불구하고 선교회의 적잖은 후원자들이 지원을 중단했다. 이 사태와 언론의 비난 공세가 맞물리자 선교회의 재정 확보에 심각한 차질이 빚어졌다. 여기서 비롯된 크고도 허다한 시련이 선교회 지도자들을 압박했다.

폭동이 있고 얼마 후 허드슨 테일러가 쓴 편지글이다.

우리를 위해 기도해 주십시오. 하나님의 큰 은혜가 필요합니다. 우리는 매일같이 국적과 언어와 성향이 다른 수많은 사람들 사이에서 빚어지는 오해로 어려움을 당하고 있습니다. 이 상황에 대처하려면 얼마나 큰 인내와 관용과 신중한 언어선택이 요구되는지 상상하기 어려울 정도입니다. 제게 맡겨진 임무를 효과적으로 수행하는 데 요구되는 바른 관점, 명징한 판단력, 지혜와 온유, 오래참음, 확고한 목적 의식, 요동하지 않는 믿음, 그리스도를 닮은 사랑을 제게 허락하시도록 주님께 기도해 주십시오. 그리고 이제 이곳에서 막 시작 단계인 위대한 복음의 사역을 위한 넉넉한 자원과 동역자들을 보내주시기를 기도해 주십시오.

이 모든 소란 가운데서도 선교회의 소명인 개척자의 복음전도는 멈춤이 없었다. 양저우 사태가 채 잦아들기도 전에 허드슨 테일러는 대운하를 거쳐 북부 지방의 한 도시로 중요한 여행을 했다. 이곳은 북부 지방 진출의 전초기지가 될 만한 도시였다. 메도우즈 씨는 닝보에서의 사역을 다른 이들에게 맡기고 선발대를 이끌고 전장 서쪽에 위치한 내지 (인구가 2천만 명이나 되지만 개신교 선교사는 단 한 명도 없는) 안후이(Anhui)성으로 진출했다. 안후이는 그들 사역에서 최초의 내지로 평가되는 지역이었다.

그들은 인적, 물적 자원의 더 많은 확보를 위해 기도했지만 도리어 영국에서 오는 자금은 눈에 띄게 줄어들고 있었다. 그러나 그들은 예견하지 못했던 이 상황을 하나님은 미리 예비하고 계셨다. 이 사실이 그들의 용기를 북돋아 주었다. 고난을 허락하신 분께서 또한 그분만의 경이로운 방법으로 피할 길을 내셨던 것이다.

영국에 문자 그대로 공중의 새와 들의 백합만큼이나 가진 게 없었던 무일푼의 남자가 있었다. 그는 기도와 믿음을 통해 2천여 명의 고아들을 먹여 살렸으며 후엔 그 수를 갑절로 늘렸다. 1센트의 재산도 없이, 도와달라는 어떤 호소도 하지 않은 채, 오로지 하늘 아버지의 약속만을 의지하여 그분 외에는 누구에게도 자신의 필요를 알리지 않은 채, 조지 뮬러는 그렇게 하나님의 신실하심을 입증하고 있었다. 그리고 그의 믿음은 오랜 세월에 걸쳐 허드슨 테일러와 다른 많은 이들에게 자극제가 되었다.

브리스톨에 있던 이 하나님의 사람은 지상의 가장 어두운 곳에서 이루어지는 선교 사역에도 직접 참여하지 않고서는 성이 차지 않았다. 그는 중국을 비롯한 여러 나라에서 복음 전파에 쓰일 자원을 구하는 기도를 시작했다. 그리고 많은 어려운 상황에서도 주님의 도우심이 임하는 통로가 되었다. 마치 그에겐 특별한 방법으로 주님의 음성을 듣는 귀가 있는 것만 같았다. 주님은 다른 이들은 간과하거나 미처 도울 준비가 되어 있지 않지만 꼭 필요한 사역을 돕는 일에 그를 사용하시는 듯했다.

가령 양저우에서 폭동이 일어났을 때, 이 뉴스가 영국에 전해지기도 전에, 뮬러 씨의 마음에 중국내지선교회에 재정적인 지원을 보내야겠다는 생각이 들었다. 그는 이미 이 선교회의 후원자였지만 폭동 발생 하루 이틀 후 버거 씨에게 선교사들을 위해 추가로 선교비와 기도로 지원을 하고 싶다는 의사를 밝혀왔다. 버거 씨는 여섯 명의 이름을 추가로 보내며 그 중 하나를 고르라고 했다. 그는 여섯 명을 전부 선택했다.

그리고 일년 후 중국에서 자금 부족의 어려움을 가장 체감하고 있을 시점에 뮬러 씨는 다시금 편지를 보내왔다. 지원을 더 늘리고 싶다는 내용이었다. 그 편지가 배달되는 동안 허드슨 테일러는 12월분의 송금을 한 후 사역자 한 명에게 이런 편지를 보냈다.

이번 (재정)년도의 상반기 동안 1천 파운드가 넘는 기부금이 덜 들어왔습니다. 이제는 요리사를 쓰지 않기로 했습니다. 매달 1인당 1달러에 식당에서 조리된 음식을 가져오는 게 더 저렴하다고 판단했으니까요… 우리의 사역이 위축되지 않도록 재정 조달을 위해 믿음으로 기도합시다.

허드슨 테일러에겐 그의 일상에서 안락함을 포기하는 것은 큰 일이 아니었지만 "우리의 사역이 위축"되는 것은 결코 작지 않은 일이었다. 그러나 하나님께 감사하게도 사역을 축소시키는 일은 하지 않아도 되었다! 그 해가 가기 전 뮬러 씨의 편지가 그의 손에 들어왔다.

친애하는 형제님, 중국에서 형제님과 동역자들이 감당하는 주님의 사역은 점점 더 제 마음에 큰 자리를 차지하고 있습니다. 그래서 기도뿐 아니라 물질로도 점점 더 많이 도울 수 있기를 간구하고 있었습니다. 요근래 당신과 함께하는 사랑하는 형제 자매들에게 금전적 지원을 추가해야겠다는 소망이 강하게 일었습니다. 제가 특별히 바라는 바는 이것입니다. 제가 그분들에게 개인적으로 관심을 가지고 있다는 점을 그분들이 아셨으면 합니다. 그리고 주님께서 저의 소망을 들어주셨습니다.

편지와 함께, 이전에는 뮬러 씨의 지원 대상에 포함되지 않았던 선교회의 다른 모든 선교사들을 위한 11장의 수표가 동봉되었다. 함께 전달된 버거 씨의 편지도 있었다.

뮬러 씨는 숙고 후 중국내지선교회에 소속된 형제 자매 전원의 명단을 요청하셨습니다. 어떤 장애물이 생기지 않는 한… 각 사람에게 능력이 되는 대로 도움을 보내는 것이 좋겠다는 것이 뮬러 씨의 생각입니다. 분명 주님은 우리의 자금사정이 열악해질 것을 아셨고 그분의 귀한 종에게 도울 마음을 불어넣으셨습니다.

비단 돈만 제공하는 것이 아니라 기도로 충만한 이런 사람의 관심이 있었기에 그의 기부금은 선교회에 큰 격려가 되었다.*

뮬러 씨가 선교사들에게 쓴 편지글이다.

이 편지를 쓰는 주된 목적은 주 안에서 여러분을 사랑한다는 것을 전하고자 함입니다. 저는 중국에서 이루어지는 주님의 사역에 깊은 관심을 가지고 있으며 날마다 여러분을 위해 기도합니다.

날마다 역경과 시련과 환난과 낙담 가운데 있는 여러분의 심정을 헤아리는 사람이, 주 앞에서 여러분을 기억하는 사람이 한 명 더 있다는 소식을 들으면 좀 격려가 되지 않을까 생각했습니다. 그러나 저 같은 사람이 없어도, 심지어 여러분을 돌아볼 사람이 아무도 없더라도 (혹은 그렇게 느껴진다고 해도) 여러분에겐 늘 주님이 함께 계십니다. 로마에서 바울이 처했던 상황을 기억하십시오(딤후 4:16-18).

---

* 향후 수년간 조지 뮬러는 연간 1만 달러에 달하는 돈을 기부했다. 그 총액은 양저우 폭동 이후 감소한 선교회의 수입과 동일한 금액이었다.

주님을 기대하십시오, 주님을 바라보십시오, 주님을 의지하십시오. 여러분이 주님과 함께 걸으며 그분을 바라보며 그분으로부터 도움을 기대한다면 그분은 여러분을 결코 실망시키지 않으실 것을 확신하십시오. 주님은 44년간 그분을 알아온, 이 편지를 쓰는 더 나이든 형제를 한 번도 실망시키신 적이 없습니다. 이 이야기를 하는 것은 여러분을 격려하기 위함입니다. 극심한 역경 속에서, 엄중한 시련 속에서, 밑바닥의 가난과 궁핍 속에서 주님은 한 번도 저를 실망시키신 적이 없었습니다. 우리 주님의 은혜로 말미암아 그분을 신뢰할 수 있었고 주님은 항상 환난 날의 도움으로 나타나셨습니다. 주님의 크신 이름을 이렇게 증거를 할 수 있어서 무엇보다 기쁠 따름입니다.

이런 격려를 누구보다 절실히 필요로 했던 사람은 다름 아닌 허드슨 테일러 자신이었다. 이상하게 들릴지 모르겠지만 양저우 폭동 이후 발생한 여러 문제들은 내적 환난에 비하면 가벼운 것이었다. 영적 기쁨과 안식이 짓눌린 데에는 어쩌면 외적 상황의 스트레스도 일조했을 것이다. 그러나 얼마 후 더 깊은 체험을 한 후부터는 아무리 큰 시험도 주 안에서 누리는 기쁨에 먹구름을 드리우지 못했다.

"얼마나 큰 압박감이 있는지는 실상 문제가 되지 않아요."라고 그는 말하곤 했다. "압박감이 어디에 있는지만이 문제가 되죠. 압박감이 당신과 주님 사이에 있지 않도록 주의하세요. 그게 아니라면, 압박감이 클수록 더 주님의 품으로 파고들게 될 거예요."

그러나 그때는 그 이후의 삶을 너무나도 찬란하게 만들었던 이 비밀을 미처 알기 전이었다. 그랬기에 내면의 곤고함과 암담함에 사로잡히는 시간이 많았다. 허드슨 테일러가 어머니에게 쓴 편지글이다.

저를 위해 기도해 달라고 종종 부탁드렸죠. 제가 그렇게 부탁드릴 땐 그만큼 간절하기 때문입니다. 지금처럼 기도가 절실히 필요한 때도 없는 것 같아요. 날마다 많은 이들로부터 미움과 멸시를 받고 제가 알지도 못하는 일과 아무 상관도 없는 일로 비난을 당합니다. 또한 선교사의 오래된 관행을 파괴하는 자로 비아냥거림을 받고, 이교도의 오류와 미신 체계에 맞선다는 목적으로 전례 없는 방식으로 그것도 조력자조차 없이 일한다는 부정적인 시선을 받고, 그것 때문만은 아니지만 자주 몸이 아프고 마음은 당혹스럽고 민망한 상황에 종종 부딪힙니다. 주님이 저에게 특별한 은혜를 베풀어주시지 않았다면, 이 사역이 주님의 것이며 그분이 문자 그대로 "갈등의 한복판"에서 나와 함께 계시다는 확신이 없었더라면 제 마음은 버티지 못하고 틀림없이 무너졌을 겁니다. 그러나 전쟁은 여호와께 속했고 그분이 승리하실 것이라 믿어요. 우리는 실패할 수 있지만 (실제로 늘상 실패하고요) 그분은 결코 실패하지 않아요. 그래도 제겐 그 어느 때보다 어머니의 기도가 필요합니다.

제가 맡은 책임은 점점 더 막중해지며 그것을 감당할 특별한 은혜에 대한 필요는 점점 더 커집니다. 그러나 저의 소중한 인도자이신 예수님을 너무도 멀찍이 따라가는 제 모습이 부끄럽고, 그분을 본받기에는 너무 더딘 제 모습에 안타까움이 끊이질 않습니다.

때로는 제가 얼마나 유혹에 잘 넘어지는 존재인지 말씀드릴 수 없을 정도예요. 제가 얼마나 나쁜 심성의 소유자인지 이전엔 결코 몰랐어요. 그러나 제가 하나님을 사랑하며 그분의 일을 사랑한다는 것은 진실이에요. 범사에 그분만을 섬기기를 갈망하는 것도 진실이고요. 무엇보다도 나를 받아주실 유일한 분을 가장 귀하게 여긴다는 것도 진실이고요. 종종 이렇게 죄악으로 관영한 사람은 하나님의 자녀가 될 수 없다는 생각에 빠져요. 그러나 그런 생각을 떨쳐버리려고 애쓰며 예수님의 존귀함과 사랑으로 우리를 품으신 그 풍성한 은혜 안에서 더 기뻐하려고 해요. 사랑하시는 그분은 하나님께 속했으니 우리 또한 주님의 사랑을 받을 것이에요. 그러나 아, 여기서도 제가 얼마나 못난 존재인지요! 하나님께서 저를 도우셔야만 더욱 주님을 사랑하고 더 잘 섬길 수 있을 거예요. 그러니 저를 위해 기도하기를 부디 잊지 말아 주세요. 주님이 저를 죄로부터 지키시고 온전하게 하셔서 그분을 섬기는 일에 더 크게 쓰임 받도록 기도해 주세요.

오랜 시련과 갈등을 견디며 마침내 중국으로 자신을 이끈 큰 믿음이 있었음에도 불구하고, 허드슨 테일러는 엄청난 압박과 상실을 겪으면서 결국 자신은 이 일을 감당하기에 너무 부족하며 하나님께서 자신의 삶 가운데 강력하게 개입해 주셔야 함을 절실히 깨닫게 되었다.

"성령은 그리스도로 갈급한 심령을 채우기 위함이 아니면 결코 의에 주리고 목마르게 하지 않는다."

"십자가에 못박힌 예수님을 의지하는 믿음은 죄인이 평강을 얻는 길이다. 그러므로 부활하신 예수님을 신뢰하는 믿음은 성도가 날마다 구원을 얻는 길이다."

"너는 전적으로나 부분적으로나 너 자신의 구원자가 될 수 없다."

14
변화된 삶

내 안에 주님이 거하시네
내가 주 안에 주가 내 안에
이제부터 영원까지
내 텅빈 심령을 그가 채우시네
-H. 보나르

어머니께 기도를 요청하는 편지를 보내고 6개월 후, 돛단배를 타고 대운하를 따라 북부로 향하는 허드슨 테일러에겐 새롭게 발견한 기쁨이 흘러넘치고 있었다. 양저우에선 저드(Judd) 선교사가 그의 벗이자 동역자인 허드슨 테일러의 복귀를 고대하고 있었다. 하지만 그가 너무나도 잘 아는 테일러 내면에 일어난 격변은 전혀 예상하지 못했다. 인사를 채 마치기도 전에 허드슨 테일러는 뒷짐을 지는 그 특유의 자세로 탄성을 지르며 방을 이리저리 거닐면서 자기가 겪은 바를 이야기했다.

"오, 저드 형제, 하나님께서 나를 새 사람으로 만드셨어요! 하나님은 나를 새 사람으로 만드셨어요!"

그가 겪은 변화는 하나님께 간구한 기도의 응답이었으며, 경이롭지만 너무 단순해서 뭐라 딱히 말로 설명하기 어려웠다. 오래전 그가 자신이 구원받은 사실을 문득 깨달았던 날과도 비슷했다. "내가 알지 못하나 한 가지 아는 것은 내가 맹인으로 있다가 지금 보는 그것이니이다"(요 9:25).

전장에서 허드슨 테일러를 기다리는 편지 꾸러미 속에는 항저우의 옛 집에서 존 맥카티 선교사가 보낸 편지도 있었다. 맥카티 선교사 역시 장엄한 일출의 광선이 그에게 쏟아지듯, 만물을 새롭게 하는 빛으로 내면의 변화를 겪었다. 그는 자신에게 일어난 일을 허드슨 테일러에게 몹시도 전하고 싶었다. 그 즈음 자신의 친구가 안팎으로 시련을 겪고 있음을 잘 알았기 때문이다. 그러나 어디서부터 이야기를 시작해야 할지, 어떻게 표현해야 할지 난감했다.

맥카티 선교사가 쓴 편지글이다.

지금 형제를 만나서 거룩함에 이르는 길에 관해 이야기를 나눌 수 있다면 좋겠어요. 형제가 내게 이 주제에 관해 이야기했을 때, 나 역시 온통 머릿속에 그 생각뿐이었거든요. 책에서 읽은 내용이 아니라… 패배감에서 비롯된 생각이었죠. 그러니까, 내가 목표로 삼아야 할 기준에 끊임없이 미달하고 있다는 생각, 불안감, 어떨 때는 너무나도 실제적이지만 대개는 뜬구름을 잡는 것 같거나 너무 멀게 느껴지는(!) 주님과의 소통과 교제를 지속적으로 누릴 수 있는 어떤 방법을 찾으려고 무던히도 애를 썼어요.

그거 아세요? 지금 생각해 보니 더 좋은 날이 오기를 바라며 안간힘을 쓰고 갈망하는 것은 거룩이나 행복, 쓰임받는 삶에 이르는 바른 길이 아니라는 거예요. 물론 이게 형편없는 수준에서 자족하는 것보다는 나은 건 틀림없지만, 최상의 방도는 아니라는 거죠. 나는 <전부이신 그리스도(Christ Is All)>라는 책에서 읽은 몇몇 문구에 충격을 받았어요. 이런 내용이었어요.

"주 예수님을 영접하는 건 거룩의 시작이다. 주 예수님을 존귀히 여기는 것은 거룩의 진보이다. 주 예수님이 결코 나를 떠나지 않으실 것을 신뢰하는 것은 거룩의 완성이 될 것이다…"

"내면에 그리스도를 가장 많이 소유한 자, 주님이 다 이루신 일로 가장 온전하게 기뻐하는 자가 가장 거룩한 자이다. 우리의 발목을 잡고 많은 이들을 넘어뜨리는 것은 실은 부족한 믿음 때문이다."

나는 이제 이 마지막 문장이 완벽하게 수긍이 됩니다. 나의 사랑하는 구세주가 내 속에서 그 분의 뜻을 이루시고 나의 성화를 이루도록 일하시게끔 내버려두는 것이죠. 이것이 주의 은혜로 내가 추구해야 할 삶이에요. 애쓰거나 분투하는 게 아니라 거하는 것(abiding), 주님께 시선이 머무르게 하는 것, 언제나 능력을 주실 주님을 신뢰하는 것… 전능한 구세주의 사랑 안에, "모든 죄로부터의" 완전한 구원 안에서 안식을 누리는 것. 이것은 새로운 건 아니지만, 나한테는 새로운 것이었어요. 마치 영광스런 날의 서광이 내게 비춘 듯한 느낌이었거든요. 떨림으로, 그러나 신뢰함으로 이 서광을 맞았지요. 이제 겨우 언저리에 도달한 느낌이지만, 이건 망망대해의 언저리지요. 단지 몇 모금 마신 것뿐이지만 완전한 만족에 이르는 뭔가를 마신 것과 같아요. 말그대로 그리스도가 내게 전부인 것 같이 느껴져요. 그러니까 그리스도가 나의 능력이며, 섬김을 위한 유일한 능력이며, 변함없는 기쁨의 유일한 근거라는 거예요…

그렇다면 어떻게 우리의 믿음을 키울 수 있을까요? 유일한 길은 예수님에 관한 모든 것, 우리에게 예수님이 어떤 존재인지를 묵상하는 거예요. 그분의 삶, 그분의 죽음, 그분의 사역, 말씀 속에 계시된 그분 자신… 이것이 끊임없이 우리 생각의 원천이 되게 하는 거죠. 믿음을 가지기 위해 안간힘을 쓰는 게 아니라… 신실하신 한 분에게만 시선이 머무르게 하는 게 우리가 해야 할 전부인 거죠. 지금 그리고 영원토록 전적으로 하나님이 사랑하시는 아들 안에서 안식을 누리는 겁니다.

어떻게 기적이 일어났는지 우리는 알지 못한다. 그러나 "맥카티 형제가 보낸 편지를 읽을 때 모든 걸 깨달았다"라고 허드슨 테일러는 적었다. "나는 예수님을 바라보았고 내가 그분께 시선을 고정시키자, 아, 얼마나 기쁨이 임하던지!"

저드 선교사가 기록한 내용이다.

허드슨 테일러는 기쁨이 넘치는 밝고 행복한 그리스도인이다. 이전엔 힘겹게 수고하고 무거운 짐진 자였고 요근래엔 영혼의 안식을 별로 누리지 못했다. 하지만 이젠 예수님 안에서 안식하며 주님이 일하시도록 맡기고 있다. 이걸로 모든 것이 뒤바뀌었다. 이런 변화를 겪은 후 모임에서 그가 메시지를 전할 때면 새로운 능력이 흘러나오는 듯했고, 일상에서도 새로운 평안이 그를 주장하는 듯했다. 그는 예전처럼 더 이상 문제를 가지고 근심하지 않았다. 그는 모든 것을 새로운 방식으로 하나님께 의탁했으며 더 많은 시간을 기도에 드렸다. 밤늦게까지 일하지 않고 일찍 잠자리에 들었고 오전 5시에 기상하여 하루 일과를 시작하기 전 (종종 두 시간씩) 성경공부와 기도에 시간을 들였다.

허드슨 테일러의 삶에 변화가 찾아왔다. 실제로 "이제는 내가 사는 것이 아닌"(갈 2:20) 삶이 시작된 것이다. 6개월 전 그는 이런 글을 썼다. "그러나 저의 소중한 인도자이신 예수님을 너무도 멀찍이 따라가는 제 모습이 부끄럽고, 그분을 본받기에는 너무 더딘 제 모습에 안타까움이 끊이질 않습니다." 이제는 본받겠다는 생각이 사라졌다! "오직 내 안에 그리스도께서 사시는 것이라"(갈 2:20). 이것이 복된 현실이 된 것이다. 얼마나 큰 차이가 있는지! 종속이 아닌 자유가, 실패가 아닌 조용한 승리가 내면에 자리했다. 두려움과 연약함이 아니라 주님 한 분만으로 충분하다는 안식의 마음이었다. 너무도 뚜렷하게 건지심을 경험한 나머지, 그날 이후로 허드슨 테일러는 어디를 가든 이 소중한 비밀을 허기진 영혼들에게 쉽게 풀어서 설명해 주었다. 오늘날에도 이런 도움을 필요로 하는 허기진 영혼들이 너무 많기에 우리는 이 주제에 관해 그가 쓴 편지 중 하나를 꽤 길게 인용하고자 한다. 열 자녀를 둔 대가족의 어머니로서 매우 현실적인 부담에 쫓겼던 누이 브룸홀(Broomhall) 부인에게 쓴 편지다.

누나의 귀한 장문의 편지에 너무 고마워… 우리가 중국으로 돌아간 이후 이런 편지를 누나가 내게 보낸 건 처음인 것 같아. 나도 알고 있어. 우리 두 사람 모두 마음이 없었던 게 아니라 여건이 안 되었다는 것을 말야. 사람의 몸과 정신은 일정 수준 이상의 스트레스나 업무를 제대로 감당해 내기 어렵거든.

일에 관해서라면, 지금처럼 일이 넘치고 책임이 막중하고 어려운 적도 없었어. 하지만 중압감과 스트레스는 이제 다 사라졌어. 어쩌면 지난 달, 아니 최근 몇 달은 내 인생에서 가장 행복한 시기였어. 그래서 주님이 내 영혼을 위해 베푸신 일을 누나와 나누고 싶은 마음이 간절해. 나에게 일어난 일을 어떻게, 어느 정도까지 이해시킬 수 있을지는 모르겠어. 뭔가 새롭거나 기이하거나 경이로운 일이 일어난 게 아니라서 말이야. 하지만 모든 게 새로워진 건 분명해! …

어쩌면 그 이전 이야기를 하면 좀 이해가 쉽지 않을까 싶어. 사랑하는 누나. 지난 6-8개월간 내 마음은 굉장히 힘들었어. 개인적으로 그리고 내 지선교회를 위해 우리 영혼에 더 많은 거룩함과 생명력과 능력이 필요하다고 느꼈고, 하나님과 멀어진 삶의 감사치 않음과 위험과 죄성을 여실히 느끼고 있었어. 나는 기도했고 고뇌했고 금식했고 분투했고 작심했고 더 부지런히 말씀을 읽었고 묵상 시간을 늘렸지. 그러나 다 소용이 없었어. 날마다, 거의 매시간, 죄의식이 나를 짓눌렀어.

그저 그리스도 안에 거하기만 한다면 모든 것이 괜찮아지리라는 걸 알았지만 그게 안 되었던 거야. 기도로 하루를 시작하며 한순간도 주님께로부터 시선을 돌리지 않으리라 단단히 마음 먹었지만 여러 책무의 압박감이 나를 짓눌렀고, 때로는 매우 힘겹고 끊임없는 방해로 소진되며 주님을 망각하게 되었어. 이런 환경에서는 신경이 너덜너덜해져서 짜증과 강퍅한 생각이 일어나고 때로는 모진 말의 유혹을 다스리기가 어려워져. 매일 그날 분량의 죄와 실패와 무능력을 채웠다는 후회뿐, "원함은 내게 있으나"(롬 7:18) 어떻게 실천할지를 몰랐던 거야.

그때 떠오른 질문이 있었어. 여기서 헤어나올 방법은 없을까? 이런 상태로 끝까지 가야 한다는 건가? 이렇게 계속 갈등하며 너무 자주 패배하면서? 내 자신의 경험은 그렇지 못한데, 어떻게 진지하게 예수님을 영접하는 사람들에게 "하나님의 자녀가 되는 [하나님을 닮아가는] 권세를 주셨으니"(요 1:12)라고 설교할 수 있겠어? 점점 더 강건해지기는커녕 나는 되려 점점 더 약해지며 죄에 대해 더 힘을 잃어가는 듯했어. 그리고 믿음과 심지어 소망까지 떨어지고 있었으니 당연한 결과였지. 나는 내 자신이 싫었어. 내 죄가 싫었지만, 죄를 다스릴 어떤 힘도 얻지 못했어. 내가 하나님의 자녀라는 건 알았어. 이 모든 것에도 불구하고 내 마음속 깊은 곳에선 "아바, 아버지"라고 부르짖었으니까. 그러나 자녀로서의 내 특권에 걸맞는 삶을 살기에는 나는 전적으로 무능력했어.

나는 은혜라는 수단을 부지런히 사용하면 거룩에, 실제적인 거룩에 서서히 도달할 수 있을 거라고 생각했어. 나는 무엇보다도 거룩을 획득하길 갈망했고 내게 가장 필요한 것도 거룩이었어. 그러나 어느 모로 보나 거룩을 달성하기는커녕, 거룩을 얻으려고 안간힘을 쓸수록 내 손아귀를 빠져나가는 거야. 마침내 거룩해지려는 소망조차도 사그러들었을 때 나는 이런 생각을 하기 시작했어. 어쩌면 천국을 더 감미로운 곳으로 만들기 위해 하나님은 여기 이 땅에서는 거룩을 허락하시지 않는 게 아닐까. 내 자신의 힘으로 거룩을 획득하려고 애썼던 것 같지는 않아. 내가 전적으로 무능함을 스스로 알고 있었으니까. 나는 주님께 이 사실을 아뢰었고 내게 도우심과 힘을 달라고 구했어. 때로는 주님이 나를 지키시고 높이시리라고 믿었지만 저녁이 되어 하루를 돌아보면… 맙소사! 온통 하나님 앞에 고백하고 애통해야 할 죄와 실패 투성이였지.

이것이 단지 길고도 피로했던 지난 몇 달간의 경험에 국한된다는 인상을 받지는 않았으면 해. 내 영혼은 너무 자주 이런 상태에 빠졌고 거의 늘 결론은 절망이었지. 그러나 그리스도가 이때보다 더 소중하게 여겨진 적은 없었어. 이런 죄인을 구하시려는 뜻과 구하실 능력이 있으신 주님!… 그리고 때때로 평안뿐 아니라 주 안에서 기쁨을 누리기도 했어. 하지만 이런 시기는 잠깐뿐이었고 내게 남은 건 기껏해야 서글픈 무력감이 전부였지. 아, 이 갈등을 끝내주신 주님은 얼마나 좋은 분인지!

나는 항상 그리스도 안에 내가 필요로 하는 모든 것이 있다는 확신을 가졌어. 하지만 실제적인 질문은, 어떻게 이걸 밖으로 끌어내느냐는 거였지. 그분은 진실로 부요했지만 나는 가난했어. 그분은 강하셨지만 나는 약했지. 뿌리와 줄기 안에 풍성한 부요가 있음을 익히 잘 알고 있었지만 어떻게 그걸 내 보잘것없는 잔가지 속으로 가져올 것인가가 문제였지. 서서히 서광이 비치기 시작하면서 믿음만이 유일한 요구조건이라는 점이, 그분의 충만함에 손을 얹고 그것을 내 것으로 만들 유일한 방법이라는 점이 깨달아졌어. 그러나 내겐 이 믿음이 없었어.

나는 믿음을 얻기 위해 애썼지만 믿음은 내게 오지 않았어. 믿음을 경험하려고 시도했지만 헛수고였지. 예수님 안에 파묻힌 놀라운 은혜의 보고를 더 많이 발견할수록, 소중한 구주의 충만함을 바라볼수록, 나의 죄책감과 무기력은 더 커지는 것 같았어. 내가 범한 여러 죄들은 그 근본원인인 불신앙의 죄에 비하면 사소한 것이었어. 불신앙은 하나님의 말씀을 액면 그대로 받아들이지 않으며, 사실상 그럴 수도 없고 하나님을 거짓말쟁이로 만들지! 불신앙이야말로 세상을 멸망케 하는 궁극의 죄라고 나는 느꼈어. 그러나 나는 무력하게 그 죄에 젖어 있었지. 나는 믿음을 달라고 기도했지만 응답은 오지 않았어. 대체 뭘 해야 하지?

내 심령의 고통이 최고조에 달했을 때 하나님은 사랑하는 맥카티 형제가 보낸 편지의 한 문장을 사용하셔서 내 눈의 비늘을 벗기셨어. 하나님의 성령은 우리가 예수님과 하나되는 진리를 내가 이전엔 한번도 경험하지 못한 방식으로 내게 계시해 주셨어. 나와 동일하게 실패감으로 괴로워했지만 나보다 먼저 그 빛을 발견한 맥카티 형제는 이렇게 썼어. [기억나는 대로 인용할게]

"그러나 어떻게 믿음을 강화할까요? 믿음을 찾아 애쓰는 게 아니라 신실한 주님 안에서 안식하면 됩니다."

그 글을 읽을 때 모든 걸 깨달았어! 내가 날마다 바라보는 그 예수님이 어떤 분이신지. "우리는 미쁨이 없을지라도 주는 항상 미쁘시니"(딤후 2:13). 그리고 내가 날마다 앙망하는 그 주님이 뭐라고 약속하셨는지도 말야. "내가 결코 너희를 버리지 아니하고 너희를 떠나지 아니하리라"(히 13:5). 아, 얼마나 기쁨이 흐르던지! "내가 결코 너희를 떠나지 아니하리라."

'아, 거기에 안식이 있구나!'라고 나는 생각했어. 나는 헛되게 주님 안에 머무르려고 애썼지. 이제 더 이상 애쓰지 않기로 했어. 왜냐하면 주님이 나와 함께 계시겠다고 약속하셨거든. 결코 나를 떠나지 않겠다고, 결코 나를 버리지 않겠다고 말야. 그리고, 사랑하는 누나, 그분은 결코 그러지 않으실 거야.

이게 주님이 나에게 보여주신 전부가 아니야. 반도 못 되지. 내가 포도나무와 가지를 생각했을 때 성령이 내게 빛을 비춰주셨어. 이제껏 주님으로부터 생명의 즙을, 충만함을 추출해 내고자 했던 나의 노력이 얼마나 큰 패착이었는지 깨닫게 하셨지. 예수님이 결코 나를 버리거나 떠나지 않을 것임을 깨달았을 뿐 아니라 내가 그분과 완벽하게 연결된 한몸의 일부분임을 새삼 깨닫게도 된 거지. 포도나무는 단지 뿌리만이 아니라 전부가 포도나무야. 뿌리이자 줄기이자 가지이자 잔가지이자 잎이자 꽃이자 열매지. 그리고 예수님은 비단 이것만이 아니야. 그분은 흙이자 햇볕이자 공기이자 단비이자 우리가 꿈꾸며 소원하고 필요로 하는 것의 일만 배나 되는 존재셔. 오, 그 진리를 발견하자 내 안에 넘쳐나던 기쁨이란! 누나에게도 내게 일어난 것과 동일한 기적이 일어나기를 기도할게. 성령께서 빛을 비춰주심으로 누나의 눈이 밝게 뜨이고 그리스도 안에서 우리에게 거저 주어진 안식의 풍요를 누리기를 바랄게.

오, 사랑하는 나의 누나, 다시 사시고 승귀하신 구주와 참으로 하나가 된다는 건, 그리스도의 일부분이 된다는 건 놀라운 일이야. 이게 뭘 의미하는지 생각해 봐. 그리스도가 부요한데 나는 가난할 수 있는가? 네 오른손이 부요한데 왼손이 가난할 수 있나? 아니면 네 몸은 굶주리는데 머리는 풍부한 영양을 공급받을 수 있는가? 다시금 이게 기도에 뭘 의미하는지 생각해 봐. 은행 직원이 고객에게 이렇게 말할 수 있을까? "이 수표를 쓴 것은 당신이 아니라 당신의 손일 뿐입니다." 아니면 "당신의 손에게는 안되지만 당신 자신에게는 이 돈을 지불할 수 있습니다"라고 할 수 있을까? 우리의 기도가 예수님의 이름으로 드려진다면 [즉, 단지 예수님을 위해서가 아니라 우리가 그분께 속해 있으며 그분의 일부라는 점에 근거하여 드려진다면], 우리가 그리스도의 신용 한도 내에 머무르는 한 (얼마나 큰 한도인지!) 우리의 기도는 외면당할 수 없는 거야. 우리가 뭔가 비성경적인 것을 구한다면, 하나님의 뜻에 부합하지 않는 것을 구한다면, 그리스도는 그 일을 들어주실 수 없겠지. 그건 너무 당연한 거야. 그러나 "그의 뜻대로 무엇을 구하면 들으시고… 우리가 그에게 구한 그것을 얻은 줄을 또한 아느니라"(요일 5:14-15).

가장 좋은 점은 (좋은 것에도 차등이 있다면) 그리스도와의 온전한 하나됨이 가져다주는 안식이야. 이 점을 깨닫게 되면서 나는 이제 더 이상 뭔가에 관해 안절부절하지 않게 되었어. 왜냐하면 그분이 자신의 뜻을 결단코 실행하실 뿐 아니라 그분의 뜻이 곧 나의 뜻임을 알았거든. 그분이 나를 어디에, 어떻게 갖다놓으시든 그건 문제가 되지 않아. 그건 내가 아니라 그분이 고민할 문제이지. 왜냐하면 가장 쉬운 형편에서도 그분은 그분의 은혜를 나에게 주셔야 하고, 가장 어려운 형편에서도 그분의 은혜로 족할 테니까. 내가 종에게 값싼 물건을 사오라고 하든 값비싼 귀중품을 사오라고 하든 종에겐 별 차이가 없어. 어느 경우든 나에게 돈을 받아다가 물건을 사올 테니까. 그러므로 만약 하나님이 나를 심각한 난관에 처하게 하신다면 응당 많은 인도함을 제공하시지 않겠어? 큰 역경 중엔 큰 은혜를, 큰 압박과 시련 중엔 큰 능력을… 그러니 비상시에 그분의 자원이 동이 날 것을 두려워하지 마! 그리고 그분은 나의 것이기 때문에, 나와 함께 하시고 내 속에 살고 계시기 때문에 그분의 무한한 자원은 또한 나의 것이지.

그리스도가 내 안에 거주하신 이후 나는 얼마나 행복해졌는지 몰라! 누나에게 이 기분을 글이 아닌 말로 전달할 수 있으면 좋겠다. 나는 이전보다 나아진 게 없어. 어떤 의미에서는 더 나아지려고 하지 않으며 그러려고 애쓰지도 않아. 그러나 나는 죽었고 그리스도와 함께 장사되었어. 아니, 그리고 함께 다시 살아났지! 이제 그리스도는 내 안에 사시고 "이제 내가 육체 가운데 사는 것은 나를 사랑하사 나를 위하여 자기 자신을 버리신 하나님의 아들을 믿는 믿음 안에서 사는 것이라"(갈 2:20) …

이제 글을 맺어야겠어. 시간이 더 있다면 더 하고 싶은 말이 많고, 아직 하고 싶은 말을 절반도 못했지만 말이야. 하나님께서 누나를 인도하셔서 이 복된 진리를 붙들게 하시길 바랄게. 우리는 계속 이렇게 말해선 안돼. "네 마음에 누가 하늘에 올라가겠느냐 하지 말라 하니 올라가겠느냐 함은 그리스도를 모셔 내리려는 것이요"(롬 10:6). 달리 말하면, 하나님이 우리를 주님과 하나되게 하셨고, 그분의 몸의 일부가 되게 하셨는데, 주가 저 멀리 계시다고 생각해선 안 된다는 거야. 아울러 이 경험이, 이 진리가 소수만을 위한 것이라고 간주해서도 안돼. 이건 모든 하나님의 자녀에게 허락된 특권이며 이것 없이는 우리는 모두 주님의 이름을 더럽힐 수밖에 없어. 우리를 죄에서 건져내거나 참된 섬김으로 이끄실 유일한 능력은 오직 그리스도께 있어.

그리고 할 일 많은 어머니인 누이 역시 믿음의 안식에 들어섰을 때 깨달았듯이, 이 모든 것은 너무도 단순하면서도 실제적이었다!

"그런데 그리스도 안에 거하는 것을 항상 의식하십니까?" 수년 후 허드슨 테일러에게 누군가 물었다.

"어젯밤 자는 중에 제가 집에 거한다는 사실을 의식하지 못했다고 해서 거하지 않은 것은 아니겠죠? 우리는 잠깐이라도 그리스도 안에 거하지 않는다고 생각할 필요조차 없습니다."

    나는 변하나 주는 변하지 않으신다
    그리스도는 결코 죽을 수 없으시다
    내가 아니라 진리이신 그분만이 안식하게 하신다
    내가 아니라 사랑이신 그분만이 나를 붙드신다

15
영원히 목마르지 아니하리라

> "다음은 뭐지?" 나는 묻지 않으련다
> 눈물과 두려움과 슬픔은 찾아오겠지
> 그런 다음 사랑의 구주가 다가오셔서
> 말씀하시겠지, "내일 일은 내가 책임지리라."
> – 허드슨 테일러

그후 수개월, 수년이 흘렀고, 이 깨달음은 시간의 시험대를 통과했다. 불만족의 나날은 결코 돌아오지 않았다. 곤고한 심령이 그리스도의 충만함으로부터 분리되는 일은 다시 일어나지 않았다. 그 어느 때보다도 깊은 성찰을 요하는 여러 시련이 찾아왔지만, 이 모든 것 속에서 주님의 충만하신 임재로부터 솟아나는 기쁨이 막힘없이 흘러나왔다. 허드슨 테일러는 '영혼의 안식'의 비밀을 찾았던 것이다. 이 비밀한 경험 속에서 그는 주 예수님과 그분이 우리를 위해 하실 수 있는 모든 일에 대한 더 풍성한 이해와 더 온전한 내려놓음에 도달했다. 그렇다! 허드슨 테일러는 그분께 자기를 온전히 내어드린 것이다.

그리스도에게 항복하고 온전히 자기를 내어드린다는 것에 관해선 오랫동안 알고는 있었지만 이것은 그 이상이었다. 이것은 새로운 차원의 순복이었다. 기꺼이, 그리고 거리낌 없이 자아와 자신의 모든 것을 그분께 내어드리는 것을 의미했다. 주님이 강하게 요구하시면 어쩔 수 없이 이러저러한 것을 포기하겠다는 차원이 아니었다. 이것은 크고 작은 모든 것들을 겪을 때마다 충만한 기쁨을 누리면서도, 그분이 뜻하시는 것이 그분의 자녀인 우리를 위한 최상의 선택임을 신실함과 사랑으로 받아들이는 것을 의미했다. 그리고 주님의 뜻이 이루어지는 모든 순간마다 항상 기쁨으로 반응하는 것이다. 이런 변화를 기점으로, 뒤이은 무더운 여름날의 온갖 시련은 하나님의 은혜가 승리하는 시간이 되었고, "눈물의 골짜기로 지나갈 때에 그곳에 많은 샘이 있어"(시 84:6) 지금까지도 풍요롭게 흐르는 복된 강이 되었다.

톈진 학살(1870년)*로 귀결된 위태로운 소요 사태 이전에도 테일러 부부는 하나님의 뜻 가운데 개인적인 슬픔을 겪어야 했다. 어느 시점이 되니 자녀들과의 이별을 더 이상 미룰 수 없게 되었다. 중국에는 그들의 교육을 감당할 마땅한 학교가 없었고 오늘날과 같이 여름 무더위를 피할 휴양지도 없었다. 낯선 기후와 궁핍이 아이들의 건강을 조금씩 갉아먹고 있었다. 이미 중국의 흙으로 덮인 작은 봉분 하나가 부모의 가슴에 묻혀 있었다. 그 즈음 테일러 부부의 비서이자 헌신적인 친구인 에밀리 블래처리(Emily Blatchley) 양이 그들의 세 아들과 하나뿐인 어린 딸을 영국으로 데

---

* 1870년 톈진(Tianjin)에서 일어난 대규모 학살 사건. 유언비어에 흥분한 중국인들이 프랑스 가톨릭 신부와 수녀들을 습격하는 것으로 촉발되었고 이 과정에서 다수의 개신교 선교사와 자녀들이 함께 희생됐다.

려가 자기가 양육하겠다는 제안을 했다. 테일러 부부는 그 제안을 감사함으로 받아들였다.

이것이 의미하는 바는 긴 이별이었다. 당시의 동서양은 지금보다 훨씬 먼 곳이었다! 그러나 어린 여행자들을 데리고 연안으로 가기도 전에 더 긴 이별이 닥쳤다. 건강에 가장 큰 타격을 받은 아이는 유난히도 애교가 많았던 다섯 살 막내아들이었다. 곧 부모와 헤어진다는 스트레스로 아이의 고질적인 병이 더 악화되는 것을 부모는 근심어린 눈으로 지켜보아야 했다. 양저우에서 운하를 따라 아이들을 싣고 가는 배 안에서 부모는 밤새 막내아들의 곁을 지켰다. 하지만 아이의 약해진 몸은 그 밤을 견디지 못했고 다음날 새벽 아이는 깊은 안식으로 들어갔다. 부모의 사랑하는 아이는 양쯔강의 탁한 강물을 벗어나 고통과 두려움이 없는 더 좋은 나라로 옮겨졌다.

부모는 (폭이 3킬로미터 정도 되는) 강 건너 전장 시의 공동묘지에 그들의 보물을 묻었다. 태풍이 오기 직전이라 서둘러 매장을 마치고 남은 일행과 함께 상하이로 향했다. 얼마 후 날이 밝으면 출항할 프랑스 증기선에 일행을 모두 태운 후 허드슨 테일러는 버거 씨에게 이렇게 편지했다.

저는 오늘 중국에서 사랑하는 아이들과 마지막 시간을 보냈습니다. 두 아이들에 대해선 근심이 없습니다. 그 아이들은 지금 예수님의 품 안에 안식하고 있으니까요. 그리고 이제, 사랑하는 형제여, 눈물이 멎질 않지만, 이 위대한 사역에 이렇게 무가치한 사람이 동참하도록 허락하신 하나님께 실로 감사드리고 있습니다. 이 사역에 몸담은 것을 후회하지 않아요. 이 사역은 분명 주님의 일이며, 나나 당신의 일이 아니지요. 그러나 또한 그분의 일은 우리의 일이기도 하죠. 우리가 여기 가담했기 때문이 아니라 우리가 그분의 것이기 때문이고, 그분과 하나이기 때문이죠.

주님의 임재가 그들을 아주 넘어지지 않도록 붙잡아 주었다. 그 어느 때보다도 험악한 1870년의 여름이 그들 앞에 있었다. 그러나 그런 시련을 겪으면서도, 그리고 말로 표현할 수 없는 자녀들에 대한 그리움 속에서도, 그들은 하나님 안에서 어느 때보다 큰 안식과 기쁨을 누렸다.

훗날 허드슨 테일러가 당시를 회고하며 쓴 글이다.

누구보다도 자식을 사랑하는 어머니를 아주 쓰러지지 않도록 지탱하고 위로했던 은혜에 놀라고 감탄하지 않을 수 없습니다. 그 영적 비밀은 우리의 주 예수님이 우리 마음과 심령의 깊은 갈증을 만족케 하셨다는 데 있었습니다.

테일러 부인은 그 해 여름 최상의 상태를 유지했다. 마치 그들 주위에 몰아치는 시련의 파도 꼭대기에 실려다니는 듯했다. 선교회 여기저기서 아픈 사람이 속출했다. 테일러 부부가 자식들과 작별한 후 전장에 도착하기 전 저드 부인이 전장에서 임종 직전에 있다는 소식이 들려왔다. 허드슨 테일러는 다른 환자 때문에 배를 지켜야 했다. 그래서 테일러 부인이 어떻게라도 도움이 되고자 앞서서 전장으로 갔다.

저드 선교사가 아래층 마당에 예상치 못한 손님이 도착하는 소리를 들은 건 몇날 몇 밤을 간호한 후 거의 기력의 한계에 다다랐을 때였다. 이 야심한 시각에 대체 누가 온 것일까, 그리고 어디서 온 사람일까? 그 시각엔 상류로 들어오는 증기선도 없었고 현지인들의 배는 어두울 땐 이동하지 않았다. 덜컹거리는 소리와 함께 마당으로 들어온 건 인력거였다. 완충장치도 없는 인력거를 타고 거친 길을 온종일 달려온 여자가 인력거에서 내렸다. 그가 가장 보고 싶어하던 사람의 얼굴이었다.

저드 선교사가 회고하는 내용이다.

얼마 전 가슴 아픈 일을 겪고 고단한 여행길로 녹초가 되어 있었던 테일러 부인은 나에게 그만 들어가 자라고 하면서 자신이 간호를 맡겠다고 했다. 뭐라고 해도 그녀는 쉬려고 하지 않았.

"안돼요." 그녀가 말했다. "밤샘하지 않아도 이미 견뎌야 할 일이 넘쳐나잖아요. 침대로 가서 자요, 당신이 자든 안 자든 나는 저드 부인 곁에 있을 거니까요."

이 말을 할 때의 그 단호함과 깊은 사랑을 결코 잊지 못할 것 같다. 그녀의 얼굴은 주 안에 거하며 기쁨과 힘을 얻는 자의 온화함으로 빛나고 있었다.

환자가 회복된 건 오로지 기도의 힘 덕분이었다. 마찬가지로 그해 여름 숱하게 닥친 극한의 상황 속에서 피할 길을 낸 것은 오로지 기도의 힘이었다. 이와 관련해 허드슨 테일러가 선교회의 동역자들에게 쓴 편지글이다.

우리가 알다시피 이전에도 한두 곳의 선교지가 어려움을 겪은 적이 있습니다. 그러나 이제는 거의 모든 선교지마다 동시다발적으로 현지인 사회의 근간을 뒤흔드는 격동에 휩싸여 있습니다. 중국인들은 처음엔 현지인 마법사들(중국인 그리스도인들)이 사람들에게 주술을 걸었다는 유언비어를 믿고 놀라고 경악하더니, 이제는 그 사악한 적들(마찬가지로 중국인 그리스도인들)이 외국인의 사주를 받았다는 소리에 이루 말할 수 없이 흥분하고 분개했습니다. 톈진에서 어떻게 중국인들이 봉기하여 야만적으로 가톨릭 신부들과 사랑의수녀회(Sisters of Charity) 수녀들, 심지어 프랑스 영사까지 살해했는지는 익히 알려진 바입니다. 그후 인간의 보호망에서 멀리 떨어져 고립된 내지에 머물던 우리 형제들이 현지인들의 무모한 편견과 폭력을 겪지 않도록 상황을 제어한 건 무엇이었을까요? 다름 아닌 하나님의 강한 손이었습니다. 이것은 모든 것을 주관하시는 예수님의 이름으로 드려진 부단한 합심기도에 대한 응답이었습니다. 그리고 이 동일한 권능으로 말미암아 우리는 예수님과 함께, 그분의 임재와 그분의 사랑과 그분의 공급하심에 만족할 수 있었습니다.

이런 경험을 글로 읽기는 쉽지만, 이런 험악한 시대를 실제로 살아보지 않은 사람은 얼마나 큰 스트레스가 있었는지 헤아릴 수 없을 것이다. 유달리 길고 지독했던 여름의 폭염이 현지인들의 불안과 소요를 악화시켰다. 여자들과 아이들을 바닷가로 피신시켜야 했고, 한동안은 중국 당국이 외국인 여성과 아이들을 아예 강제 출국시키려는 것처럼 상황이 돌아가기도 했다. 이 과정에서 허드슨 테일러는 중국인과 외국인 관리들과 숱하게 연락을 주고받아야 했고, 위험에 처한 사역자들과 자주 편지로 교신해야 했다. 전장에 있는 선교회 가옥이 한계상황에 봉착했고 소요 사태가 너무 심각해져 더 이상 추가 부지 매입은 어려운 실정이었다.

허드슨 테일러가 6월에 양저우 폭동을 언급하며 쓴 글이다.

옛날 일이 재현되는 듯합니다. 다른 점이라면 한 곳에 갇혀 있던 그때만큼은 우리가 불안해 하지 않았다는 겁니다.

이 무렵의 상황은 양쯔강 유역의 모든 선교기지를 포기해야만 할 것 같아 보였다. 허드슨 테일러 부부는 전장에 있는 그들의 집을 양저우보다 더 중심 거점으로 삼고 있었다. 허드슨 테일러는 테일러 부인이 다른 부인들과 안방을 같이 쓰도록 내어주고 자신은 응접실이나 복도 바닥에서 잤다.

허드슨 테일러가 톈진 학살 이후 연이어 쓴 편지글이다.

한 고비를 넘기면 금세 또다른 어려움이 생기지만, 이건 결코 우연이 아니며 하나님의 다스리심 하에 일어나는 일입니다. 난징에서는 소요사태가 공포스러울 정도였습니다… 여기 양저우에선 유언비어가 잦아들고 있지만 그래도 흉흉한 소문은 끊이지 않습니다… 우리를 위해 많이 기도해 주세요. 제 마음은 감사하게도 담담합니다만, 어려운 일이 끝도 없이 몰려오니 골치가 아픕니다.

그러나 당시의 어려움은 허드슨 테일러 부부가 전념했던 영적 사역까지 가로막진 못했다. 6월의 가장 무더운 나날을 보내던 중 테일러 부인은 블래처리 양에게 이런 편지를 썼다.

우리는 주일과 주중 2-3일간 모이는 저녁 수업을 개설했어요. 글을 읽을 줄 아는 중국인 그리스도인에겐 성경연구하는 법을 가르치고, 문맹인에겐 글을 가르쳐요. 우리가 안 그래도 얼마나 일이 많은지 잘 아는 선교회의 젊은 선교사들에게 모범을 보이려는 의도도 있습니다. 이 수업을 통해 우리가 그리스도인과 우리 주변 사람들이 스스로 하나님의 말씀을 읽고 깨우치는 것에 얼마나 큰 가치를 부여하는지를 보여주는 거죠.

허드슨 테일러가 갑작스런 영적 변화를 통해 누리게 된 기쁨은 당시의 긴박한 정세로 인해 위축되기 보다는 오히려 깊어진 듯했다. 그가 자신의 상황에 대해 기록한 글에서 드러나는 것은 많은 난관과 문제로 인한 압박감이 아니라 축복의 밀물을 타고 모든 난관을 극복하는 모습이다. 일례로 그는 6월 중순경 데그라즈(Desgraz) 양에게 양저우 사건에 관한 편지에 회신하며 이렇게 적었다.

여기 바로 당신을 위한 말씀이 있어요. 하나님께선 이 말씀으로 제게도 큰 축복을 내리셨지요. 요한복음 7장 37-39절입니다. 그 중에서도 특별히 "누구든지 목마르거든 내게로 와서 마시라"는 구절을 강조하고 싶군요. 목마르지 않은 사람이 있을까요? 모두들 어떤 식으로든 목마름을 느끼고 있습니다. 정신의 목마름, 마음의 목마름, 영혼의 목마름, 육신의 목마름 등이 있겠지요. 어떤 목마름이든지, 심지어 이 모든 목마름을 느낄지라도 주님은 "내게로 와서 마시라"고 말씀하셨어요. 그러면 어떻게 될까요? 마시고 나서도 계속 목이 마를까요? 그렇지 않습니다.
 예수님께로 나오기만 한다면, 주님은 우리의 모든 목마름을 해결해 주십니다. 단지 해결해 주시는 것 이상이죠. 지금 내가 걷는 길이 아무리 험난해도, 내게 주어진 섬김이 아무리 힘들어도, 내가 사랑하는 자녀와 영영 헤어지는 아픔이 아무리 깊더라도, 내 사랑하는 아이들이 아무리 멀리 떨어져 있어도, 내가 아무리 무기력해도, 내 영혼의 갈망이 아무리 깊은 것일지라도, 예수님은 이 모든 것을 충족시키실 뿐만 아니라 그 이상을 허락하십니다. 그분은 단지 안식만 약속하시는 게 아니에요. 아, 안식만 주시는 게 전부였다고 해도 얼마나 좋을까요. 그 안식이라는 한 단어 안에 얼마나 많은 것이 담겨 있나요! 예수님은 단지 갈증을 해소할 생수만 약속하신 게 아니에요. 그 이상이죠! "나를 믿는 자는 성경에 이름과 같이 그 배에서 생수의 강이 흘러나오리라"(요 7:38).

정말 그럴까요? 메마르고 목마른 자가 시원함을 얻을 뿐 아니라, 그러니까, 갈라진 흙이 촉촉해지고 메마른 땅이 풍족해지는 것뿐 아니라, 그 메말랐던 땅에서 시원한 샘물이 솟아나고 강물로 흐를까요? 그렇다고 해도 말이에요! 산에서 쏟아지는 급류도 비가 내릴 땐 차고 넘치지만 다시 메마르지 않나요… 그러나 "그 배에서 생수의 강이 흘러나오리라"는 약속의 말씀에 따르면, 도도히 흐르는 양쯔강과 같은 강이, 그렇게 깊고 그렇게 그득한 강이 계속 흐른다고 했어요. 가뭄의 때엔 시냇물은 우리를 실망시킬 수 있고 실제로 그런 일이 다반사이지만, 운하의 강물도 가끔은 수위가 낮아질 수 있고 실제로 종종 그러지만, 깊고 넓은 양쯔강은 절대 마르지 않죠. 어느 것도 쉽게 거스르지 못하게, 도도히 흐르죠!

허드슨 테일러가 6월에 쓴 다른 편지글이다.

"내게로 와서 마시라"(요 7:37). 와서 허겁지겁 들이키라는 것이 아닙니다. 와서 살짝 목을 축이거나 잠시 갈증을 해소하라는 것도 아닙니다. 그렇지 않습니다! "마시라"는 말씀은 끊임없이, 습관적으로 마시라는 겁니다. 어쩌면 목마름의 원인은 해결책이 없는 것일 수 있습니다. 한번 와서, 한번 마시는 것은 상쾌함과 편안함을 줄 수 있을 겁니다. 그러나 우리는 늘 와야 하고, 늘 마셔야 합니다. 샘물이 바닥나거나 강물이 말라버릴 염려는 결코 없습니다!

바로 그해 여름, 자신의 심령이 얼마나 절절히 그리스도의 위안을 필요로 하게 될지 이 글을 쓸 때만 해도 그는 미처 알지 못했다. 그가 새롭게 더 깊은 차원에서 신뢰하게 된 주님은 그를 실망시키지 않으셨다.

6주 후 전장에 있는 선교사의 집에서는 기쁨과 슬픔이 묘하게 뒤엉켰다. 하나님께서 테일러 부부에게 아들을 허락하신 것이다. 갓 태어난 아기는 두 사람에게 충만한 기쁨을 선사했다. 그러나 콜레라 발병으로 산모는 출산의 여파에서 몸을 추스리기도 전에 급격히 쇠약해졌고 엄마의 영양 부족이 갓난아기에게도 영향을 미쳤다. 긴급히 수소문해 중국인 간호사를 데려왔지만 어린 생명을 구하기엔 너무 늦은 상황이었다. 아이는 이 땅에서 단 한 주를 보낸 후 하늘나라 집으로 갔다. 그리고 그곳에서 아이는 곧 어머니와 다시 만나게 될 것이었다.

허드슨 테일러가 쓴 글이다.

몸은 극도로 쇠약해졌지만 아내는 심령의 깊은 평안 가운데 있습니다.

주님의 임재하심을 인식하며 주님의 거룩한 뜻에 충만한 기쁨으로 순복하고 있습니다. 저는 형언할 길 없는 이 평안과 기쁨을 아내와 함께 나누는 영광을 누렸습니다.

테일러 부인은 자신의 장례식에서 부를 찬송가를 손수 골랐다. 그 중 하나인 〈오 거룩한 구주, 보이지 않는 친구〉가 특별히 그녀의 마음을 사로잡은 듯했다.

> 믿음과 소망은 자주 시험을 당하나
> 더 이상 아무것도 필요치 않네
> 주님만 의지하는 영혼은
> 안전하고 평온하고 만족할 뿐이네
>
> 믿음과 소망은 대적과 무덤 앞에서
> 더 이상 아무것도 두렵지 않네
> 주님이 구원하신 영혼은
> 요단강을 건너며 기뻐할 뿐이네
>
> 가까이 계신 주님
> 강한 팔로 구원하시니
> 주님께 매달리는 영혼은
> 언제까지나 주님이 함께하시네

테일러 부인은 약할 대로 약해진 상태였다. 하지만 그녀가 살 날이 얼마 남지 않았다는 생각은 둘 사이에 끼어들지 못했다. 둘의 마음을 너무나도 긴밀하게 묶어주었던 그 사랑은 이별을 용납치 않았다. 그녀의 나이 이제 겨우 서른셋이었다. 마지막 순간까지 고통은 없었고, 다만 쇠약함이 더해질 뿐이었다. 임종 이틀 전 버거 부인으로부터 블래처리 양과 큰 아이들이 세인트 힐에 무사히 도착했다는 소식이 왔다.* 바다 건너 고국으로 돌아온 아이들을 환대하고 세심하게 배려해 준 사연을 읽으며 어머니의 마음은 기쁨으로 가득했다. 그녀는 감사함으로 하나님의 선하심을 찬양하는 것 말고는 다른 욕망이 없는 듯했다. 이전에도 여러 번 버거 부인의 따뜻한 마음이 마치 수신인의 형편을 헤아린 듯 긴요한 순간에 목적지에 도달한 적이 있었지만, 이 편지만큼 그랬던 적은 없었다.

"그리고 이제, 잘가요, 나의 소중한 친구." 라고 그녀는 썼다. "주님이 영원하신 품 안에 자매님을 안아주실 거예요."

주님의 품 안에서 그녀는 영원한 안식에 들어갔다. 테일러 부인의 임종을 함께 지켰던 지인의 글이다.

내가 누군가의 임종을 지킨 것은 그때가 처음이었다. 사랑하는 테일러 부인이 마지막 숨을 내쉴 때 테일러 선교사는 무릎을 꿇고 그녀를 주님께 의탁하는 기도를 드리고 있었다. 자신의 삶 가운데 그녀를 허락해 주신 주님께, 12년 반 동안 온전한 행복을 누리게 하신 주님께, 그리고 이

---

* 양저우 폭동 직후 태어난 넷째 아들은 테일러 부부 곁에 남아 있었다.

제는 사랑하는 그녀를 영원한 임재 속으로 데려가시는 주님께 감사드렸다. 그러고 나서 자기 자신을 주님께 새롭게 바치는 기도를 잊지 않았다.

한여름의 태양은 도시와 산과 강 위로 쏟아져내리고 분주한 일상 속 요란한 소음은 마당과 거리 곳곳에서 퍼져나왔다. 그러나 파란 하늘이 내다보이는 어느 중국식 가옥의 이층방에는 경이로운 평안의 고요함이 감돌았다.

"결코 다시 목마르지 아니하리라." 정말 그럴까, 이제 이 말이 진실임이 증명될까? 허드슨 테일러는 말년에 종종 이런 이야기를 했다. "'아니하리라'가 진짜 '아니하리라'를 의미함을, '결코'가 진짜 '결코'를 의미함을, 그리고 '목마름'이 모든 충족되지 않은 필요를 의미함을 아는 것이 하나님께서 우리 영혼에 허락하신 가장 위대한 계시입니다." 비극적인 상실의 나날 가운데 그 약속은 너무나 구체적으로 실현되었고 부서진 마음은 줄곧 만족을 누렸다.

8월에 허드슨 테일러가 어머니에게 쓴 편지다.

제 심령의 가장 깊은 곳에는 기쁨이 머무르고 있답니다. 하나님이 제게 일어나는 일들을 주관하시고 허락하셨을 뿐 아니라, 친히 사랑하는 자들을 위해 모든 것이 합력하여 선을 이루도록 하신다는 것을 알기 때문이지요.

하나님, 오로지 하나님만이 제 사랑하는 아내가 제게 어떤 의미였는지 아십니다. 제 눈이 빛나고 제 마음이 기쁨을 누린 것이 바로 그녀 때문이었다는 걸 그분은 아십니다. 그녀가 이 땅에서 숨을 쉬던 마지막 날,

(우리는 그날이 마지막 날이라고는 전혀 생각지도 못했어요.) 우리 둘의 마음은 결코 식은 적이 없었던 서로에 대한 사랑 이야기로 다시금 벅차올랐어요… 입술조차 움직일 수 없었던 그녀가 한 손을 제 목에 두르고 다른 한 손을 제 머리에 얹으려고 했던 마지막 행동은 아마도 제게 축복을 해주려던 의도였던 것 같아요. 그러나 주님께서는 사랑하는 그녀를 데려가는 것이 선한 일이라고 보셨어요. (그녀를 위해선 정말 좋은 일이고 사랑 많으신 주님은 그녀를 고통 없이 데려가셨지요.) 그리고 이제 홀로 수고하고 가슴 아파해야 하는 저에게도 마찬가지로 좋은 일이라 믿습니다. 하나님이 그 어느 때보다도 제 곁에 가까이 계시거든요.

버거 씨에게는 다음과 같이 편지했다.

제게 일어난 상실을 생각할 때면 마음이 찢어질 듯 아프지만, 사랑하는 아내를 이 땅의 모든 슬픔과 고통으로부터 건져내셨기에 하나님께 감사하고 있습니다. 제가 흘리는 눈물은 비애라기보다는 기쁨의 눈물에 가깝습니다. 그러나 무엇보다도 우리 주 예수 그리스도로 말미암아 하나님 안에서 기뻐하고 있습니다. 그분의 완전한 일하심에, 그분의 선하신 방법에, 그분의 충만한 공급하심에, 그리고 그분 자신으로 인해 기뻐하고 있습니다. 그분은 "하나님의 선하시고 기뻐하시고 온전하신 뜻이 무엇인지 분별하도록"(롬 12:2) 시련을 통해서도 기회를 주십니다. 저는 그분의 선하신 뜻 안에서 기뻐합니다. 그 뜻은 온전합니다. 그 뜻은 사랑으로 행한 것입니다. 그리고 얼마 지나지 않아 그 온전하신 뜻 안에서 우리 두 사람은 다시 만나 더 이상 이별하지 않을 것입니다. "아버지여 내게 주신 자도

나 있는 곳에 나와 함께 있어… 나의 영광을 그들로 보게 하시기를 원하옵나이다"(요 17:24).

그러나 허드슨 테일러는 병에 걸려 쇠약해진 몸으로 종종 긴 밤을 뜬 눈으로 지새곤 할 때 못 견딜 정도로 아내를 그리워했다. 그런 시기를 회고하며 다음과 같이 기록했다.

지친 몸으로 내 방에 갇힌 채 보내야 하는 시간들이 얼마나 외로운지! 그럴 때마다 사랑하는 아내가 얼마나 보고 싶은지, 멀리 떨어져 지내는 아이들의 목소리는 또 얼마나 듣고 싶은지! 그제서야 나는 왜 주님이 그 말씀을 너무나도 생생하게 되뇌게 하셨는지 알게 되었다. "내가 주는 물을 마시는 자는 영원히 목마르지 아니하리니"(요 4:14). 아마 하루에 스무 번도 더 마음의 갈증이 일어날 때마다 나는 그분께 부르짖었다.
 "주님, 약속하셨잖아요! 영원히 목마르지 아니하리라고 제게 약속하셨잖아요."
 낮이든 밤이든 내가 약속의 말씀으로 호소할 때마다 주님은 신속하게 나의 슬픔을 거두시고 만족을 허락하셨다. 그 만족감은 정말 강력해서, 어느 때엔 내가 사랑했던 그녀가 지금 나보다 더 주님의 임재를 온전히 누릴 수 있을까 궁금할 정도였다. 비록 골방에서 홀로 경험하는 임재였지만 주님은 정확히 말씀에 약속된 그대로 나의 기도에 응답하셨다.

나의 주님, 제 안에 항상 살아계셔서
삶 가운데 생생하게 임재하소서

우리 눈에 보이는 그 어떤 것보다 선명하게
믿음의 시야에 주를 나타내소서
이 세상의 친밀한 어떤 관계보다
더 따뜻한 사랑으로 제게 가까이 임하소서

이 시기의 많은 편지 중 그가 자녀들에게 보낸 편지에 특히 귀하고 진실한 내용이 담겨 있다. 그의 마음은 큰 사랑으로 아이들을 갈망했다.

아빠가 얼마나 자주 너희들을 생각하는지, 눈에 눈물이 고일 때까지 너희들의 사진을 들여다보는지 아마 모를거야. 너희와 얼마나 멀리 떨어져 있는지를 생각하다가 혹여 아빠 마음에 낙심을 품게 될까 봐 두려운 때도 있단다. 그러나 아빠 곁을 결코 떠나시지 않는 사랑하는 주 예수님이 말씀하신단다. "두려워하지 말라. 내가 네 마음을 만족케 하리라." 그래서 이 아빠는 주님께 감사하단다. 주님이 내 마음속에 계시며 온전하게 지키실 것이기 때문이란다.

내 소중한 아이들아, 날마다 예수님께 너희의 마음을 의탁하는 것이 어떤 건지 너희도 알기를 바란다. 내 자신의 마음을 스스로 추스리려고 애쓰던 적이 있었지만 항상 마음은 엉뚱한 길로 흘러가곤 했어. 그래서 마침내 스스로 노력하는 것을 관두기로 하고, 나 대신 내 맘을 지켜주겠다는 주님의 초대를 받아들이기로 했어. 그게 최상의 길이라고 너희도 생각하지? 때로는 이런 생각을 할지도 모르겠다. "나는 이기적이고 심술 맞고 불순종하는 사람이 되지 않기 위해 노력할 거야." 그런데 정말 열심히 노력해도 그렇게 못 하는 게 문제인 거야. 그러나 예수님은 말씀하신단다. "그건 나한테 믿고 맡겨야 한단다. 네가 믿고 나한테 맡기려고만 하면 그 작은 마음을 내가 지켜줄게." 그리고 주님은 실제로 그렇게 하실 거야.

언젠가 예수님에 관해 굉장히 많이, 굉장히 자주 생각하려고 노력했던 때가 있었어. 하지만 자꾸만 주님을 잊어버렸지. 이제는 주님이 내 마음을 지키셔서 주님을 기억하도록 하시는 것을 믿어. 그리고 실제로 주님은 그렇게 하신단다. 이게 최상의 방법이야. 사랑하는 블래처리 양에게 이 방법에 관해 더 많은 것을 가르쳐 달라고 물어보렴. 너희들이 쉽게 이해하도록 가르쳐 달라고, 그리고 예수님을 신뢰하도록 너희를 도와달라고 하나님께 기도드리려무나.

그는 불편하기 짝이 없는 연안에 정박 중인 증기선 객실에서 블래처리 양에게도 동일한 주제에 관해 편지를 썼다.

우리 사랑하는 아이늘에게 다시 편지를 썼어요. 부디 우리 아이들이 제가 너무나도 늦게 깨우친 이 그리스도와의 하나됨과 그리스도의 내주하심의 귀한 진리를… 어려서부터 배웠으면 좋겠어요. 이 진리는 구속에 관한 진리보다 더 난해한 것은 아닌 것 같아요. 둘 다 오로지 성령의 가르치심이 있어야만 깨우칠 수 있지요. 하나님께서 당신을 도와 이 어린 아이들 앞에서 그리스도의 삶을 살게 하시길 기도할게요. 그리고 자매님이 선하신 주님을 그들에게 삶으로도 가르치시기를 기도합니다. 주님은 얼마나 놀랍게 우리를 인도하고 가르치셨는지요! 여기 이곳에서 지금 제가 누리는 마음의 안식과 평안이 가능하리라는 믿음이 제게 얼마나 부족했던지요! 지금 제 형편을 한마디로 요약하자면, 이건 지상에서 시작된 천국입니다. 정말이에요. … 그리스도와의 연합을 경험할 수 있다면 하늘이냐 땅이냐는 중요하지 않은 부차적 환경일 뿐입니다.

그는 누이인 워커 부인에게도 동일한 주제로 편지를 보낸 적이 있다.

예수님이 우리 속에 살아계심을 확신하는 것이 얼마나 기쁜 일인지! 주님이 우리의 온 마음을 붙잡고 계심을 발견하는 것이 얼마나 기쁜 일인지. 우리가 그분 안에 거하려고 고군분투하는 게 아니라, 주님이 항상 우리와 교제하시려고 임재하시는 걸 깨닫고, 이를 통해 그분의 사랑을 깨닫는 게 얼마나 기쁜 일인지. 그분은 우리의 생명이자 힘이시며 우리의 구원이 되어주셨어. 그분은 우리의 "지혜와 의로움과 거룩함과 구원함"(고전 1:30)이시기도 해. 그분은 섬김과 열매 맺음을 위한 우리의 능력이 되어주셨어. 그러므로 그분의 품은 이제부터 세세토록 우리가 안식할 곳이야.

하지만 외적인 어려움은 잦아들지 않았다. 허드슨 테일러가 여태껏 중국에서 겪었던 어떤 정국보다 위태로웠다. 프랑스 영사를 비롯한 스물한 명의 외국인이 목숨을 잃은 톈진 사건은 아직 정리되지 않았고, 이 사건으로 촉발된 열강의 여러 요구를 둘러싼 교섭은 타결의 기미가 보이지 않았다. 유럽이 전시 상황임을 알았던 중국은 현지인들 사이에서 점점 높아만 가던 외국인을 향한 반감과 증오를* 누그러뜨리기 위한 어떤 조처도 취하지 않았다. 어떤 면에서 당시의 정국은 현 정국(1932년)과 여러모로 빼닮아 있다. 그렇기에 우리는 1870년도의 위태로운 시국을 어떤 영성으로 대처했는지가 드러나는 또 하나의 편지를 인용하고자 한다. 원칙은 예나 지금이나 변함이 없기 때문이다. 우리 선교회가 현재 직면한 상황은, 그 해를 마감하며 금식과 기도의 날을 촉구한 허드슨 테일러가 당시 처했던 환경과 동일하다.

금년은 여러 면에서 주목할 만한 해였습니다. 어쩌면 우리 선교회의 모든 사람이 정도의 차이는 있겠지만 위험과 곤경과 곤란에 맞부닥쳤습니다. 그러나 주님은 이 모든 것에서 우리를 건져내셨습니다. 그리고 질고를 아는 인자의 잔을 더 깊이 들이마신 사람들은 올해가 우리의 심령에 가장 복된 해였으며 이로 인해 하나님께 감사를 드릴 수 있다고 증거할 것입니다. 개인적으로 올해는 제 삶에서 가장 슬펐던 해였고 또 가장 복된 해이기도 했습니다. 그리고 다른 이들도 모두 일정 정도 동일한 경험을 했다는 것을 믿어 의심치 않습니다. 우리는 하나님의 신실하심을 체험했습니다. 위험으로부터 건져내주실 뿐 아니라 힘든 일 가운데 우리를 붙드시며 환난 가운데 인내를 주시는 그분의 능력을 체험했습니다. 그리

---

* "내 평생 이렇게 다사다난한 해는 없었다"고 버거 씨는 회고했다. "우리 선교회와 관련해서도 그랬고 전반적인 세계 정세도 다르지 않았다. 로마는 이제 통일된 이탈리아의 수도가 되었고, 프랑스는 최악의 수모를 당했고, 교황의 세상 권력은 무너진 상태였다. 게다가 중국은 십자가의 전령들을 포함한 모든 외국인을 혐오하고 그들을 추방하기 위해 언제라도 다시 소요를 일으킬 듯했다. 개인적으로 우리는 중국의 수백만 영혼들을 위해 가장 헌신했던 일꾼이자 사랑하는 친구를 잃는 아픔을 겪었다. "너희는 가만히 있어 내가 하나님 됨을 알지어다"(시 46:10). 이런 위기의 때에 실로 적절한 말씀이다. 우리 모두 은혜를 힘입어 이 말씀을 청종하기 바란다.

고 더 큰 위험이 우리를 기다리고 있다면, 그래서 더 큰 슬픔이 임할 것이라면… 우리 하나님에 대한 더 굳센 신뢰로 대처하기를 소망합니다.

　우리가 충만한 감사를 해야 할 큰 이유가 있습니다. 우리는 중국인 그리스도인들에게 그들과 마찬가지로 우리도 위험에 처했으며 또다시 위험해질 수 있음을 보여줬습니다. 그들은 두 가지 확연한 사실로 인해 의심의 여지 없이 '외세'로부터 눈을 돌려 하나님을 보호자로 바라보게 되었습니다. 두 가지 사실이란, 첫째, 그들은 외세는 불확실하고 의지할 대상이 못 된다는 걸 느꼈습니다… 둘째, 우리는 각자 부르심을 받은 다양한 책무의 자리에서 평정심과 기쁨을 지킬 수 있었습니다. 중국인들의 유익을 위해 이 기회를 더 잘 활용하지 못한 측면도 있을 것입니다. 또는 하나님께서는 우리를 최상의 길로 인도하시며 위험 가운데서도 지키시고 보호하셨는데, 우리가 하나님의 능력 안에서 안식을 누리는 데 실패했을 수도 있습니다. 만일 그랬다면 우리의 연약함과 그외 모든 의식적인 실패를 언약을 지키시는 우리의 신실하신 하나님 앞에서 겸손하게 고백합시다…

　우리가 현재 감당하고 있는 다양한 직분으로 우리를 부르신 분은 주님이십니다. 우리 모두 하나님의 종이라는 사실에 온전히 만족한다고 나는 믿습니다. 주님은 우리 앞에 열린 문을 허락하셨습니다. 우리는 그 문으로 들어갔고, 격동과 소요의 때에 우리를 안전하게 지켜주셨습니다. 우리가 중국에 온 이유는 이곳의 선교사역이 안전하거나 쉽기 때문이 아닙니다. 우리가 이곳에 온 것은 다만 그분이 우리를 부르셨기 때문입니다. 우리가 이 자리에 온 것은 인간적인 안전과 신변보호를 보장 받았기 때문이 아닙니다. 그저 하나님의 함께하심에 대한 약속을 의지하고 들어온 것입니다. 쉬움과 어려움, 겉으로 드러난 안전이나 위험, 사람의 인정이나 거부 등의 부차적인 환경은 우리의 사명에 영향을 미치지 못합니다. 특별한 위험으로 여겨지는 상황이 우리를 에워싼다 해도, 주님에 대한 우리의 확신의 깊이와 진정성을 드러내줄 은혜가 우리에게 임할 것이라 믿습니다. 우리는 맡겨진 일에 대한 충성으로 우리가 죽음 앞에서도 도망치지 않는 선한 목자의 제자라는 것을 증명할 것입니다… 그러나 그때 우리가 이런 영성을 보여주려면 필요한 은혜를 지금 구해야 합니다. 대적이 이미 앞에 있는데 뒤늦게 무기를 찾아나서거나 훈련을 시작한다면 너무 늦을 것입니다.

물질적인 공급에 관해 허드슨 테일러는 계속 이렇게 적었다.

궁핍의 시기에 특정한 기부자들을 통해 주님이 우리에게 직접적으로 보내주신 풍성한 도움에 관해, 또는 주님은 신실하시며 자신이 약속하신 말씀을 부인할 수 없다는 복된 사실에 관해 굳이 환기시켜 드리지 않아도 될 것입니다. 만일 우리가 그분을 정말 신뢰하고 그분으로부터 답을 찾는다면 우리는 수치를 당할 수 없습니다. 그러나 만약 그러지 못한다면, 우리가 의지하는 다른 어떤 기초의 부실함을 더 일찍 간파할수록 더 나을 것입니다. 선교회의 자금이나 기부자들은 살아계신 하나님에 비하면 보잘것 없는 대체물입니다.

그러나 1871년 초, 육신이 쇠약해진 허드슨 테일러에게 '슬픔의 나날과 괴로움의 밤'이 계속되었다. 허드슨 테일러는 불면증과 고통스런 우울

감의 원인이 심각하게 손상된 간에 있었다는 사실을 발견했다. 설상가상으로 통증과 심각한 호흡곤란을 수반하는 흉부질환까지 있었다. 사랑하는 이들과의 사별로 인한 상실감 역시 시간이 지나도 잦아들지 않았다. 이런 상황을 겪으면서도 그는 이미 너무나도 생생하게 체험한 약속에서 새로운 능력과 아름다움을 발견했다. "내가 주는 물을 마시는 자는…"(요 4:14). 그는 이 말씀이 기록된 헬라어 동사 시제가 현재형이며 이는 지속적인 습관을 의미한다는 사실을 깨달았다. 이 말씀은 이제 새로운 의미로 차고 넘쳤으며, 오랫동안 이어진 그의 필요를 충족시켰다.

그는 나중에 종종 이렇게 말했다.

구세주의 말씀을 우리가 바꿔선 안 됩니다. "마신 자"가 아니라 "마시는 자"입니다. 주님이 말씀하시는 것은 한 번 길어 마시는 것이 아니라, 또는 여러 번 마시는 것도 아니라, 영혼의 부단한 습관입니다. "내게 오는 자는 결코 주리지 아니할 터이요 나를 믿는 자는 영원히 목마르지 아니하리라"(요 6:35)는 말씀 역시 "주님께 습관적으로 나아오는 자"가 얻는 축복을 의미합니다. 믿음으로 주님께 나아가는 습관을 들인 사람은 충족되지 않는 허기와 갈증에 결코 시달리지 않을 것입니다…

제가 보기에 우리가 자주 범하는 실수는, 우리의 목마름은 현재형으로 계속되는데 우리의 마심은 과거형으로 내버려둔다는 것입니다. 우리에게 필요한 건 현재진행형의 마심입니다. 그렇습니다, 한층 더 깊이 생수를 들이키도록 우리를 몰아가는 사건을 겪을 때마다 감사가 넘칠 수밖에 없는 이유입니다.

16
흘러넘치도록

주의 강한 손에 나를 내려놓으니
그렇게 일은 성취되리라
나의 전능자처럼
경이롭게 일할 자 누가 있으랴
- 허드슨 테일러

허드슨 테일러가 중국내지선교회 대표로서 30년 동안 활발히 사역한 후 그 직책을 내려놓은 지도 어언 30년이 지났다. 그러니까 두 세대, 60년 넘게 복음의 사역자로 삶을 바친 세월은 그 열매로 나무를 분별하기에는 충분한 시간이다. 달리 말하면 그의 삶의 근간이 된 하나님에 대한 믿음과 기쁨이 어떤 열매를 맺었는지 검증하기에 충분한 시간인 것이다. 만약 우리가 이제껏 살펴본 그의 경험이 감정적이며 실제적이지 못한 것이었다면, 영적인 삶과 현실의 삶이 괴리되었다면, 재정 지원과 인간적 보호망이 아닌 하나님만이 사역의 충분조건이라는 그의 확신이 환상에 불과했다면, 필경 시간의 리트머스 테스트를 통과하지 못했을 것이다. 그러나 허드슨 테일러가 그의 모든 인간적인 한계에도 불구하고 주 예수 그리스도와의 살아있는 연합 속에서 능력과 축복의 비밀을 정말 발견했다면 그 결과물은 오랫동안 남을 것이다. 아니, 세세토록 남아 있을 것이다.

> 하나님께 능치 못하심이 없네
> 주의 권능 그리스도께 있으니
> 그리스도 안에서 온전히 새로워진 나
> 죄의 권세에서 자유를 얻나니
> 내게 능치 못함이 없네

1870년 연단이 계속되던 나날에 허드슨 테일러는 여전히 30대의 젊은 이였고 선교회 소속 선교사 수는 33명에 불과했다. 중국 내륙 세 곳의 성에 선교기지가 개척되었고 그곳에서 10-12개의 작은 교회가 시작돼 중국인 회심자들이 모이고 있었다. 인간적인 관점에서 보면 미미하고 보잘 것없는 수준이라고 말할 수 있었다. 그러나 이 모든 것을 짊어지고 가는 한 사람에게는 무거운 짐이었다. 엄청난 부담을 안고 중국에서 5년간 사역을 이끌었던 허드슨 테일러는 충분히 지쳐 있었다.

1871년 말, 그동안 영국에서 선교회 사역을 너그러운 인내로 감당하던 버거 부부가 더 이상 고된 수고를 계속할 수 없게 되었다. 건강 악화로 해외에서 겨울을 보내야만 했던 것이다. 세인트 힐을 매각해야 했고 모든 연락 업무와 회계관리와 소식지 발간 작업과 선교사 후보생 검증과 사업의 세부사항을 실질적으로 관리하는 일을 다른 누군가에게 넘겨야 했다.

멸망을 향해 가는 영혼들과 하나님의 부르심에 대한 허드슨 테일러의 열정은 변함 없었다. 그러나 그가 영국으로 건너와 이 일을 맡았을 때는 모든 것이 막막했다.

새로 옮긴 런던 북부 외곽의 자그마한 도시 피어랜드 로드(Pyrland Road)는 그동안 선교회 본부가 있던 세인트 힐과는 천양지차였다. 피어랜드의 서재와 사무실을 겸한 작은 뒷방 역시 예전 버거 씨의 서재에 비하면 격차가 컸다. 그럼에도 피어랜드 로드 '6번지'와 필요할 때마다 추가로 매입했던 인근의 집들은 많은 이들의 기억 속엔 애틋한 성지로 남아 있다! 20년 넘게 선교회의 본국 업무는 이 6번지 센터에서 이루어졌다. 현재의 본부도 이 센터에서 몇 발짝 거리에 있다. 매주 기도모임은 아래층에서 방 두 개를 터서 하나로 만든 방에서 진행되었으며, '70인'과 '100인'을 비롯한 숱한 헌신된 남녀 무리가 이 집 문을 통해 선교의 첫 발을 내딛었다.

1872년 허드슨 테일러는 선교회의 유일한 대표이자 중국 사역 총재로 섬기고 있었다. 인간적 관점에서 여전히 그의 사역은 미약했다.

그해 초 허드슨 테일러가 쓴 글이다.

내 길은 평탄함과는 아주 거리가 멀다. 그러나 나는 예수님 안에서 이보다 더 행복한 적이 없었고 주님이 우리를 실망시키시지 않을 것을 굳게 확신한다. 그럼에도 선교회 창립 이래로 우리가 이보다 더 주님 앞에 낮게 부복한 적은 없었다. 의심할 여지없이 이런 상황은 마땅히 있어야 할 일이었다. 역경은 주님이 드러나실 발판이다. 역경 없이는 우리는 결코 우리의 하나님이 얼마나 자비롭고 신실하며 전능하신지 알 수 없다… 버거 씨 부부의 신변상의 변화로 나는 적잖은 연단을 받았다. 나는 그들을 너무도 사랑한다! 그리고 내 생각 한켠을 늘 차지하고 있는 먼저 간 소중한 아내처럼 또 하나의 과거와의 끈이 끊어진 느낌이다. 그러나 하나님은 "보라 내가 만물을 새롭게 하노라"(계 21:5)고 말씀하신다.

선교회 앞에 놓인 위대한 과업을 향해 돌진하고픈 마음이 굴뚝 같았지만 몇 날 몇 주를 일상적인 사무 처리에 매여 있어야 했다. 분명 허드슨 테일러에겐 녹록치 않은 시간이었을 것이다. 그러나 그는 주님의 생각이 무엇인지 드러난 바가 없는 상태에서 새로운 상황으로 돌진하려고 서두르지 않았다. 그럼에도 마땅한 조력자를 구하는 기도에 응답이 없는 것처럼 보이고, 날마다 온갖 일에 매여 자칫 더 중요해 보이는 일을 하지 못할 때, 조급증이나 낙심에 빠지기 십상이었을 것이다. 비슷한 시련을 겪었던 사람에게 그는 자신이 깨달은 교훈을 나누었다.

지금 내가 맡은 일로 나를 부르시고 현재 이곳에 이 모습 그대로 두신 이는 하나님이십니다. 이것을 아는 것이 적잖은 위로가 됩니다. 나는 이 직분을 추구하지 않았고 감히 벗어나려고 하지도 않습니다. 나는 모르지만 내가 여기 있는 이유를 주님은 아시니까요. 여기서 내가 감당해야 하는 책무가 특정한 목적이 행함인지 배움인지 고난인지 아십니다. "믿는 이는 다급하게 되지 아니하리로다"(사 28:16). 이건 당신과 나에겐 쉽지만은 않은 교훈입니다. 그러나 솔직히 나는 10년간 이 교훈을 철저하게 익힌다면 그 10년으로부터 충분한 열매를 거둘 것이며 그 10년은 헛되지 않을 것이라고 믿습니다… 모세는 이 교훈을 익히기 위해 40년을 비켜나 있어야 했습니다… 우리 두 사람 모두 성급하고 충동적인 육신의 조급함과 그 결과인 실망과 피로를 경계합시다.

많은 제약이 가해졌던 이 시기의 삶은 주 예수 그리스도와의 진정한 교제로 말미암아 이미 열매를 맺고 있었다. 특히 주목할 것은 허드슨 테일러의 삶이 젊은이들에게 미친 영향일 것이다. 런던의 분주한 세상에서 한 청년이 주님께 마음을 드렸고 중국에서 평생 섬길 기회를 알아보러 나섰다. 그가 찾은 곳은 피어랜드 로드의 소박한 방에서 열리는 기도 모임이었다.

그는 그 시간을 이렇게 회고했다.

우리가 그 집에 들어섰을 때 출입문 맞은편에 큰 성구가 적혀 있었다. "나의 하나님이 너희 모든 쓸 것을 채우시리라"(빌 4:19). 그런 식으로 성구를 벽에 걸어놓는 것이 내겐 낯설었던 만큼 인상적이었다. 참석 인원은 스무 명 남짓이었다…

허드슨 테일러는 작은 오르간 앞에 앉아 찬송을 선창하며 찬양으로 모임을 시작했다. 그의 외모는 그리 인상적이지 않았다. 왜소한 체구에 조용한 목소리였다. 대부분의 청년들이 그러하듯 나 역시 능력을 소리와 연결시켰고 지도자가 신체적으로도 존재감이 있기를 기대했다. 그러나 그가 "기도합시다"라고 말하고 기도 인도를 시작하자 생각이 싹 바뀌었다. 나는 그렇게 기도하는 사람을 난생 처음 보았다. 그의 기도 속에 있는 단순함, 온화함, 담대함, 능력이 나를 압도하고 내 입을 다물게 했다. 그의 기도를 들으면서 이 사람이 하나님과 특별한 친분을 나누는 특수 관계인이라는 느낌을 받았다. 이런 능력있는 기도는 은밀한 곳에서 드려진 지난한 씨름의 결과임이 명백했다. 그의 기도는 마치 "주님으로부터 내리는 이슬"(미 5:7) 같았다.

그 후에도 여러 사람이 기도를 인도하는 것을 보았지만 허드슨 테일러의 기도와 스펄전의 기도는 남달랐다. 한번 그들이 드리는 기도를 들은 사람이라면 결코 잊지 못할 것이다. 6천 명의 대규모 회중의 손을 이끌어 성소로 들어가는 듯한 스펄전의 기도를 듣는 것은 일생일대의 경험이었다. 그리고 허드슨 테일러가 중국을 위해 간구하는 것을 듣는 것은 "의인의 간구는 역사하는 힘이 많으니라"(약 5:16)는 게 무엇을 의미하는지 깨닫는 경험이었다. 허드슨 테일러가 인도하는 기도 모임은 4시부터 6시까지 계속되었는데, 이제껏 참석했던 기도 모임 중 가장 짧게 느껴졌다.

또 다른 사례를 얘기하자면, 영국의 서부 출신의 학식과 교양을 갖춘 젊은 솔타우(Soltau) 양이 마일드메이(Mildmay) 집회에 참석코자 런던에 왔고, 피어랜드 로드에 게스트로 묵었다. 그녀는 3천 명이 들어찬 대연회장에서 허드슨 테일러가 개회사를 전하는 것을 들었고 어떻게 그가 기독교계의 오피니언 리더들에게 영향을 미치는지를 목도했다. 그러나 그녀가 허드슨 테일러로부터 가장 강렬한 인상을 받은 부분은 선교회 자택에서 그가 일상 생활을 영위하는 모습이었다. 즉, 주 안에서 날마다 기뻐하며 선교회의 짐을 지고 믿음의 시험에 대응하는 모습이었다.

한참 뒤 솔타우 양이 쓴 글이다.

허드슨 테일러가 주위 모든 이들에게는 침묵하며 우리의 필요를 오로지 하나님께만 알리라고 촉구했던 것을 기억한다. 어느 날 우리가 간소한 아침식사를 하고 저녁 끼니거리로 남은 게 거의 없다는 소식을 접했을 때, 그는 어린이 찬송을 부르기 시작했다. 나는 그 소리를 듣고 전율을 느꼈다. "날 사랑하심, 날 사랑하심, 날 사랑하심, 성경에 써있네!"

그 다음 그는 우리를 불러모아 변찮는 주님의 사랑을 찬양하고 우리의 필요와 약속의 말씀을 붙들고 기도하라고 했다. 그날이 가기 전에 우리는 은혜로우신 주님이 우리 기도에 응답하셨음을 알고 기뻐했다.

버거 씨의 은퇴 후 재정 상황이 악화되었으나 허드슨 테일러는 낙심하기는 커녕 그 어느 때보다 결연하게 전진해 나갈 준비가 되어 있었다. 어느 날 피어랜드 로드에서 중국의 대형 지도 앞에 서서 함께 기도했던 소수의 친구들을 바라보며 그가 말했다.

"아직 복음이 닿지 않은 중국 내지의 9개 성에 두 명씩, 총 18명의 사람을 파송하도록 하나님을 붙드는 일에 나와 함께 할 믿음이 여러분에게 있습니까?"

그 자리에 솔타우 양이 있었고, 그녀 역시 지도 앞에서 손을 맞잡고 18명의 전도자들을 보내주실 때까지 매일 기도하기로 서원했던 것을 기억했다. 그 믿음엔 의심이 끼어들 틈이 없었다. 하나님은 분명 응답하실 것이므로. 그러나 그들 중 누구도 중국엔 하나님께서 얼마나 거대한 지경을 펼쳐 보이실지 전혀 상상조차 못했다. 아울러 솔타우 양 스스로도 자신이 선교회 발전에 얼마나 지대한 역할을 하게 될지, 또 앞서 언급한 총명한 청년 F. W. 볼러(Baller)의 특별한 섬김에 관해서도 이들은 상상조차 하지 못했다. 두 사람 모두 허드슨 테일러의 삶에서 의도치 않게 흘러넘친 능력에 매료되어 이 사역으로 빨려들어간 셈이다.

그렇게 기다림의 시간은 풍성한 열매를 맺었다. 허드슨 테일러가 중국으로 복귀할 때, 블래처리 양이 피어랜드 로드의 자택과 자녀들을 맡기로 했고 피어랜드 로드에서 동고동락한 친구들은 오랫동안 물심양면으로 동역할 런던 후원회로 뭉쳤다. 후원회의 명예 간사들에게 허드슨 테일러가 이월한 선교회 재정은 21파운드가 전부였다. 그러나 부채는 없었다. 허드슨 테일러는 자신감에 찬 어조로 선교회의 벗들에게 이렇게 적었다.

사역이 성장했으니 더 많은 조력자들이 해외와 고국에 필요합니다. 하지만 원칙은 변함이 없습니다. 우리는 이제껏 해왔던 것처럼 금전적 지원은 기도로 하나님께만 구할 것입니다. 하나님께서는 그분의 도구로 쓰임 받기에 적합한 사람들의 마음에 그에 대한 생각을 심어주실 것입니다. 그들에게 돈이 생기면 중국으로 송금하게 하실 것이며 무일푼이면 송금도 없을 것입니다. 우리는 본국으로부터 수표를 인출해 쓰지 않을 것이며 그래서 빚지지 않도록 할 것입니다. 우리의 믿음이 이전처럼 시험대에 오른다면 주님께서는 항상 그러셨듯이 자신의 신실하심을 입증하실 것입니다. 그렇습니다, 우리의 믿음이 부족하다고 해도 그분의 신실함은 부족하지 않을 것입니다. 왜냐하면 "우리는 미쁨이 없을지라도 주는 항상 미쁘시니"(딤후 2:13)라고 말씀하고 있으니까요.

이 견고한 믿음이 그 어느 때보다 절실히 요구된 건 15개월간의 부재 끝에 선교회 지도자가 다시금 중국에 복귀했을 때였다. 질병과 다른 여러 난관으로 인해 몇몇 오래된 거점 사역은 낙심할 정도로 침체되어 있었다. 작은 교회들 역시 예전의 그 모습이 아니었다. 기지마다 인력난에 시달렸고 일부 기지는 이미 폐쇄되었다. 대체 어디서부터 지원과 격려를 제공해야 할지 막막했다. 복음이 닿지 않은 중국 내지의 성(省) 공략은 커녕 기존 사역을 재구축하는 일도 벅찼다. 한 가지 다행스러운 점은 하나님께서 허드슨 테일러를 위로하기 위해 그의 삶 가운데로 인도하신 헌신적인 반려자가 곁에 있었다는 것이다. 항저우에서 여성 사역 지도자로 많은 이들의 사랑을 받고 있던 폴딩(Faulding) 양이 이제 그의 두 번째 아내가 되었다. 그녀는 이후 33년간 허드슨 테일러 곁을 지키며 선교회 공동체의 많은 이들의 마음을 푸근하게 한 희생적인 사역을 감당했다. 그러나 그들은 종종 떨어져 있어야 했다. 눈이 수북이 쌓인 겨울에 여행하려면 적잖은 희생을 감수해야 했고, 허드슨 테일러는 아내만이라도 집에 있는 것을 감사히 여겼다.

허드슨 테일러가 어느 폐쇄된 선교기지에서 쓴 편지글이다.

교회의 전교인과 예비신자들을 내일 나와 함께 하는 저녁식사 자리에 초대했습니다. 모두 만날 수 있으면 합니다. 주님께서 우리를 축복하시기를 바랍니다. 비록 상황은 안타까울 정도로 낙심이 되지만 절망적이지는 않습니다. 하나님이 축복하신다면 곧 상황이 나아질 테니까요.

"하나님이 축복하신다면 곧 상황이 나아질 테니까요." 허드슨 테일러의 믿음의 실용주의적 특성이 잘 드러나는 대목이다. 그는 가장 힘든 곳을 도맡아 성령의 소생케 하시는 능력을 의지하며 역경을 헤쳐나갔다. 그리고 회심자와 선교사들 모두에게 새로운 열심을 불어넣으며 기도와 인내로 나아갔다. 그후 그는 양쯔강 계곡에서 테일러 부인과 합류한 뒤 난징에서 3개월을 보내며 직접적인 전도에 많은 시간을 쏟았다.

허드슨 테일러가 난징에서 쓴 편지글이다.

> 매일 저녁 우리는 그림과 랜턴 슬라이드를 사용하여 많은 수의 사람들을 모아놓고 예수님을 전합니다… 간밤에는 500명이 예배당을 가득 메웠습니다. 오래 머물지 않은 사람도 있었지만 세 시간 가까이 자리를 지킨 이들도 있었지요. 주님께서 여기 우리가 머무는 시간을 통해 영혼들을 축복하시기를… 매일 오후엔 여성들도 우리를 보고 듣기 위해 찾아옵니다.

블래처리 양에게 보낸 편지의 한 대목에서 그의 형편이 어떠했는지에 관한 단서를 엿볼 수 있다.

> 만약 당신이 샘물에서 하루도 빠짐없이 늘 마신다면 당신의 삶이 무엇으로 흘러넘치겠습니까? 예수님, 예수님, 예수님이겠죠!

이런 문구를 보면 그의 잔은 이미 가득차 있고 그가 감당한 사역에 필요했던 것은 다름아닌 잔의 흘러넘침이었다. 선교기지 방문은 소기의 목적을 달성했고 허드슨 테일러가 적어도 한번씩은 선교회의 모든 기지를 방문할 때까지 이어졌다. 그는 여기에 머물지 않고 각처의 중국인 지도자들을 적극적으로 찾아나섰다. 전도자, 권서인(성경 또는 복음소책자를 나눠주며 복음을 전하는 사람), 교사, 여성 전도자들을 돕기 위해 거의 빠짐 없이 개별 심방을 했다. 부부동반이 허락될 때엔 테일러 부인의 내조가 진가를 발휘했다. 부부는 때로는 밤 늦게까지 서신을 회신하는 일을 함께 했다. 그녀는 그의 의료여행에도 함께 했고, 때로는 그가 다른 기지로 이동할 때 그녀는 기지에 남아 환자들을 섬기곤 했다. 그 시절엔 그가 의학지식을 갖추었다는 게 얼마나 큰 보탬이 되었는지 모른다. 선교회나 조약항(조약에 따라 외국인 거주가 가능한 항구)에서 떨어진 곳은 어디를 가든 의사를 찾아볼 수 없는 시절이었다. 당연한 이야기겠지만 이로 인해 허드슨 테일러의 짐에 적잖은 무게가 더해졌다. 한번은 내지의 외딴 기지에 도착했는데 무려 98통의 편지가 그를 기다리고 있었다. 바로 다음날 그는 전장의 소중한 동역자인 아량(A-liang)의 아기에 관해 의료적 지시 사항을 담은 편지를 한 페이지 가득 적었다. 그러나 긴 편지를 쓰는 일이건, 환자를 돌보러 따로 여행을 해야 하건, 그는 도움이 될 기회가 생기면 감사함으로 응했다. "뭇 사람을 섬기는 자(the servant of all)", 곧 모든 사람의 종이 되는 것은 그가 가장 바라던 특권이었다.

그가 약 9개월 만에 쓴 편지글이다.

주님은 우리를 흥왕케 하고 계시며 사역은 꾸준히, 특히 가장 중요한 영역인 현지인의 도움을 받는 방면에서 성장하고 있습니다. 도움을 주는 조력자들 스스로도 많은 도움과 돌봄과 지침이 필요합니다. 그럼에도 그들은 숫적으로 증가하고 있을 뿐 아니라 더 유익한 일꾼으로 성장하고 있습니다. 두말할 나위 없이 이들이 중국의 희망입니다. 나는 외국인 선교사들은 높은 건물을 세우는 데 필요한 비계* 역할을 한다고 봅니다.

---

* 높은 건물을 지을 때 디디고 서도록 긴 나무 따위를 가로세로로 엮어 다리처럼 걸쳐 놓은 설치물.

작업대를 빨리 걷어낼수록 더 좋은 일입니다. 또는 그 발판이 또다른 한시적인 섬김을 위해 다른 곳으로 빨리 옮겨질수록 더 좋은 일입니다.

외국인 선교사로서 자신에 대한 이런 인식은 더더욱 가차없는 노동의 필요성을 제기했고 그만큼 많은 기도와 비전이 요구되는 일이었다. 당장 눈앞의 필요에 쫓기거나, 특히 기존 사역을 위한 자금도 넉넉치 않을 때, 저 너머의 큰 필요에 관해선 긴급하다는 의식을 잃어버리기 십상이다. 그러나 허드슨 테일러는 정확하게 역발상을 하고 있었다. 여러 기지들 간에 장거리 이동을 감행하면서 친근하고 호의적인 주민들로 넘쳐나는 마을의 인구밀집지역을 통과할 때마다 그의 마음은 점점 더 내륙 깊숙한 미전도 지역으로 향했다.

허드슨 테일러가 런던의 선교 위원회에 쓴 편지글이다.

지난 주엔 타이핑(Taiping, 태평)에 갔습니다. 장날이라 3-4킬로미터의 길을 걷기도 어려울 정도로 말그대로 빼곡한 인파에 제 마음이 설레었습니다. 우리는 상주하여 사역할 장소를 물색 중이었으므로 말씀 전하는 일은 거의 안 했지요. 하지만 저도 모르게 성벽 쪽으로 물러나 이 사람들에게 자비를 베풀어 달라고, 그들의 마음을 열어 우리가 들어가게 해달라고 하나님께 부르짖게 되었지요.

우리 쪽에서 아무 일도 안 했는데 적어도 네 명의 간절한 영혼들과 접촉이 이루어졌습니다. 한 노인은 어떻게 했는지는 모르지만 우리를 발견하고 배까지 따라왔어요. 나는 그를 안으로 청했고 이름을 물었어요.

"내 이름은 징(Dzing)입니다"라고 그가 답했지요. "그런데 내 마음을 괴롭게 하는 물음이 하나 있어요. 그동안은 답을 찾지 못해 고민했습니다만, 대체 내 죄를 어떻게 하면 좋을까요? 우리네 사람들은 죽음 저 너머엔 아무것도 없다고 하지만 나는 그 말이 영 믿기지가 않아요… 오, 선생님, 나는 아무리 생각하고 또 생각해 봐도 대체 내 죄를 어찌해야 할지 모르겠어요. 지금 일흔두 살인데, 10년 더 사는 건 기대할 수 없겠죠. '오늘은 내일 일을 모른다'고 하잖아요. 내 죄를 어찌해야 좋을지 말해 줄 수 있겠습니까?"

"있고 말고요"라고 나는 답했습니다. "바로 이 질문에 답하기 위해 우리가 수천 킬로를 여행해 여기 온 것입니다. 들어보세요, 어르신이 원하는 것과 알아야만 하는 것을 설명하겠습니다."

저와 함께간 동역자들이 돌아왔을 때 그 노인은 다시금 십자가의 놀라운 이야기를 듣고는 위로를 얻고 편안한 마음으로 우리와 헤어졌습니다… 그 노인은 우리가 그 지역에서 셋집을 하나 얻었고 곧 기독교 권서인들이 그곳에 상주하게 될 것이라는 소식에 기뻐하며 돌아갔지요.

저장성 한 곳만 해도 그리스도의 증인이 없는 도시가 50곳이 넘었고 그 모든 지역에서 동일한 사역을 진행해야 했다. 그러고 나면 그 다음 또 수백만 명이 기다리고 있었다! 배에 혼자 남아 있던 허드슨 테일러는 그 마음의 짐을 주님께 맡길 수밖에 없었다. 다음날인 1874년 1월 27일 그는 자신의 성경책 한 켠에 이런 메모를 남겼다.

하나님께 추가로 50명에서 100명의 현지인 전도자들과 필요한 대로 가능한 많은 선교사들을 보내달라고 구했다. 이들은 저장성에서 아직 복음이 닿지 않은 4곳의 부성급(府省級) 도시와 48곳의 현급(縣級) 도시를 개척하는 데 필요하다. 그리고 또한 9곳의 미전도 성(省)으로 들어갈 사람들을 구했다. 예수님의 이름으로 구했다.

"주 예수님, 저로 하여금 안식을 누리게 하신 그 약속을 인하여 감사드립니다. 제게 육신의 힘과 지혜와 신령한 은혜를 허락하셔서 주님이 맡기신 이 위대한 일을 감당하게 하옵소서."

이상하게 들리겠지만, 그 기도 이후로 이어진 현실은 육신의 힘이 아니라 질병이었다. 수주간 그는 무기력하게 병상에 누운 채 하나님의 비전을 믿음으로만 붙들 수밖에 없었다. 재정 상황도 점점 더 나빠졌다. 후원금으로 들어오는 돈이 너무 적어 어떻게 분배할지 판단이 안 설 정도였다. 당연히 사역 확장에 쓸 돈은 한 푼도 없었다. 그러나 그는 "우리는 계속 내지로 들어갈 겁니다"라고 런던의 간사들에게 편지를 보냈다. "머지 않아 척박한 성들이 복음화되는 것을 목도하기를 간절히 소망합니다. 낮에는 그 갈망으로, 밤에는 그 기도로 보냅니다. 과연 주님이 이 일에 저보다 관심이 덜하실까요?"

중국 내지의 새로운 지역으로 진출하는 게 아예 불가능해 보일 때도 있었다. 그러나 그의 앞에 놓인 성경에는 그와 하나님 사이에 이루어진 엄중한 거래에 대한 기록이 있었다. 그리고 그의 마음에는 중국 내지를 향한 하나님의 때가 임박했다는 확신이 있었다. 허드슨 테일러가 병상에서 서서히 회복해 가던 어느 날, 2개월 전 영국에서 부친 편지 한 통이 그의 손에 쥐어졌다. 발신인은 그가 모르는 사람이었다. 마치 떨리는 손으로 쓴 듯한 필체였다.

친애하는 선생님, 저는 하나님을 찬양합니다. 2개월 안에 중국내지선교회 사역의 추가적인 확장을 위해 800파운드*를 선교회 위원회의 처분에 맡기고자 합니다… 여러 신규 지역을 위한 것임을 부디 기억해 주시기 바랍니다.

선생님이 속한 단체의 영수증 양식이 아름답다고 생각합니다. "우리의 깃발 되신 주님" "주님이 채우시리라." 이 말을 새겨서 발행하는 영수증 말입니다. 그 믿음이 계속되는 곳엔 찬양이 있고, 만군의 여호와께서 그 믿음을 높이시리라 확신합니다.

"여러 신규 지역"을 위한 800파운드라니! 병상의 환자는 제대로 읽었는지 자기 눈을 의심했다. 외국에서 온 그 편지가 그가 여지껏 붙잡고 있던 영적 비밀을 고스란히 담은 채 그를 응시하고 있는 듯했다. 편지의 발송일은 그가 성경책에 기도문을 메모하기 전이었다. 그리고 이제 가장 필요한 시점에 놀라운 확증을 담은 이 편지가 그에게 도달한 것이다. 하나님의 때가 임한 게 확실했다!

그렇다면 그의 다음 행보는 병상에서 일어나 양쯔강 계곡으로 복귀하는 것이었다. 겨울 추위가 풀린 봄날의 전장에는 많은 사람이 운집해 있었다. 다른 지역과 마찬가지로 전장에도 중국인 그리스도인들 사이에 새로운 활력이 감돌았다. 회심자들이 속속 교회로 들어왔고, 현지인 지도자들은 더 열심 있고 유익한 일꾼으로 성숙해 갔다. 연배가 높은 선교사들은 더 큰 필요에 고무되어 큰 도시로 나갔고, 젊은 선교사들은 언어

---

* 당시엔 4천 금화 달러에 맞먹는 돈이었다.

에 상당한 진보를 이룬 덕분에 개척 사역을 갈망했다. 선교기지를 비울 형편이 되는 사람은 모두 허드슨 테일러와 함께 한주간 기도와 총회의 시간을 가지기 위해 전장으로 집결했다. 그후 허드슨 테일러와 저드 선교사는 오랜 기도제목이었던 선교회의 서부 거점지 물색을 위해 거대한 양쯔강 상류로 출정하고자 했다.

허드슨 테일러가 전장에서 쓴 글이다.

재정 부족으로 혹독한 어려움을 겪던 우리를 이렇게 격려해 주신 주님은 참으로 선하신 분이 아닌가?

단지 풍성해진 재정 상황만으로 온전히 설명되지 않는 새로운 기쁨과 소망의 기운이 그의 글에서 묻어났다. 그가 믿음의 힘든 시험을 겪은 친구에게 쓴 다음의 편지에서도 비슷한 분위기가 느껴진다.

우리의 사역에 이렇게 실제적인 시험이나 이토록 많은 믿음의 연단이 몰려온 적은 없었어. 사랑하는 우리의 친구 블래처리 양이 병에 걸려 나를 보길 간절히 원하고, 사랑하는 우리 아이들도 계속 돌봄이 필요해. 선교회는 자금 압박에 시달리고, 게다가 몇몇 귀국하는 이들과 출국하는 이들로 인해 행정처리를 감당해야 하고 내지 사역을 확장하는 문제도 있어. 그리고 편지로 설명하기 어려운 기타 여러 가지 문제가 있지. 만약 이 산적한 문제들을 우리 스스로 짊어지려 했다면 우리는 진작에 나가 떨어졌을거야. 그러나 주님은 우리와 우리의 짐까지 다 짊어져 주시고 우리의 마음은 (주님 더하기 은행 잔고가 아니라) 오직 주님 한 분만으로 큰 기쁨을 누리고 있다네. 고단한 현실에도 불구하고, 이렇게 마음에 염려와 불안이 없었던 적이 있었나 싶어.

몇 주 전 내가 상하이에 도착했을 때만 해도 우리에겐 크고 급박한 필요가 있었어. 편지가 두 통이나 왔지만 송금은 없었거든! 장부를 확인해 보니 본국에도 잔고가 비어 있었어. 나는 이 짐을 주께 맡겼어. 다음 날 아침 눈뜨자마자 마음이 문제로 기우는 걸 느꼈지만, 주님은 내게 말씀을 주셨어. "내 백성이 애굽에서 괴로움 받음을 내가 확실히 보고 그 탄식하는 소리를 듣고 그들을 구원하려고 내려왔노니"(행 7:34). "내가 반드시 너와 함께 있으리라"(출 3:12). 오전 6시가 되기 전인데, 도움이 머지않았다는 확신이 들었어. 정오가 다 되었을 무렵 뮬러 씨의 편지 한 통이 도착했어. 편지는 닝보로 갔다가 상하이로 반송되는 바람에 도착이 많이 늦어졌던 거야. 편지 안에는 300파운드가 넘는 돈이 들어 있었어.

나의 필요는 크고 긴급하지만 하나님은 더 크시고 더 가까이 계셔. 하나님이 우리와 함께하시니, 하나님이 하나님 되심으로 말미암아 모든 것이 잘될 거야. 오, 친구여, 살아계신 하나님을 알고, 살아계신 하나님을 목도하고, 우리의 매우 특수한 상황 속에서 살아계신 하나님을 의지하는 것이 얼마나 기쁜지 몰라! 나는 다만 그분의 대리인에 불과해. 그분이 그분 자신의 명예로운 이름을 지키실 거야. 그분의 종인 우리를 먹여살리실 거고, 그분의 부요함을 가지고 우리의 모든 필요를 채우실 거야. 우리는 다만 기도와 믿음의 수고와 사랑의 봉사로 거들 뿐이지.

거의 비슷한 시기(1874년 4월)에 테일러 부인에게 쓴 편지에도 비슷한 확신이 느껴진다. "어제의 통장 잔고는 87센트였어요. 하지만 주님이 주관하신다는 사실 때문에 우리에게는 기쁨과 안식이 있어요!" 잔고가 더 줄어들었을 때 그는 볼러 씨에게 이렇게 말했다. "우리에겐 이 돈 그리고 하나님의 모든 약속이 있습니다."

"그때 잔고가 25센트였죠"라고 볼러 씨는 회고했다. "25센트 더하기 하나님의 모든 약속이 우리에게 있었습니다! 그러고 보니 억만장자가 된 느낌이었죠. 그날 우리는 찬송을 불렀습니다."

> 내게 허락된 기업을 무엇과도 바꾸지 않으리
> 이 땅의 모든 좋고 대단한 것들이라도
> 오직 믿음으로만 가질 수 있는 것이 내게 있으니
> 죄인의 황금을 결코 부러워하지 않으리

그해 봄 전장에서 열린 수련회의 주제 찬양은 "순적하게 채우시는 주님"이었다. 이런 고백에 전적으로 동의한 허드슨 테일러는 블래처리 양에게 이렇게 편지를 보냈다.

우리가 만약 기다리기만 한다면 주님께서 채워주시리라 확신해요… 우리는, 그러니까 저드 선교사와 나는 곧 길을 떠나요. 목적은 우창(Wuchang)에 본부로 쓸 만한 건물이 있는지 조사하는 겁니다. 우리는 우창을 전초기지로 삼아 주님이 우리에게 능력 주시는 대로 서쪽으로 진출하려고 해요. 비록 우리의 힘은 미약하지만 그곳 복음이 닿지 않은 성의 필요와 그곳에서 사역할 자금이 우리에게 있다는 사실로 인해 (비록 일반용도로 쓸 재정은 없지만) 이 수고를 속히 감당해야 한다는 긴급함이 있어요… 다음

달에는 또 어떻게 도움이 올지 상상조차 못하겠지만, 주님이 채우시리라는 완벽한 기대가 있답니다. 주님은 우리를 실망시킬 수 없고 실망시키지도 않으실 거니까요.

그러나 바로 그 시점에 또다른 어려움이 찾아오고 사역은 지체되었다. 항상 용감하고 신실했던 블래처리 양이 과중한 업무에 시달리다가 급기야 건강을 잃은 것이다. 그 결과 피어랜드 로드에 있는 아이들이 돌봄을 받기 어려워졌고 선교회의 본국 업무도 차질을 빚었다. 블래처리 양은 재능있고 헌신적이었지만 점점 더 많은 업무를 홀로 부담하기에는 역부족이었다. 허드슨 테일러 부부는 저드 선교사가 우창에 자리잡는 것까지만 기다렸다가 서둘러 영국으로 출발했다. 그러나 그들이 사랑하는 친구를 돕기 위해 중국을 막 떠나려는 시점에 그녀가 세상의 모든 무거운 짐을 내려놓았다는 소식이 들려왔다.

수주 후 귀국했을 때 그들을 맞이한 것은 블래처리 양의 빈자리와 뿔뿔이 흩어진 아이들과 중단된 주별 기도회였다. 이상하고도 서글픈 환향이었다. 그러나 아직 더 내려갈 밑바닥이 있었다. 중국에 머물 때 허드슨 테일러는 저드 선교사와 함께 양쯔강 상류로 이동하던 중 넘어져 부상을 입었는데, 그때 척추에 충격을 받은 듯했다. 귀국 후 몇 주가 지나고 분주한 런던 생활로 무리한 탓에 안 그래도 약했던 건강에 적신호가 켜졌다. 갑자기 하반신 마비가 온 것이다. 허드슨 테일러는 침대에 꼼짝도 못하고 누워지내야 했다. 해야 할 모든 일과 돌아봐야 할 모든 것을 의식한 채 한창 활동할 나이에 그가 할 수 있는 거라곤 이층방에 누워 있는 것밖에 없었다. 거기 누워서 하나님을 즐거워하는 것밖에 없었다.

그렇다, 하나님을 즐거워하라! 그의 마음을 짓누르는 필요만큼이나 그에겐 무한한 갈망과 소망이 있었다. 그가 드렸던 기도와 하나님께서 허락하신 응답으로 많은 기회가 중국에서 열리고 있었다. 영국 교회는 파도처럼 밀려오는 영적 축복으로 큰 부흥을 경험하고 있었다. 그는 이 부흥이 고국 교회가 선교사 파송 기지로 도약하는 계기가 되길 간절히 소망했다. 인간적으로 보자면 다시 일어나 걸을 가망이 적었지만, 그의 내면에는 "하나님의 선하시고 기뻐하시고 온전하신 뜻"(롬 12:2)으로 말미암은 기쁨이 흐르고 있었다. 분명한 것은 바로 그 고난의 자리에서 중국내지선교회의 모든 굵직한 성장의 샘들이 터졌다는 것이다.

이제 허드슨 테일러의 활동 영역은 네 개의 기둥이 있는 좁은 침대로 제한되었다. 그러나 침대 발치의 두 기둥 사이에는… 여전히 지도가 있었다! 그렇다, 중국 전체가 한눈에 들어오는 지도였다. 그것 외에 그를 에워싼 사방으로는 밤낮없이 언제나 예수님의 이름으로 들어갈 수 있는 하나님의 임재가 머물러 있었다. 오랜 세월이 지난 후, 기도가 모두 응답되고 선교회의 개척자들이 중국 내지 곳곳을 누비며 그리스도를 전파하게 되었을 때, 스코틀랜드 교회의 지도자가 허드슨 테일러에게 이런 말을 건넸다.

"하나님께서 당신을 이토록 놀라운 방식으로 사용하셨으니 가끔은 교만해지고 싶은 유혹이 들 수밖에 없겠죠. 살아있는 사람 중 이보다 더 큰 영예를 누린 경우는 없었으니까요."

"그 반대입니다." 그가 진지하게 대답했다. "자주 드는 생각은 하나님께서는 그분이 사용하실 수 있을 만큼 충분히 작고 충분히 연약한 사람을 찾으셨던 게 분명하다는 겁니다. 그러다 찾으신 게 저죠."

그 해가 다 지나도록 허드슨 테일러의 몸 상태는 차도가 없었다. 그는 점점 더 거동이 힘들었고 위에 고정한 밧줄을 의지해 침대에서 겨우 몸을 돌릴 정도였다. 처음에는 글을 좀 썼지만 이제는 펜도 못 잡았다. 설상가상으로 한동안은 테일러 부인의 도움조차 못 받는 상황이 되었다.

그러던 어느 날, 1875년 새해 벽두에 기독교 언론에 〈기도 요청: 1억5천만이 넘는 중국인을 위하여〉라는 제목의 기고문이 게재되었다. 기고문에서는 간략하게 중국 내 9개의 미전도 성에 관한 제반사항과 선교회의 목표를 다룬 후 이 오지로 복음을 전하려는 특별목적으로 최근 4천 파운드가 기탁되었음을 알렸다. 그리고 중국인 그리스도인들은 이 사역에 동참할 준비가 되어 있으나 개척자로서 어떤 역경도 감수하려는 영국의 젊은 선교사들이 시급하게 필요하다고 호소했다.

"기독교 독자 여러분, 지금 당장 하나님께 마음을 올려드리며 하나님께서 올해 이 사역에 자신의 삶을 바칠 18인의 적임자들을 세워달라고, 1분간 기도를 드려 주시겠습니까?"

이 호소문에는 선교회의 지도자가 어느 모로 봐도 가망 없는 불구자라는 언급은 없었다. 그 4천 파운드의 출처가 그와 그의 아내라는 것도, 그 돈이 그들이 하나님 사역에 바친 전재산이라는 언급도 없었다. 2-3년 전 18명의 선교사를 보내주실 때까지 믿음으로 계속 기도하겠다고 서원했다는 언급도 없었다. 그러나 글을 읽는 사람들은 뭔가 훨씬 더 풍성한 이야기가 이면에 있음을 느꼈다. 하나님 안에 깊이 뿌리내린 믿음의 사람이 전하는 진실한 호소에 사람들의 마음이 움직였다.

오래지 않아 허드슨 테일러의 우편물은 크게 증가했고 편지를 주고받는 기쁨도 갑절이 되었다. 그러니까 더 정확히는 온종일 누워만 있고 펜조차 들지 못하는 병자를 위해 주님께서 어떻게 그의 편지 왕래를 해결해 주시는가를 목도하는 기쁨이 갑절로 늘었다.

그 당시 상황에 관해 허드슨 테일러가 쓴 글이다.

선교회에는 유급 직원이 없었다. 그래서 하나님께서는 사전 조율 없이 매일매일 자원자들을 보내주셨다. 펜을 들지 못하는 내가 누운 채로 말하면 그것을 받아적는 방식으로 진행되었다. 만약 오전에 방문한 이가 답장 쓰는 일을 끝마치지 못하고 돌아가야 한다면, 어느새 또 다른 사람이 찾아왔고, 여전히 업무가 남은 상태라면 오후에 한두 사람이 더 들르게 하셨다. 가끔 도심으로 출근하는 젊은 친구가 퇴근 후 방문해 장부 기장을 해주거나 남아 있는 편지들을 마저 처리해 주었다. 하루하루의 많은 업무가 이렇게 해결되었다. 이 강제적인 비(非)활동기야말로 내 삶에서 가장 행복했던 시기 중 하나라고 자신있게 말할 수 있다. 내가 할 수 있는 거라곤 주 안에서 "그의 영광의 힘을 따라… 기쁨으로 모든 견딤과 오래참음에"(골 1:11) 이르는 동안 주님이 그분의 모든 필요를 몸소 채우시는 걸 지켜보는 것이 다였다. 그 이전이나 이후 어느 때에도 나의 편지들이 이렇게 신속하게 꼬박꼬박 응답된 적이 없었다.

많은 그리스도인들이 한마음으로 간구한 18명의 소명자들도 오기 시작했다. 먼저 편지를 몇 차례 주고 받다가 나를 직접 보러 내 방으로 찾아왔다. 곧 내 침상 머리 옆에서 중국어 공부 모임이 시작됐다. 때가 되었을 때 주님은 그들 모두를 파송하셨다.

마일드메이의 내 사랑하는 친구들은 나의 회복을 위해 기도해 주었다. 주님은 낫기 위해 쓴 여러 방법을 축복하셨고 결국 나를 일으켜 세우셨다. 그러고 보니 더 이상 내가 쓰러져 있어야 할 이유가 사라졌기 때문인 것 같았다. 만약 내가 건강해서 이곳저곳 분주하게 돌아다녔다면, 하나님의 일하심이라기보다는 나의 긴급한 호소가 사람들에게 잘 먹혔고 그 덕분에 18명을 중국에 파송했다고 생각하는 이들이 있었을 것이다. 그러나 그 모든 시간 동안 나는 완전히 쓰러져 있었고 입으로 기도제목을 불러줘서 받아적게 하는 일 외엔 전적으로 무능했던 까닭에, 우리의 기도 응답이 어디서 온 것인가가 더 명확하게 드러났다.

당시 선교 기금 마련을 위한 기도의 응답 역시 경이로왔다. 한번은 중국으로 보낼 금액이 너무 적어 고민한 적이 있었다. 매달 필요한 금액은 그보다 훨씬 많아서 235파운드나 모자랐다. 허드슨 테일러와 동역자들은 이 문제를 가지고 주님께로 나아가 구체적으로 기도했다. 주님의 선하심으로 응답은 지체되지 않았다. 기도한 바로 그날 저녁, 우체부가 '접시 판매금'이라고 기입된 수표 한 장이 들어있는 편지를 가져왔다. 수표 총액은 235파운드 79펜스였다.

허드슨 테일러가 거동을 할 수 있게 된 후 어느 모임에서 돌아오는 길에 한 러시아 귀족이 그에게 다가왔다. 그의 이야기를 잘 알고 있다며 함께 런던으로 이동하던 중 보브린스키(Bobrinsky) 백작은 지갑을 꺼내며 말했다.

"제가 작은 것을 드려도 되겠습니까? 중국에서 선교회 사역에 써주세요."

그가 허드슨 테일러에게 건넨 지폐는 예상보다 큰 액수였고, 허드슨 테일러는 뭔가 착오가 있다고 생각했다.

"제게 5파운드를 주시려고 했던 거죠? 잘못 꺼내셨네요. 보세요, 50파운드예요."

"아닙니다. 그냥 두십시오. 도로 받을 수 없습니다."

백작은 놀라는 기색도 없이 대답했다.

"사실 제가 드리려던 액수는 5파운드였지만 하나님께서 당신께 주고 싶으신 액수는 50파운드였나 봅니다. 그러니 도로 받을 수 없습니다."

저녁에 피어랜드 로드에 도착하니 사람들이 모여서 뭔가 특별한 기도를 드리고 있었다. 중국으로 송금을 해야 하는데 49파운드하고 11펜스가 부족하다는 것이었다. 허드슨 테일러는 탁자 위에 50파운드짜리 지폐를 내려놓았다. 하나님 아버지의 일하심이 어떻게 이보다 더 직접적으로 드러날 수 있을까?

그러나 수년간의 많은 기도 응답으로도 중국 내지로 진출하는 길은 쉽게 열리지 않았다. 18명의 개척 선교사들을 파송한 즈음 영국인 관리가 살해당하는 사건이 발생했고 더 이상 전쟁을 피할 길이 없어 보였다. 영국과 중국 정부 사이에 협상이 진행되었으나 수개월간 지지부진했고 중국 정부는 어떤 타협안도 제시하지 않았다. 마침내 영국 공사가 베이징(Beijing)에서 철수하겠다는 결정을 내렸고 이젠 정말 전쟁 발발이 불가피해 보였다. 그 와중에 8명의 신입 사역자들을 인솔해 중국으로 들어가려는 허드슨 테일러를 선교회의 친구들은 적극 만류했다.

"전쟁이 벌어지면 어차피 돌아와야 할 거예요. 지금 이 시점에 선교사들을 더 오지로 보내는 건 말도 안 됩니다."

어디서 잘못된 것일까? 사람들과 돈이 헛되게 주어졌던가? 중국 내지는 여전히 복음에 닫힌 채로 있어야 하는가?

프랑스 증기선의 3등 객실 안에서 한 남자가 무릎을 꿇은 채 하나님과 씨름하고 있었다. "제 심령은 갈망합니다, 오 얼마나 열렬히 갈망하는지요!"라고 허드슨 테일러는 2년 전에도 이렇게 기도했다. "복음이 닿지 못한 중국 내지 1억8천만 영혼들의 복음화를 위해, 오, 내게 목숨이 백 개 있어 그들의 유익을 위해 내어주고 소진할 수 있다면 얼마나 좋을까!" 갖은 실망을 겪으면서도 비전이 무뎌지지 않도록 애쓰며 자신이 할 수 있는 것은 다 했다. 그런데 모든 것이 준비된 것 같은 이 때에 또다른 장벽에 가로막히다니!

그러나 하나님의 시간은 결코 어긋나는 법이 없다. 하나님이시라면 그 어떤 경우라도 '너무 늦은 때'란 없다. 마지막 순간에 중국 외교 당국이 한 발 물러섰다. 리훙장 총독이 황급히 연안으로 달려갔고 치푸(Zhifu)에서 영국 공사를 만나 분수령적인 협정을 체결했다.* 이 극적인 타결로 마침내 중국 내 모든 지역으로 외국인이 자유롭게 진출하는 것이 허용되었다.

"우리 형제들이 준비가 되었을 바로 그때"라고 허드슨 테일러는 즐겨 회상했다. "너무 빠르지도 않고 너무 늦지도 않게, 오랫동안 닫혀 있던 문이 저절로 그들 앞에 열렸습니다."

---

* 1876년 영국과 중국 사이에 체결된 옌타이(Yantai) 조약을 말한다. 영국 토머스 웨이드 공사와 중국 리훙장 총독이 대표자로 나섰다.

17
더 멀리 흘러넘치도록

오, 그리스도, 마르지 않는 샘
깊고 달콤한 사랑의 우물
이 땅의 온갖 시냇물을 마셨으나
이젠 깊디깊은 하늘의 샘을 마시리
- A. R. 커즌

선교회의 개척자들은 그후 2년 동안 중국 내지 곳곳을 누비며 구속자의 사랑의 복음을 전했다. 그들은 2년간 총 5만 킬로미터의 거리를 이동했다. 막상 외국인의 내지 출입이 자유로워지고 나서 보니 중국은 놀랍도록 개방적인 나라였다. 그렇기에 수년간 갖은 고생을 하며 개척의 길을 낸 젊은 선교사들이 적당한 지역을 거점 삼아 정착하기를 바라는 건 너무도 자연스런 일이었다. 그곳에 정착하게 된다면 당연히 가정도 꾸려야 했다. 개척 선교사 중 몇몇은 결혼할 상대와 이미 약혼을 한 상태였다. 그들은 최초의 백인 여성 동역자들을 오지로 데리고 들어가는 것에 대한 허드슨 테일러의 승낙이 떨어지기만을 기다리고 있었다. 하지만 그것은 단순히 외국인 반려자와 함께하는 것만을 의미하지 않았다. 어쩌면 그들은 자신들의 지도자의 눈에는 이전의 경험을 통해 충분히 예견되었던 여러 시나리오를 미처 보지 못했을 것이다. 즉, 중국 내지로 들어가 정착하는 것은 결코 쉬운 일이 아니었고, 그곳에 가정을 꾸린다면 선교사와 결혼한 여성들이 몹시도 버거운 삶을 감내해야 한다는 의미였다. 영국이었다면 그리 문제되지 않을 온갖 것들이 어려움으로 작용해 정상적인 가정생활을 기대하는 것조차 요원할 것이다.

그럼에도 허드슨 테일러는 이미 수년 전 이 모든 문제에 부딪혀 보았고 그때 그는 여성 사역을 독려하는 정책을 제시한 바 있었다. 마침내 허드슨 테일러가 최초의 기혼부부 선교사의 내지 파송을 허락하자 그가 예상했던 대로 주위의 큰 반발이 일었다. 그러나 중국의 선교사역은 새로운 국면에 접어들고 있었다. 새로운 차원의 희생과 믿음과 인내가 요구되는 시점이었다.

상황은 쉽게 진정되지 않았다. 일년 또는 그 이상의 기간 동안 허드슨 테일러에게 쏟아진 주된 비판은 신입 개척 선교사들을 너무 멀리 그것도 너무 외져서 도움의 손길을 받기도 힘든 지역으로 보낸다는 것이었다. 최종 목적지에 정착하는 것은 둘째치고 그곳까지 다다르는 여행길에서 무슨 일을 겪을지도 모르는 일이었다. 용기백배한 젊은 선교사들의 영광을 향한 도전은 과감했지만 그만큼 위험과 실망도 당연히 있을 것이기 때문이다. 예나 지금이나 복음 전파에는 "밖으로는 투쟁이요 안으로는 두려움"이 따른다. 허드슨 테일러는 비록 몸은 선교회 행정업무로 전장에 매여 있었지만 선교사들에게 방향을 제시하고 격려를 아끼지 않았다.

그가 쉼없이 사역에 매진하고 선교사들에게도 힘이 되어줄 수 있었던 비밀은 먼 곳에서 찾을 필요가 없었다. 일을 하다 짬이 날 때면 허드슨 테일러는 습관처럼 작은 오르간 앞으로 가서 좋아하는 찬양을 여러 곡 부르곤 했다. 마지막은 늘 이 찬양으로 마무리했다.

주 예수여, 당신 안에 기쁨으로 안식 또 안식합니다
사랑으로 품으신 주의 마음 어찌 큰지 알게 하소서

허드슨 테일러의 사무실로 연이어 편지가 배달되었을 때 18명의 개척자 중 한 명인 니콜(George Nichol) 선교사가 함께 있었다. 선교회의 구(舊) 기지 두 곳에서 심각한 폭동이 일어났다는 소식이었다. 허드슨 테일러가 혼자 있고 싶어할 것 같아 청년이 자리를 비켜주려던 순간, 놀랍게도 그가 휘파람을 불기 시작했다. 허드슨 테일러가 가장 좋아하는 찬양의 감미로운 후렴구였다. "주 예수님, 당신 안에 기쁨으로 안식 또 안식합니다." 니콜 선교사는 자기도 모르게 몸을 돌려 이렇게 외쳤다. "우리 동역자들이 큰 위험에 빠졌는데 어떻게 휘파람을 불 수 있어요?"

"내가 걱정하고 안절부절하면 흡족하겠어요?"

그의 차분한 대답이 돌아왔다.

"내가 걱정한다고 그 사람들에게 도움이 되는 것도 아니잖아요. 도리어 무기력해져서 할 일만 못하겠죠. 내가 감당할 수 없는 짐은 그저 주님께 맡겨드리는 것밖에 없어요."

"짐을 그저 주님께 맡겨드리는 것"이 그가 주야로 지켜온 비밀이었다. 전장의 그 조그만 집에서 밤늦게까지 깨어 있던 사람들은 종종 새벽 두세 시에 허드슨 테일러가 가장 좋아하는 찬송가의 후렴구를 나즈막하게 부르는 소리를 들을 수 있었다. 그는 알았던 것이다. 자기에게 지속가능한 유일한 삶의 방식은 모든 상황 가운데 주님이 안팎의 크고 작은 어려움을 해결하시도록 맡기고 자신은 주 안에서 안식하고 기뻐하는 것임을, 그리고 이것이야말로 진정 복된 삶이며 실제로도 이것밖에는 가능하지 않음을 체득했던 것이다.

허드슨 테일러는 다시 런던으로 돌아왔다. 당시 중국 북부의 한 성에는 6백만 인구가 기아에 시달리고 있었다. 어린아이들이 수천 명씩 굶어 죽어갔고 어린 소녀들은 종으로 팔리거나 군대에 붙잡혀 남쪽 지방으로 끌려갔다. 그곳에는 내지선교회 소속의 개척 선교사만이 유일하게 정착해 있었고 그외 다른 선교사는 없었다. 이 끔찍한 상황에 부담감을 느낀 허드슨 테일러는 구호 사역을 진행하고자 고국으로 돌아왔고 가능한 모든 힘을 기울였다. 아이들을 위한 구호자금은 곧 마련되었다. 하지만 그 재난 지역에 가서 구호 사역을 감당할 여성 사역자가 필요했다. 과연 이게 가능한 일일까? 이제껏 연안지대와 산시(Shanxi)성의 경계를 이루는 타이항산맥을 넘어간 백인 여성은 한 명도 없었다. 그곳에 가려면 2주간 나귀가 끄는 달구지와 노상의 위험과 비참할 정도의 여관 숙박을 각오해야 했다.

결국 허드슨 테일러는 이 과업을 감당하기 위해, 집에 돌아온 지 몇 달만에 아내와 헤어져야 했다. 허드슨 테일러 부인은 이 부르심이 진정 하나님으로부터 온 것인지를 놓고 주님께 묻고 기다리는 시간을 가졌다. 그녀의 조금 해진 노트에는 이 기간 믿음을 확증해 준 여러 간증이 기록되어 있다. 하나님으로부터 기다리던 답을 얻자 허드슨 테일러가 감당해야 할 희생조차도 그녀를 가로막지 못했다. 자기가 낳은 두 아이와 장성한 네 아이와 입양한 딸 하나로 이루어진 일곱의 어린 식구들을 뒤에 남겨두고 가야만 했던 것이다. 엄마의 보살핌이 필요한 이 아이들을 어떻게 놔두고 갈까? 그녀는 모든 곤란한 질문들을 하나님께 가지고 나아갔다. 그리고 하나님께서는 답을 주셨을 뿐 아니라 필요가 생길 때마다 채워주셨다. 사랑하는 이들과의 이별의 아픔과 중국에서 맞이할 모든 위험과 고난을 감당할 은혜 또한 허락하셨다.

허드슨 테일러가 영국에 돌아오기 전에 쓴 글이다.

그리스도의 십자가를 사랑하는 사람들이 필요한 시기입니다. 오, 하나님께서 당신과 나에게도 바로 이 마음을 주시기를 간구합니다… 당신과 사랑하는 아이들과는 영원토록 함께할 것을 알면서도, 지금 이 땅에서 죽어가는 수백만의 영혼보다 우리 가족이 더 소중하게 여겨진다는 사실이 왠지 너무 부끄럽습니다.

그의 아내가 앞장선 다음부터는 허드슨 테일러가 다른 여성들이 선교지 최전선에 합류하는 것을 허락하는 게 좀 수월해졌다. 일년 후(1879년) 허드슨 테일러는 아내와 다시 만날 수 있었고, 아내가 주의 일에 헌신한 결과로 중국 내지의 여러 성에서 잇따라 여성 사역의 문이 열렸다. 그는 일년 만에 재회한 아내와 함께 지내며 사역에 매진할 수 있었다.

그 몇 해의 이야기는 어떤 소설보다도 흥미진진하고 감동적이다. 서부 오지로 들어갔던 최초의 여성들은 양쯔강 계곡에서 배가 파선하는 바람에 새 신부의 온갖 소지품들을 바위에 널어 말리며 희한한 크리스마스를 보내야 했다. 목적지에 도착했을 때 낯선 서양인 여자가 나타났다며 신기해하던 중국인들은 또 얼마나 몰려들던지!

충칭에 들어갔던 니콜(Nichol) 부인은 이렇게 회고했다. "지난 2개월간 매일 수백 명의 여자들을 만났답니다. 찾아다닐 필요가 없었어요. 나를 보겠다며 호기심 가득한 얼굴로 찾아왔으니까요. 날마다 우리 집에선 잔치가 열리는 것 같았다니까요."

밤낮없이 찾아오는 손님들을 치르느라 그녀는 여러 번 과로로 실신했다. 인구 6천만인 충칭에서 그녀가 유일한 백인 여성이었으니 상상이 간다. 한번은 정신을 차려보니 여자들이 다정하고 근심어린 얼굴로 그녀에게 부채질을 해주고 있었다. 니콜 부인을 친어머니처럼 따르던 한 여성은 자신의 전용 가마를 보내 당장 타고 오라고 독촉했다. 영문도 모른 채 실려간 그 집에선 가장 푹신한 침대가 그녀를 기다리고 있었다. 집주인은 다른 젊은 여성들을 내보낸 후 과로한 손님이 잠들 때까지 옆에서 부채질을 해주었다. 그러고는 성찬을 차려놓고 양껏 먹기 전까지는 자리를 뜨지 못하게 했다.

내지로 진출한 최초의 여성들이 가는 곳마다 이런 놀라운 광경이 그들을 기다리고 있었다. 사람들은 그녀들을 만나는 걸 좋아했으며 그녀들이 전하는 메시지에도 귀를 기울였다. 단지 본능적인 호기심이 아니라 진심으로 공감하며 듣고 있다는 게 느껴졌다. 어느새 마음이 열린 내지인들 앞에서 선교사들은 과감하게 말과 삶으로 자신들의 신앙을 전했다. 열매가 맺히는 데는 그리 오랜 시간이 필요하지 않았다. 여자 선교사들이 내지에 진출한 이듬해 말, 개척자들은 60-70명의 회심자들이 작은 교회에 모여 예배하는 기쁨을 누렸다.

한수이(Hanshui)강 상류까지 3개월간 이동한 끝에 맨처음 중국 내륙 서북부로 들어간 에밀리는 또한 복음을 전하다 가장 먼저 하나님의 품에 안긴 여성 선교사였다(1881년 5월). 그녀는 그 짧은 경주를 마치기 전까지 18명의 중국인 여성들이 믿음을 고백하고 그리스도 안에서 세례를 받는 기쁨을 누렸다. 그러나 그 기쁨에도 불구하고 장티푸스에 걸려 아내 없는 남편과 엄마 없는 아이를 남겨두고 선교지 한중(Hanzhong)에서 눈을 감았다. 오랜 믿음의 기다림 끝에 "그가 자기 영혼의 수고한 것을 보고 만족하게 여길 것이라"(사 53:11)는 말씀대로 이루어졌다.

이런 일을 감행하려면 대가를 지불해야만 한다는 걸 허드슨 테일러는 그 누구보다 잘 이해하고 있었다. 그리고 허드슨 테일러만큼 끊임없는 기도와 함께 이 길을 걸은 사람도 없었다.

시련의 한복판에서 허드슨 테일러가 어머니에게 쓴 편지글이다.

중국의 오지에 씨를 뿌린 사역이 성장하고 열매맺는 것을 볼 때 제 마음이 얼마나 기쁜지 말로 다할 수 없을 정도입니다. 이건 목숨을 걸 만하고, 죽음을 불사할 만한 가치가 있는 일이지요.

내지 사역은 놀랍도록 빠르게 성장했다. 그러나 새롭게 한 걸음 전진할 때마다, 하나님의 권능과 축복을 받을 때마다, 허드슨 테일러 자신은 이에 상응하는 고난과 시련을 통과해야 했다. 그 결과 그의 인생은 깊숙이, 점점 더 깊숙이 하나님 안으로 파고들어야만 했다. 겉보기엔 사역이 순풍에 돛단 듯 승승장구하는 듯이 보일 때도 있었다. 찬란한 믿음의 전진이 있었고, 영광스런 기도 응답이 있었다. 그러나 마음의 각오를 다진 후에 변함없이 무거운 짐을 지고 가는 것은 밖으로는 잘 알려지지 않은 사역자의 삶 그자체였다. 우리는 이런 믿음의 결단과 온갖 시련과 영혼의 연단 앞에서 입을 다물 수밖에 없다. 하나님과 땅 끝까지라도 갈 결심이 선 사람, 현실의 삶에서 날마다 죽을 각오가 되어 있는 사람, 사랑 안에서 기꺼이 형제들의 종이 되려는 사람, 형제들을 위해 끊임없는 중보로 동역할 준비가 된 사람, 그들의 실패와 연약함을 담당할 뿐 아니라 창조적인 믿음과 더 높은 수준으로 끌어올리는 사랑 안에서 그들의 지렛대가 될 수 있는 사람. 이런 사람이 있을 때, 그리고 이런 사람을 통해서만 하나님의 사역은 풍성한 열매를 맺게 된다.

중국 서북부 내륙 지역으로 여성 사역자들이 진출함으로써 사역에 새로운 활력이 붙기 전에도 치열하고도 지난한 고난의 시기가 있었다. 1879년 세 번에 걸쳐 허드슨 테일러의 목숨이 중병으로 경각에 처했다. 이듬해엔 하나님의 축복으로 새롭게 추진하는 사역들이 검증기를 거쳐 안정기에 들어섰지만 선교회 내부는 심각한 문제에 붙들려 있었다. 테일러 부인은 당시 쓴 편지에서 원칙에 관한 문제를 진지하게 거론했다.

> 어떤 압박이 와도 주님과의 사귐을 빼앗기지 않도록 굳게 자리를 지킨다면, 우리가 능히 승리하는 삶을 살 뿐 아니라 그 향기가 구석구석까지 퍼져 우리에게 되돌아오리라고 생각지 않으세요? 지난 몇 달간 우리의 제반 사역 중 가장 중요한 것이 중보임을 더 확신하게 되었어요. 겉으로 드러나진 않지만 하나님께서 우리에게 허락하신 동역자들의 승리를 보

장하기 위해 우리의 믿음이 활약하는 가장 결정적인 현장이라고 생각해요. 그들은 보이는 것과 싸우며 우리는 보이지 않는 전투를 치러야 합니다. 우리가 주님을 위해 싸우며 주님의 이름으로 나아가는데 어찌 끝없는 승리보다 못한 것을 구하겠습니까?

허드슨 테일러가 체득한 영적 원리상 시련의 시간은 항상 확장과 축복으로 이어졌다. 가령 더 이상은 고국에서의 상황을 내버려둘 수 없어 테일러 부인을 영국으로 떠나보낸 후 허드슨 테일러는 몇몇 젊은 사역자들과의 만남을 위해 중국 서부로 향했다.

허드슨 테일러가 쓴 편지글이다.

당신은 지중해 바다를 가르며 항해하고 있을 테고 곧 나폴리가 눈에 들어오겠죠… 나는 우창으로 가는 증기선을 기다리는 중이에요. 얼마나 당신이 보고 싶은지는 말할 수도 없고, 말할 필요도 없겠죠. 하지만 하나님은 우리가 그분의 임재와 사랑 안에서 얼마나 부요한 자인지 느낄 수 있게 하세요… 하나님은 우리가 역경과 궁핍을 당하고 사람들이 선교 일선에서 은퇴하는 가운데서도 내가 기뻐할 수 있도록 항상 도우세요. 그러니 이 모든 시간들은 다만 그분의 은혜와 권능과 사랑을 드러낼 통로에 불과하죠.

우창에서 여러 모임이 시작된 후 이어 쓴 글이다.

나는 아주 바빠요. 하나님은 우리에게 함께 교제할 행복한 시간을 허락하셨고 우리가 어떻게 사역을 감당할지의 근간이 되는 원칙들을 확립시켜주고 계세요.

선교회의 당면한 위기를 암시하는 듯한 마지막 문장은 우창에서의 교제의 만남 이후 중대한 결단이 내려질 것임을 짐작하게 한다. 젊은 선교사들은 의식하지 못했지만 그때는 위기상황이었고 허드슨 테일러 자신이 감지하는 수준보다 훨씬 많은 것이 위태로웠다. 오랜 기도와 수년간의 인내의 수고 끝에 전례 없는 기회들이 열렸다. 중국 내지가 그들 앞에 활짝 열렸다. 멀리 북부와 남부, 서부의 모든 안정된 선교기지에서 증원 요청이 들어왔다. 이 시점에 전진하지 않으려는 것은 이제껏 개척한 믿음의 고지로부터 후퇴하는 것이나 다름없었다. 이것은 살아계신 하나님이 아니라 역경에 시선을 고정시키는 큰 실수였다. 최근에 재정 상태가 나빠졌고, 사역자의 신규 파송도 거의 없었다. "현재로서는 더 이상의 확장은 가능하지 않다"고 상황을 일축할 수도 있었다. 그러나 더 이상 앞으로 나아가지 않는 것은 사역을 무력화하고 위축시키는 결과를 초래할 뿐이었다. 하나님께서 주신 기회를 팽개친다면 곧 막대한 대가를 치르고 개척해 놓은 선교기지들도 폐쇄될 것이 분명했다. 이것이 중국 내지의 복음화를 위한 하나님의 뜻일 리가 없지 않은가!

그렇다면 조용히 하나님을 기다리던 그 시기의 결론은 무엇이어야 하는가? 그것은 너무나도 깜짝 놀랄 만한 믿음의 한 걸음이었기에 한동안은 영국의 동역자들조차 공감할 수 있을지 의심스러울 정도였다. 그것은 바로 고국의 교회들에게 70명의 새로운 사역자들을 향후 3년 안에 파송해 달라는 호소였다. (훗날 선교회에 소속된 선교사 대다수가 이 결정에 동의 서명을 했다.) 선교회의 전체 인원이 겨우 백 명 남짓하고 자금 사정 역시 한동안 침체를 벗어나지 못하던 때였다. 그러나 우창에 모인 사람 중엔 그들의 구체적인 기도와 기대가 하나님의 인도하심이라는 것을 너무도 확신한 나머지 어떤 이는 이렇게 외치기도 했다.

"70명의 마지막 한 사람이 중국에 도착했을 때 우리는 다시 연합으로 찬양 모임을 가질 수 있기를 바랍니다!"

응답을 구하는 기간은 3년(1882-84)으로 정했다. 이보다 더 짧은 기간 내에 이렇게 많은 신규 사역자들을 수용하고 배치하는 것은 불가능하다고 판단했다.

"그 즈음엔 우리는 보다 넓은 지역에 퍼져 있을 거예요"라고 또 다른 실용적인 누군가가 말했다. "그러니 연합 찬양 모임을 지금 미리 하면 어떨까요? 우리가 헤어지기 전에 하나님께서 보내주실 70명에 대한 감사를 미리 드리면 어떨까요?"

그의 의견은 수락되었고 찬양 모임이 열렸다. 그날 기도에 동참했던 모든 이들은 다시금 감사로 하나가 되었다.

그리고 놀랍게도 3년만에 70명이 선교지로 파송되었다. 그러는 동안에도 믿음은 여러 방식으로 용광로 속으로 내던져졌다. 자금난은 여전히 심각했지만, 이보다 더 심각한 건 사역 자체와 관련된 시련이었다. 그럼에도 불구하고 허드슨 테일러는 이렇게 적을 수 있었다.

하나님을 진실로 신뢰하는 것이 얼마나 복된 일인지 점점 더 강하게 느낍니다. 하나님은 믿음을 연단하시나 결국 지켜주십니다. 그리고 우리의 신실함이 모자랄지라도 주님의 신실하심은 흔들림이 없습니다. "자기를 부인하실 수 없으시리라"(딤후 2:13) …

금년엔 거의 모든 지역에서 갖은 고난이 있었습니다. 그러나 주 예수님께서 우리의 마음을 낮게 하시고 사랑으로 더욱 흘러넘치게 하셨습니다. 주님은 우리의 섬김에 수반되는 가족의 이별과 그 밖의 사건들이 무엇을 의미하는지 잘 아시고 너무도 놀라운 방식으로 모든 상실을 유익으로 바꿔주셨습니다!… 이런 식으로 중언부언하는 것을 이해해 주세요. 숫자와 송금 이야기를 하다가도 어디엔가 제 마음의 기쁨을 토로할 곳이 필요했습니다…

70명의 젊은 선교사들을 찾는 3년 중 첫 해가 지나갈 무렵 영국에서는 이 호소에 대해 심각한 우려를 표명했다. 그 기간 내에 70명을 모집하기가 불가능하다는 판단에서였다. 당시 치푸에 체류하던 허드슨 테일러는 본국에서 보내는 우려에 마음의 부담을 느꼈고, 어떤 오해의 여지도 남지 않게 주님께서 확인 도장을 찍어주시라고 간구했다. 2월 2일 또는 그 즈음 매일 열리는 기도 모임에 참석한 소수는 큰 자유함이 임하는 것을 느끼며 이 요청을 하나님께 올려드렸다.

우리의 아버지는 자녀의 소원을 들어주시기를 기뻐하신다는 것을 우리는 알고 있었다. 그래서 우리는 하나님 아버지께 우리의 소원을 들어달라고 구했다. 주님이 알고 계신 부유한 청지기 중 누군가를 인도하셔서 이 특별한 목적을 위해 넉넉하게 드리게 해달라고, 또 그것을 통해 그와 그의 가족이 큰 복을 받게 해달라고 구했다. 고국의 동역자들을 위해서는 그들이 더 이상 위축되지 않도록 하나님의 일하심을 목격하게 해달라고 사랑으로 간구했다.

며칠 후 허드슨 테일러는 영국으로 떠났고 아덴에 도착해서야 일의 전말을 듣게 되었다. 그 특별 기도회에 대한 어떤 보고도 영국에 전달된 바 없었다. 그런데 2월 2일 피어랜드 로드에 총 3천 파운드의 기부금이 다음의 말씀과 함께 전달되는 기쁜 일이 일어났다. "내게 구하라 내가 이방 나라를 네 유업으로 주리니 네 소유가 땅 끝까지 이르리로다"(시 2:8). 이게 다가 아니었다. 기부금은 흔치 않은 방식으로 전달되었는데, 바로 기부자 명단에 부모의 이름뿐 아니라 그 자녀 다섯 명의 이름까지 기재되어 있었다. 그들이 드린 기도에 정말이지 하나님께서 놀라울 정도로 정확하게 응답하신 것이다. 이보다 더 큰 격려가 있을까?

수년 후에도 또다시 믿음으로 커다란 한 걸음을 내딛었을 때 동일한 일이 일어났다. 하나님께서는 70명의 젊은 선교사들을 중국으로 파송해 주셨고, 이제 선교회는 영국에서 새로운 영향력의 지평을 열어가는 중이었다. 중국내지선교회가 사역의 원칙으로 강조하는 개척자적 특성이 널리 알려지게 된 것이다. 런던 선교협회의 알렉산더 와일리(Alexander Wylie)는 이렇게 평했다. "한마디로 그들은 중국을 활짝 열어젖히고 있다. 이것이 바로 우리가 원하는 바다. 다른 선교회들도 선한 일을 하고 있지만 이렇게 하고 있지는 않다." 존 맥카티가 중국 동부에서 서부까지 도보 횡단을 하며 그리스도를 전파한 후 영국에 돌아왔을 때, 스티븐슨(J. W. Stevenson)과 헨리 솔타우(Henry Soltau) 박사가 최초로 버마를 통해 중국 서부로 입국한 후 양쯔강을 따라 배로 상하이까지 가는 여정을 마치고 귀국했을 때, 그리고 그들이 영국에서 허드슨 테일러와 합류하여 70명의 새로운 일꾼을 달라는 선교회의 호소에 동참했을 때, 그리스도인들은 마음에 큰 감동을 받았다. 이 모든 것이 허드슨 테일러의 매형인 벤자민 브룸홀이 헌신적인 수고로 미리 길을 닦아놓았기에 가능한 일이었다. 그는 7년간 런던에서 선교회 대변인으로 일하며 브룸홀 부인과 함께 피어랜드 로드에 위치한 본부를 사랑과 기도의 센터로 변모시켰다. 사람 사귀는 재주가 뛰어나고 하나님의 교회 전체를 포용할 넓은 마음을 지녔던 브룸홀은 선교회에 관해 간증할 여러 기회를 찾아냈다. 사람들은 어떻게 불가능해 보이는 일이 성취되었는지, 어떻게 금전적 호소나 심지어 모금 활동도 없이 이 성장세의 사역이 유지되었는지를 간절히 듣고 싶어했다.

'허드슨 테일러'가 삼척동자도 아는 이름이 되었을 때 캠브리지에 사는 한 아이가 사랑스런 편지를 보내왔다.

만일 선교사님이 아직도 살아 계시다면 중국의 어린 소년 소녀들이 예수님을 사랑하도록 돕기 위해 제가 저금한 돈을 보내고 싶어요.

사우샘프턴에 사는 캐논 윌버포스는 편지로 이렇게 요청했다.

우리 집에 좀 와주세요. 여기 60명이 모여 있는데 와서 성경 봉독을 해주시면 좋겠습니다… 가능하실 때 우리와 함께 밤을 보내주셨으면 더더욱 고맙겠습니다. 제발 안 된다고 하지 말아주세요. 예수님의 이름으로 기도합니다.

래드스톡(Radstock) 경은 이런 내용의 편지를 보냈다.

주 안에서 큰 사랑을 담아 당신에게 문안합니다. 잘 모르시겠지만, 당신 덕분에 우리의 믿음이 강건해졌습니다. 실로 큰 도움을 주셨습니다.

앤드류 보나르(Andrew Bonar) 박사로부터 "시님의 땅"(사 49:12)을 가슴에 품은 익명의 그리스도인 친구가 보냈다는 100파운드가 왔다. 스펄전 목사는 타버나클 교회에 그의 성격이 그대로 드러나는 소개장을 보냈고, 구제사업가 애니 맥퍼슨도 사업본부인 베스널 그린에 소개장을 보냈다. 버거 씨도 500파운드 수표를 보내면서 이런 내용의 편지를 적었다.

나의 마음은 여전히 이 영광스런 사역에 있습니다. 70명의 사역자를 더 보내달라는 당신의 기도에 나도 온 마음 다해 동참하고 싶습니다. 그러나 70명에서 멈추지 마십시오! 우리가 자아를 비워내고 오로지 하나님의 영광과 영혼 구원만을 구한다면 분명 "이보다 더 큰 일을 보게"(요 1:50) 될 것입니다.

그리고 "이보다 더 큰 일을 보게 될 것"이라는 버거 씨의 믿음은 터무니없는 것이 아니었다. 하나님은 70명을 구하는 기도에 실로 차고 넘치게 응답하셨다. 70명 중 마지막 팀이 파송되기 직전, 그 유명한 '캠브리지 7인'의 헌신 간증으로 영국 대학가에 영적 대각성 운동이 일어났다. 그 여파는 실로 대단해 땅끝까지 미칠 정도였다. 영적 축복이 파도처럼 밀려왔고, 허드슨 테일러가 바쁜 와중에 출간한 〈중국의 영적 필요와 요구〉 개정판이 이 부흥에 깊이와 지속성을 더했다.

대학가의 부흥이 확산되며 캠브리지 7인의 출국이 지연되자 허드슨 테일러는 엑세터 홀에서 열린 마지막 파송식에 참석하지 못하고 먼저 중국으로 들어갔다. 선교회가 표방하는 모든 기치에 환호하는 큰 무리의 사람들, 그리고 다시금 엄혹한 전쟁터로 자신을 싣고 가는 배의 선실에서 매일 홀로 무릎을 꿇는 한 남자의 모습은 실로 뚜렷한 대비를 이루었다. "뜨거운 열정의 큰 파도에 실려"라고 교회선교협회(Church Missionary Society)의 편집장이 표현했듯이, 선교 사역은 주의 백성으로 살고자 헌신하는 이들의 열정과 확신의 급류를 타고 새로운 지평으로 들어서고 있었다. "선교회가 인기를 얻게 되었어요"라고 브룸홀이 약간은 걱정 섞인 투로 적었다. 그러나 그 경험의 반대편, 즉 외로움과 고난의 길을 묵묵히 걸어나가야 하는 것은 중국에 들어간 허드슨 테일러의 몫이었다.

허드슨 테일러가 중국해를 지나며 쓴 글이다.

곧 우리는 전쟁터 한복판에 있게 될 것입니다. 하지만 우리 가운데 계시는 주 하나님은 강한 분이십니다. 그러므로 우리는 신뢰하고 두려워하지 않을 것입니다. "그가 우리를 구원하시리로다"(사 25:9). 그분이 항상 범사에 구원하실 것입니다.

그리고 다시 몇 개월 후 아내에게 이렇게 편지에 적었다.

육신과 마음은 자주 넘어집니다. 넘어지라고 해요! 하나님은 결코 넘어지지 않으시니까요. 사탄은 늘 우리를 대적하고 격동합니다. 그러니 아주 많이 쉬지 말고 기도해 주세요…

　마음을 괴롭게 하는 일이 많습니다. 그대의 부재는 늘 겪는 큰 시련이지만 온갖 일상적이고도 평범하지 않은 갈등이 상존한답니다. 그러나 크게 격려가 되는 놀라운 일도 많지요. 놀랍다는 단어 외에는 이 현실을 설명할 길이 없고 글로는 절반도 전달하기 어려워요. 우리 선교회와 연결되어 지금 진행되는 강력한 사역은 누구도 꿈꾸지 못했던 것이에요. 다른 선교회들도 분명 크게 쓰임 받고 있어요. 놀라운 한 해가 되리라 기대해요.

그리고 위에서 언급한 탁월한 기도 응답들에 더하여 1886년은 다음 단계로 올라설 발판을 마련하는 실로 놀라운 한 해가 되었다.

허드슨 테일러는 수개월을 내지에서 보내며 새로운 사역자들이 배치된 여러 지역들을 차례로 심방했다. 그는 산시성을 통과하며 〈축복의 나날들〉이라는 제목의 귀한 소책자에 보고된 여러 컨퍼런스를 인도했다. 그의 삶과 간증을 통해 드러나는 잔잔한 위력이 젊은 사역자들 앞에서 하나님의 깊은 것을 열어보였다. 신성 "축복의 나날들"이었다. 특히 지(Hsi) 목사가 시무하는 지역에서 허드슨 테일러가 이 회심한 유교 학자와 처음 만났을 때, 두 사람이 함께 사역의 미래에 관해 논의하며 서로에 대한 사랑과 존중을 드러내는 모습은 실로 아름다웠다.

"당시 우리 모두는 환상을 보았습니다"라고 그들과 한 자리에 있었던 스티븐슨 씨가 회고했다. "그 시절은 마치 천국이 이 땅에 임한 것만 같았습니다. 어떤 것도 능히 이겨낼 수 있으리라는 확신이 생겼습니다."

한수이 강을 따라 내려오던 허드슨 테일러는 여행의 마지막 단계에서 다섯 살짜리 어린 여자아이의 보호자가 되었다. 선교사였던 아이의 부모는 병약한 아이의 생명을 살리려면 연안으로 데려가 환경에 변화를 줘야만 한다는 판단을 내렸다. 선택의 여지가 없었기에 허드슨 테일러가 아이를 맡게 되었다. 아이의 부모는 일행 중에 여성이 없으며 한달 또는 길게는 6주가 걸린 여정 내내 밤낮으로 어린 애니를 지켜줄 사람은 허드슨 테일러밖에 없음을 알았다. 그럼에도 그들은 기꺼이 아이를 맡겼다.

허드슨 테일러가 배 위에서 쓴 글이다.

> 내가 맡은 일에서 놀랄 만한 진보를 이루고 있다. 애니는 붙임성이 좋은 아이라 좁은 배 안에서 종일 나를 졸졸 따라다닌다. 그 작은 팔로 내 목을 얼싸안을 때마다 마음이 따듯해진다.

여행에서 돌아오자마자 허드슨 테일러는 연말을 앞두고 중국에서 열리는 선교위원회 첫 모임에 갔다. 스티븐슨과 맥카티를 비롯한 신임 지역 책임자들이 이 컨퍼런스에 참석하기 위해 안칭(Anqing)으로 모였다. 꼬박 한 주를 기도와 금식에 바치며 중요한 당면 현안을 처리하기 위한 마음의 준비를 다졌다. 사역의 책임자로서 이십 년을 섬긴 경험에서 우러나오는 지혜로 허드슨 테일러는 더 큰 발전을 도모하려면 현명하고도 효과적인 조직 개편이 필요하다는 판단을 내렸다. 그러나 그런 그조차도 화들짝 놀랄 제안이 올라왔다. 그들이 앞으로 나아가기 위해선 100명의 새로운 일꾼이 긴급하게 필요하다는 것이었다.

허드슨 테일러는 50곳의 거점 기지가 있고 중국이 끝에서 끝까지 개방된 현상황을 신중하게 검토했다. 결국 허드슨 테일러도 이 상황에서 이듬해 기대하는 발전을 이루려면 최소한 100명의 새 일꾼이 필요하다는 데 동의했다. 당시 선교회의 부총재였던 스티븐슨은 믿음과 용기가 충만하여 선교회 소속 모든 선교사에게 상황을 설명하는 작은 문건을 보냈다. 그리고 허드슨 테일러의 승인 하에 런던에도 〈1887년 100인의 새 일꾼을 위해 기도하며〉를 전신으로 보냈다.

그러나 고국에서는 얼마나 놀랐던지! 1년 안에 중국에 파송할 100명의 사역자들을 구하라고? 이제껏 존재했던 어떤 선교회도 이런 규모의 인력 증원은 꿈꾸지 않았다. 당시 중국내지선교회의 총인원은 190명이었다. 향후 12개월 안에 지금보다 50퍼센트가 넘는 선교사 증가를 위해 기도하라니. 글쎄, 사람들은 거의 숨이 멎을 지경이었다! 그러나 허드슨 테일러가 귀국하자 분위기가 달라졌다. "믿음으로 견고하여져서 하나님께 영광을 돌리며"(롬 4:20). 이내 그가 불러온 영적 고양의 여파가 선교회 공동체 구석구석에서 느껴지기 시작했다. 수를 셀 수 없는 많은 사람들이 중국에서 진행되던 삼겹줄 기도에 동참했다. 하나님께서 직접 100명의 사역자를 선택해 보내 주시기를, 어떤 호소나 모금이 없어도 추가로 필요한 5만 달러를 공급해 주시기를, 그리고 소수 인원으로 운영되는 사무실에 과부하가 걸리지 않도록 후원금이 (소액으로 들어올 경우 일일이 편지를 확인하고 답신하는 데도 많은 일손이 필요했으므로) 거액의 뭉칫돈으로 들어오기를 간구했다.

그리고 1887년에 무슨 일이 일어났을지 예상되는가? 그 해에 실제로 600명의 성인 남녀가 선교회에 지원했고 그 중 102명이 선발되어 훈련을 받은 후 파송되었다. 어떤 모금운동도 없이 추가로 들어온 돈은 5만이 아니라 5만5천 달러였고 이로써 모든 필요가 채워졌다. 그리고 이 큰 액수를 처리하기 위해 얼마나 많은 편지를 쓰고 영수증을 발급해야 했을까? 단 11건에 불과했다. 이미 다른 일로 부담이 컸던 직원들이 더 이상 추가의 짐을 지지 않아도 되었단 뜻이다. 그리고 가장 좋은 점은 '100인'의 스토리가 알려지는 곳마다 사람들의 믿음이 굳건해지고 마음속에 새롭고도 깊은 갈망이 일어났다는 것이다.

예상치 못한 또 하나의 결과는 젊은 미국인 사업가 겸 전도자가 허드슨 테일러를 만나기 위해 런던에 방문한 일에서 시작되었다. 헨리 W. 프로스트(Henry W. Frost)는 하나님께서 자신에게 허드슨 테일러를 미국으로 초청하라는 마음을 심어주셨으며 자신의 영국 방문은 하나님의 인도하심에 따른 것이라는 확신을 드러냈다. 그러나 허드슨 테일러 측에서 별 반응이 없자 실망하고 뉴욕으로 돌아갔다. 하지만 그는 잠시나마 영국에 와서 직접 보고 들은 내지선교회의 모든 것, 특히 허드슨 테일러의 삶에서 큰 영향을 받았다. 그는 허드슨 테일러를 초대하려던 자신의 노력이 수포로 돌아갔다고 생각했지만, 하나님은 이미 그곳에서 역사하고 계셨다.

결국 허드슨 테일러는 이듬해인 1888년 여름에 미국을 방문했다. 그는 D. L. 무디의 따뜻한 환대를 받았고 특히 나이아가라 사경회 지도자들을 만나 진지한 사귐을 가졌다. 그곳과 노스필드에서 젊은 미국인 사업가의 기도가 응답되고 있었다. 애초에 하나님의 인도하심을 따라 기도를 시작했던 장본인 역시 이제는 그가 구하거나 생각한 것보다 훨씬 놀랍게 역사하시는 하나님을 보고 기쁨을 이기지 못했다. 프로스트의 기도는 헛되지 않았다.

3개월 후 허드슨 테일러가 중국으로 돌아갈 때 그는 혼자가 아니었다. 하나님이 이 큰 대륙에서 선교회를 위해 준비하신 귀한 선물과 함께였다. 복음 증거를 위해 헌신한 14명의 젊은 남녀 선교사들이 그와 동행하고 있었다. 그들은 미국과 캐나다의 다양한 교파에 속한 사람들이었다. 그들과 더불어 예기치 못한 곳에서 기도와 헌금이 늘었고 그후 중국으로 꾸준히 흘러들어가는 큰 물줄기의 시작이었다. 사람들의 호응이 너무 컸기에 중국내지선교회의 북미 위원회가 설립되기에 이르렀다. 헨리 W. 프로스트는 자신과 자신의 가족에게 적잖은 희생이 따를 것을 알았지만 기꺼이 위원회 대표직을 맡았다. 그는 이 모든 일이 이루지는 데 사용된 하나님의 도구였다. 처음부터 주님이 인도하셨던 이 일은 허드슨 테일러의 사역과 관련해 풍성한 열매를 맺었다. 새로운 믿음과 용기로 충만해진 허드슨 테일러는 이 일에서 자라날 모든 것을 기대하며 중국으로 나아갔다.

거대한 일보전진이 이루어졌다. 이 시기를 기점으로 중국내지선교회는 단지 교파를 초월한 조직이 아니라 국적을 초월한 조직이 되었다. 허드슨 테일러는 이후 12년간 전지구적으로 다니며 왕성한 섬김을 실현했다. 그의 스칸디나비아 방문으로 스웨덴과 노르웨이의 그리스도인들이 그에게 따듯한 마음을 열었다. 독일은 선교회와의 연합사역에 헌신된 단기 선교단을 파송했다. 호주와 뉴질랜드는 마치 오랫동안 알고 사랑하던 사이처럼 허드슨 테일러를 맞아주었고 상하이의 중국 위원회는 창립자의 상상을 크게 능가하는 거대 조직의 구심점이 되었다.

그 마지막 몇 해간 그 어느 때보다도 풍성한 영적 범람이 있었다. 동일한 축복의 강이 흘렀지만 이제는 땅끝까지 다다랐던 것이다. 이와 관련해 호주 멜버른에서 허드슨 테일러를 영접했던 한·성공회 목사가 회고한 그의 인상이 흥미롭다.

그는 늘 말없이 조용했지만 그에게서 많은 것을 배울 수 있었다. 그는 일용할 재정의 1페니까지도 죄다 하늘 은행에서 인출했다. "나의 평안을 너희에게 주노라"(요 14:27). 구주의 마음을 흔들거나 성령을 움직이게 하지 않는 그 어떤 일에도 허드슨 테일러 역시 움직이지 않았다. 그는 어떤 문제에 관해서건, 어떤 긴박한 순간에도 주 예수님의 평안을 누리는 것을 이상으로 추구했다. 그리고 실제로 그 평안을 소유하고 누렸다. 그에겐 쫓기거나 서두르는 구석이 전혀 없었다. 신경을 곤두세우고 불안에 떨거나 노심초사하는 일도 없었다. 그는 모든 지각을 초월하는 평강이 존재함을 알았고 그 평강 없이는 살 수 없음을 알았다…

"나의 공간은 작고 자네는 거대한 땅에 있네"라고 운을 뗀 후 나는 그에게 다소 장황하게 설명했다. "그러니까 자네는 수백만 명을 맡고 있고 나는 수십 명을 맡고 있지. 자네의 편지는 긴박하고 위중하지만 내 편지는 상대적으로 별 중요성이 없어 보여. 그런데 나는 늘 걱정하고 갑갑해하는데 자네는 항상 평안하네. 왜 이런 차이가 생기는지 좀 가르쳐주게."

"사랑하는 친구 맥카트니!"

그가 말문을 열었다.

"자네가 말하는 평안은 나의 경우엔 행복한 특권 그 이상일세. 나에게 평안은 없어서는 안 되는 거라네. '모든 지각에 뛰어난 하나님의 평강이 그리스도 예수 안에서 나의 마음과 생각을 지켜주시지'(빌 4:7) 않으면 나는 나의 임무를 전혀 감당할 수 없다네."

이것이 내가 경험한 허드슨 테일러의 면모였다. 쫓기듯 아등바등 노심초사하며 살고 있는가? 위를 보라! 영광 중에 계신 인자를 보라! 놀라우신 주 예수 그리스도께서 당신에게 빛을 비추시게 하라. 예수님이 걱정에 사로잡히거나 불안에 쫓기셨을까? 그분의 미간엔 어떤 염려의 흔적도, 걱정과 불안의 그늘도 없었다. 당신의 일은 당신 것처럼 보이지만 원래는 주님의 것이다.

'케직 가르침'이라고 불리는 이것은 내게는 새로운 것이 아니었다. 이 영광스런 진리를 이미 전수 받았고 다른 이들에게 설교하기도 했다. 그런데 여기 내가 한번도 보리라고 상상조차 못했던 진짜가 있었다. '케직 가르침'을 실제 삶으로 구현한 사람이 나타났다. 나는 아주 깊은 인상을 받았다. 여기 거의 육십이 다 된 한 남자가 엄청난 짐을 짊어진 채 절대적으로 침착하고 근심 없는 모습으로 내 앞에 있었다. 오, 그 산더미 같은 편지들! 개중엔 사망 소식을 전하는 것도 있었고, 자금 부족, 폭동, 큰 곤란을 겪는다는 소식도 있었다. 그러나 그는 모든 편지를 동일한 평정심으로 열어보고 읽어보고 답했다. 그리스도가 그의 평강의 출처였고 평정심의 뒷배경이었다. 그는 그리스도 안에 거하며 여러 문제의 한복판에서 그리스도와 그분의 자원을 끌어다 쓰고 있었다. 그리고 그는 지속적으로 이런 단순한 믿음을 실천했다.

그는 기쁨이 충만했고 자유롭고 자연스러웠다. 그 모습은 성경의 표현인 "하나님 안에서"가 아니고서는 달리 표현하기 어려웠다. 그는 늘상 하나님 안에 있었고 하나님은 그 안에 있었다. 요한복음 15장이 언급하는 진정한 "거함"이 그 사람에게 있었다. 그러나 오, 그에게서는 또다른 태도가 드러났는데, 그리스도를 연인처럼 대하듯 하는 사랑이었다. 그는 그리스도와 교제할 때면 풍성한 아가서의 내용 그대로를 보여주는 것 같았다. 실로 멋진 조합이었다. 마치 판사석에 앉은 판사의 엄중함으로 집중을 요하는 과업을 실행하면서도, 마음속엔 늘 사랑을 품고 다니는 듯한, 그 강인함과 온화함의 조화를 오직 그에게서만 볼 수 있었다.

허드슨 테일러는 그토록 오랜 세월 숱한 시련을 통과하면서도 초기의 비전과 영적 간절함은 변함이 없었다. 실제로 그가 지상명령의 의미를 점점 더 뚜렷하게 깨달아 감에 따라 주 예수 그리스도의 최후 명령에 순복해야 한다는 사명감은 더 커져만 갔다.

허드슨 테일러가 1889년 경에 쓴 글이다.

우리 주님의 "너희는 온 천하에 다니며 만민에게 복음을 전파하라"(막 16:15)는 명령의 참뜻이 무엇인지 한번도 스스로에게 물어본 적이 없다는 부끄러운 사실을 고백한다. 나는 뭇사람들처럼 여러 해 동안 복음을 더 먼 곳까지 전파하려고 애써 왔다. 복음이 닿지 않은 중국의 모든 성과 작은 도시에 진출하겠다고 생각은 했지만 정작 우리 주님이 맡기신 그 말씀의 단순한 뜻이 무엇인지 깨닫지는 못했다.

"만민에게?" 당시 중국에 있는 세례 받은 그리스도인의 수는 4만 명에 불과했다. 단순히 교회에 출석하는 사람들까지 포함하면 그 수는 두세 배 늘 것이다. 그리고 그 사람들 모두가 주변에 있는 지인 여덟 명에게 빛의 전령자가 된다고 해보자. 그래도 백만 명밖에 되지 않는다. 주님이 언급하신 "만민에게(to every creature)"라는 표현이 그의 심령 속으로 뚫고 들어와 활활 타올랐다. 정작 그와 교회는 이 말씀을 그대로 따라야 할 목표로 삼고 문자 그대로 받아들이는 것과는 얼마나 거리가 있었던가!

그는 깊은 확신 가운데 이렇게 썼다.

주 예수 그리스도가 내리신 이 최후 명령에 대한 우리의 반응은 무엇인가? 예수님을 부를 때마다 붙이는 '주(主)'라는 호칭을 확실히 떼어낼 것인가? 죄값을 치른다는 측면에선 그분을 기꺼이 우리의 구주로 인정하면서, 우리가 "값을 치르고 산" 존재라거나 그리스도가 우리의 무조건적인 순종을 받아 마땅하다는 것은 인정하지 않는 태도를 고집할 것인가? …

우리에게 그리스도는 만유의 주가 되시든가 그렇지 않으면 결코 주가 아니실 것이다! 이 진리를 실제로 고백하는 사람이 주의 백성 중 과연 몇이나 될까? 만일 우리가 하나님의 말씀에 의해 판단받는 것이 아니라 우리가 말씀을 판단하려 한다면, 우리가 주(主)가 되고 하나님이 빚진 자가 되는 셈이다. 그래서 우리가 선심을 베풀 때, 우리가 그분의 바람을 따를 때 하나님이 감지덕지해야 하는 처지가 되는 것이다.

만약 하나님이 정말로 주님이시라면, 우리는 그분을 주님으로 대해야 한다: "너희는 나를 불러 주여 주여 하면서도 어찌하여 내가 말하는 것을 행하지 아니하느냐"(눅 6:46).

그리하여 전혀 예기치 않게 허드슨 테일러는 그의 삶의 가장 광대한 전망에 다다르게 되었다. 이 목표는 그가 선교회의 지도자로 일선에서 보낸 마지막 몇 해를 관통하고 있다. 주님의 명령 그대로를 완수하려는 단호하고도 체계적인 노력에 미달하는 것은 허락되지 않았다. 중국 전역 방방곡곡의 모든 남녀노소에게 주님의 대속하신 사랑의 복음을 전해야 한다. 그는 중국내지선교회 단독으로 이 일을 다 감당할 수 있다고 생각하진 않았다. 대신 선교지를 적절하게 분할한다면 전세계 교회의 선교사 일원들이 이 과업을 완수할 수 있으리라고 믿었다.

허드슨 테일러는 생전에 이 일이 이루어지는 것을 보지 못했다. 선교회의 자발적인 수고 덕분에 장시(Jiangxi)성에서 첫 삽을 떴고 중국 전역으로 나아가고자 하는 계획이 영글고 있었다. 그러나 선교사들을 향한 하나님의 섭리는 먼저 깊은 고난의 세례를 통과하는 데 있었다. 1900년, 의화단의 광기가 온 나라를 휩쓸었다. 내지선교회는 다른 어떤 단체보다 더 많이 그 사나운 격정에 노출되었다. 허드슨 테일러는 급격하게 건강이 악화되면서 막 영국으로 건너온 상황이었다. 남편의 건강이 심각하다는 것을 직감한 테일러 부인은 수년 전 남편이 건강 때문에 잠시 머문 적이 있던 스위스의 한적한 곳을 찾아 휴양할 것을 권유했다.

바로 그 때 난리가 터졌다. 스위스에 머물던 그에게 폭동 소식이 전해졌고 선교회 기지마다 학살이 벌어진다는 전신이 속속 들어왔다. 마침내 그토록 오랜 세월 주 앞에서 사랑하는 동료 사역자들의 버팀목이 되었던 이의 심장이 더 이상 견디지 못하고 멈추기 일보직전이 되었다. 만약 어느 정도 뉴스를 차단할 수 있었던 스위스 벽촌 계곡(다보스)에서 보호받지 못했더라면 허드슨 테일러는 그해 여름 모든 것을 휩쓴 공포의 도가니에서 그리스도와 중국을 위해 생명을 내려놓은 자들 중 하나가 되었을 것이다. 그는 하나님을 붙들고 살아남았다.

상황이 최악으로 치달을 때 그는 이렇게 고백했다. "더 이상 읽을 수가 없습니다. 기도할 수도 없고요. 어떤 생각조차 못하겠습니다. 그렇지만 나는 믿을 수는 있답니다!"

의화단의 광풍이 물러가고, 산시성에 살던 어느 백발의 목사의 담담한 고백은 현실이 되었다.

"왕들의 제국은 사라질 지라도…"

그가 마지막 숨을 몰아쉬며 말했다.

"그리스도의 교회는 결코 무너지지 않을 것입니다."

그를 포함한 수백 명의 다른 중국인 그리스도인들은 자신들의 피로써 이 믿음의 확신을 증거했다. 그리고 이 확신 가운데 살아남은 신실한 자들을 통해 또다시 그 증거가 이어졌다.

허드슨 테일러가 자신의 후임으로 임명한 D. E. 호스트(D. E. Hoste)는 위급한 상황이 닥칠 때마다 매번 현명하게 대처했다. 그 덕분에 반대자들조차 그의 친구가 되었고 중국 당국은 그리스도의 명령을 문자 그대로 실천하는 선교회에 주저함 없이 감사를 표했다. 그들의 입장에서는 이전의 어떤 설교보다도 이 행함이 더 크게 다가왔던 것이다.

허드슨 테일러는 생전에 중국에서 새로운 기회의 지평이 열리는 것을 목도했다. 그리고 아직 그의 심장이 뛰고 있을 때 그의 평생의 사랑과 기도와 섬김의 대상이었던 사람들의 땅으로 돌아올 수 있었다. 그러나 영국으로 귀국할 때는 혼자였다. 오랜 세월 순례자의 길을 함께 걸으며 마지막 나날들을 환하게 비춰주던 사랑하는 동반자는 그들의 마지막 집이 있던 제네바의 호숫가 브베(vevey)에서 영원한 안식에 들어갔다.

허드슨 테일러는 73세의 나이에 아들과 며느리(이 책의 저자들)와 함께 잊지 못할 중국 여정에 올랐다. 그의 발길이 닿는 선교기지마다 중국인 그리스도인들이 나와서 애틋한 사랑과 존경으로 그를 맞이했다. 중국 내지에 그리스도의 복음을 전하는 통로로 사용된 그를 사람들은 '중국의 은인'으로 환영했다. 양쯔강을 따라 한커우(Hankou)로 이동한 후 북부의 허난(Henan)성에서 몇 주를 보내고 허드슨 테일러는 기력을 회복하여 다시 여행길에 올랐다. 후난(Hunan)에 다시 오게 되리라고는 전혀 기대하지 못한 일이었다. 여전히 복음이 닿지 않은 중국 미전도 성 9곳 중 최초로 중국내지선교회의 개척자들이 진출한 후난은 말그대로 난공불락의 지역이었다. 개척 선교사 아담 도워드(Adam Dorward)는 8년 이상 수고하고 헌신했지만 거할 집도 없이 박해 받으며 폭동을 피해 도망치다가 결국 홀로 생을 마감했다. 그가 기쁨으로 자기 목숨을 바친 그곳에서 오늘날 우리가 목도하는 결실이 맺힌 것이다. 30년 넘게 이 성을 마음에 품고 기도했던 허드슨 테일러에게 허락된 풍성한 기쁨이 후난의 회심자들에게서 터져 나오는 사랑 넘치는 환대라는 것은 참으로 시의적절한 하나님의 섭리였다. 후난성의 중심 도시 창사(Changsha)에 위치한 프랭크 켈러(Frank Keller) 박사의 집으로 많은 그리스도인들이 모여들었다. 켈러 박사는 이 도시에 집을 얻어 상주한 최초의 선교사였다. 한자리에 모인 사람들은 그동안 익히 들어 왔던 허드슨 테일러의 인도에 따라 함께 주일예배를 드렸다. 하루 일찍 온 사람들은 토요일에 켈러 박사 부부의 섬김으로 마련된 환영 행사에 여러 선교사들과 함께 참석해 허드슨 테일러와 마주하는 기회를 누렸다.

그리고 주일 밤, 하나님의 부르심이 임했다. 아니, 그건 죽음이라기 보다는 영원한 삶으로 들어가는 반갑고도 신속한 입성이었다.

"내 아버지여, 내 아버지여, 이스라엘의 병거와 그 마병이여"(왕하 2:12).
형언할 수 없는 평강이 방을 가득 채웠다.

18
여전히 흐르는 강

> 맑은 강물에 관해 그가 내게 말씀하셨네
> 그에게서 흘러나와 나에게로 와닿는 강물
> 그의 기쁨이 되고자
> 나는 아름답고 풍성한 나무가 되리라
> – 게르하르트 테르스티겐

허드슨 테일러는 고통 없이 한순간에 그가 사랑하는 주님의 임재로 옮겨졌다. 그가 중국의 한복판에서 하나님의 부르심을 받았을 때 불안에 가까운 감정이 많은 이들의 가슴을 짓눌렀다. "이제 선교회는 어떻게 되지?" 입 밖으로 내진 않았으나 누구나 이 의문을 가지고 있었다. 허드슨 테일러는 그토록 비범한 믿음의 사람이었다! 그가 살아 있고 사람들 곁에 머물며 기도하는 동안엔 괜찮았다. 그러나 이제는 어떻게 될 것인가? 이는 자연스러운 질문이었다. 그러나 그후 이어진 수년의 시간 속에서 하나님은 여전히 함께하신다는 것을 몸소 증거하셨다. 중국 내지 선교의 출발점이자 오랫동안 사랑 받아온 지도자는 떠났어도 그의 모든 확신의 원천이었던 분은 어제나 오늘이나 동일하시기 때문이다.

앞부분에 인용된 테르스티겐의 시는 평소 허드슨 테일러가 애송하던 시로서 그가 늘 잃지 않았던 영적 비밀의 핵심을 담고 있다.

허드슨 테일러의 글이다.

단순한 진리이지만, 주님께서 우리를 생수의 강가에 심어놓으신 이유는 주님의 기쁨을 위하여 그의 백성에게 아름답고 열매가 풍성한 나무가 되라는 뜻이 아니었을까?

하나님은 먼저 허드슨 테일러의 삶 속에 임하셨다. 그가 선교사로 부름을 받았을 때가 아니라, 중국이나 선교회에 긴급한 필요가 생겼을 때가 아니라, 놀라운 체험을 위해서가 아니라, 단순히 삶 가운데 찾아오셨다. "여호와를 기뻐하라 그가 네 마음의 소원을 네게 이루어 주시리로다"(시 37:4). 그는 이 약속이 진리임을 알았다. 일상의 삶 가운데 먼저 하나님을 알아가고 그분의 임재를 기뻐할 때 우리 마음의 소원은 이미 그분의 손안에 있게 된다. 그렇다면 그 놀라운 약속이 오늘 우리에게는 진리로 작용하지 않는단 말인가? 오랜 세월 선교회의 지도자 일원으로 섬기며 그 약속의 말씀의 진실됨을 몸소 체득한 이의 말을 들어보라.

솔타우 양의 고백이다.

사역은 항상 불어나기만 했다. 만약 나의 생명되신 그리스도를 매순간 의식하지 않았다면 결국 나는 견디지 못했을 것이다. 주님 한분 만으로 족하다는 영광스런 교훈을 주님은 날마다 가르치셨다. 그 덕분에 나는 짓눌림이나 무너짐의 두려움 없이 하루하루 앞으로 나아갈 수 있었다.

여전히 흐르는 생수의 강. 시련을 견디며 부단히 성장을 거듭해 온 선교회의 현재를 얼마나 적절하게 표현한 말인지! 지난 30년간의 성장과 관련된 주요 사항들은 부록에 정리해 두었다. 정말로 경이로운 열매들이다. 그러나 여기서는 (과거에서 현재로 이어지는 이 시점에서는) 허드슨 테일러의 삶 가운데 상존했던 영적 비밀의 실제적인 면을 살펴보고자 한다. 그는 하나님을 깊이 알았던 누군가의 표현을 즐겨 인용하곤 했다. "주님은 우리에게 난관이 없는 삶을 주시지 않습니다. 난관을 극복하는 삶을 주십니다."* 그가 난관을 극복하는 삶을 영위할 수 있었던 비밀은 날마다 숨 쉬는 순간마다 이루어지는 하나님과의 사귐이었다. 그리고 그가 깨달은 바는, 이 사귐을 마지막까지 놓치지 않을 수 있는 유일한 방법은 은밀한 기도와 하나님을 갈망하는 자에게 허락된 계시의 방편인 말씀의 꿀을 먹는 것이었다.

그토록 변화무쌍한 삶을 살며 항상 기도와 성경연구를 위해 시간을 낸다는 것은 쉬운 일이 아니었다. 하지만 그는 이것이 본질임을 알았다. 그와 함께 수개월간 마차나 인력거를 타고 열악하기 짝이 없는 여관에서 묵으며 중국 북부를 여행했던 저자들이 잊지 못하는 기억이 있다. 마부들과 여행자들이 큰 방 하나를 같이 써야 할 때가 종종 있었다. 그럴 때면 방 한구석에 커튼 같은 막을 쳐서 아버지를 위한 공간을 마련하고 다른 한구석은 우리를 위한 공간으로 썼다. 그후 사람들이 잠들고 어느 정도 정적이 임하면 성냥불 켜는 소리가 들리고 촛불의 아른거림이 눈에 들어왔다. 아무리 피곤해도 허드슨 테일러는 늘 가지고 다니던 두 권의

---

* 〈주님은 나의 최고봉〉 오스왈드 챔버스

작은 성경을 묵상했고 새벽 2시부터 4시까지 기도를 드렸다. 그 시간만큼은 그가 가장 확실하게 방해받지 않고 하나님을 기다릴 수 있는 시간이었다. 촛불이 아른거리는 광경은 은밀한 기도에 관해 우리가 읽고 배웠던 모든 것보다 더 큰 의미로 다가왔다. 그야말로 백문이 불여일견이었다. 그건 현실이었다. 설교가 아닌 실제 삶이었다.

허드슨 테일러가 깨달은 바에 의하면 선교사 직분의 가장 큰 애로사항은 규칙적으로 기도하고 성경을 묵상하는 시간을 충분히 유지하는 것이다. "성경 묵상에 집중해야 할 때 사탄은 항상 뭔가 다른 급한 일을 당신에게 보여줄 겁니다. 비록 그게 창문 커튼을 닫는 일이라 해도 말이에요." 그는 앤드류 머레이가 무게감 있게 전하는 다음과 같은 말에 전적으로 동의했을 것이다.

시간이 필요합니다. 하나님께서 우리에게 자신을 나타내실 시간을 드리십시오. 주님 앞에서 침묵하고 잠잠할 시간을 내십시오. 주님이 우리 곁에 임재하시며 그분의 권능이 우리 속에 역사한다는 확신을 얻기까지 성령의 일하심을 기다리십시오. 말씀에서 주님이 우리에게 요구하시는 것과 우리에게 약속하시는 바를 깨우치길 원하시나요? 그렇다면 주님의 임재 안에서 그분의 말씀을 묵상할 충분한 시간을 드려야 합니다. 주님의 말씀이 우리 안팎에서 거룩한 삶을 빚고 천상의 향기를 발하도록 충분한 시간을 드리십시오. 그럴 때 우리 영혼은 소생함을 얻고 날마다 부르심을 감당할 힘을 얻게 될 것입니다.*

---

* 〈The Secret of Adoration〉, 앤드류 머레이

허드슨 테일러의 삶이 하나님의 은혜를 입어 기쁨과 능력으로 충만했던 비밀이 바로 이것이다. 70세를 넘긴 어느 날 손에 성경을 든 채 로잔의 거실을 왔다갔다하던 그가 갑자기 멈추더니 자녀에게 이렇게 말했다. "오늘, 이제 막, 40년 만에 40번 째 성경 통독을 마쳤다." 그는 말씀을 읽을 뿐 아니라 그 말씀대로 살았다.

허드슨 테일러는 그리스도를 따름에 있어서 어떤 희생 앞에서도 주저함이 없었다. "십자가를 사랑하는 사람들이 필요합니다"라고 그가 중국에서 수고하던 어느 날 적었다. 그리고 오늘날 그가 여전히 우리에게 말할 수 있다면 가장 고귀한 소명으로 우리를 초대하지 않겠는가? "내가 (그리고 우리가 최고로 사랑하는 분) 그리스도와 그 부활의 권능과 그 고난에 참여함을 알고자 하여 그의 죽으심을 본받아"(빌 3:10). 그가 조용한 음성으로 이렇게 말하는 소리가 아직 들리는 것 같다!

이 세상을 살리려면 우리의 목숨을 내주어야 합니다. 안락하고 자기부인이 필요치 않은 삶은 넓고 능력이 될 수 없습니다. 십자가를 질 수 있을 때만 풍성한 열매가 맺힙니다. 그러므로 우리에겐 두 부류의 그리스도가 계시지 않습니다. 안락한 그리스도인을 위한 그리스도와, 고난받는 그리스도인을 위한 그리스도가 따로 계시는 게 아닙니다. 우리에겐 오로지 한 분 십자가의 그리스도밖에 없습니다. 그분 안에 거하시겠습니까? 그래서 풍성한 열매를 맺지 않으시렵니까?

부록

허드슨 테일러는 본향으로 영원히 부름을 받기 5년 전인 1900년에 선교회의 책임자 자리에서 내려왔다. 그때 CIM(중국내지선교회)의 선교사 수는 750명이었다. 오늘날(1932년) 선교회에 소속된 회원 수는 1,285명이다. 허드슨 테일러가 사역을 이끌고 기도로 뒷받침했을 때의 선교회 재정은 연간 수백만 달러에 달했다. 하나님 외에 누구에게도 도움을 청하지 않은 선교회에 1900년 이래로 들어온 기부금 총액은 2천만 달러에 달한다. 그리고 예나 지금이나 선교회는 한 번도 빚을 지지 않았다. 허드슨 테일러의 기도에 대한 풍성한 응답으로 700명의 중국인 사역자들이 선교회와 동역의 길을 걸었고, 창립 이래 세례를 받은 회심자 수는 1만3천 명에 달한다. 오늘날 CIM과 동역하는 중국인 사역자 수는 3-4천 명에 달하며 1900년 이래로 세례를 받은 자의 수만 해도 십만 명에 이르른다. "여호와여 영광을 우리에게 돌리지 마옵소서 우리에게 돌리지 마옵소서 오직 오직 주는 인자하시고 진실하시므로 주의 이름에만 영광을 돌리소서"(시 115:1).

허드슨 테일러는 이 사역과 관련해 독보적인 위치에 있었다. 그는 이 사역의 창립자이자 총재로 섬겼다. 이런 의미에서 그는 대체불가능한 존재였다. 그러나 그의 뒤를 잇기 위해 하나님께서 세우신 또다른 지도자 역시 허드슨 테일러에 못지 않은 특별한 은사를 지닌 사람이었다. 1900년 이래 크게 늘어난 책무를 짊어지된 D. E. 호스트는 선교회의 축복이 임하는 직접적인 통로였던 기도의 습관을 잃어버리지 않았고, 그의 리더십 하에 격랑과 곤고의 세월을 견디면서도 선교 사역은 견실한 성장을 거듭했다.

감당하기 어려운 시련과 일견 퇴보하는 듯한 시간도 있었던 게 사실이다. 1911년에 혁명이 터지자 중국은 하룻밤 사이에 공화국이 되었고, 특정 지역에서 공포 통치가 횡행했으며, 선교회는 다시금 순교자 명부에 수(數)를 더하도록 부름 받았다. 한때 제국의 수도였던 시안(Xi-an)에선 아이다 베크만(Ida Beckman) 부인과 선교사 가정의 여섯 아이들, 그리고 그들을 보호하려던 빌하임 바트니(Wilheim Vatne)까지 무도한 폭도의 손에 살해당했다. 적잖은 선교사들이 불가피하게 더 안전한 곳을 찾아 기지를 떠나야 했다. 기지에 끝까지 남아있던 사람들은 겁에 질려 도망쳐 온 사람들과 특히 선교사 가정으로 피신한 여성들에게 은신처를 제공했다. 이 시기는 복음을 말로 전하는 것뿐 아니라 삶으로 전할 값진 기회를 제공했고, 내지에서 선교사들을 향한 우호적인 감정이 증가하던 때였다.

학생들의 조직화 된 선동과 불법과 잔인무도한 약탈이 만연해지자 선교사들과 중국인 그리스도인들 모두 점점 더 큰 위험에 처했다. 그러나 놀라운 점은 더 큰 유혈사태와 격변 없이 거대한 변화가 일어났다는 것이다. 모든 구습의 닻을 끊어낸 뒤 더 나은 세상을 향해 나아가려는 열망으로 들끓었던 중국은 무력감 가운데 약탈자의 손아귀로 넘어갔다. 공산주의와 볼셰비즘의 격정적인 선동에 많은 지역이 붉게 물들었고, 언어도단의 악한 구태와 이웃 열강의 가차없는 침략으로 상황은 한층 더 악화일로를 걸었다.

중국에는 이런 속담이 있다. "가족이나 형제끼리 서로 다투고 멀어지면 구경꾼이 그 틈을 타 이득을 본다." 그리고 이런 말도 있다. "완성하는 데는 백년도 모자라지만 허무는 데는 하루면 족하다."

이 모든 일의 한복판에서 하나님의 보호하시는 손길이 임했고 CIM에서 추진하는 복음증거 사역은 꾸준히 진보를 거듭했다. 사역이 조직적이어서가 아니라 복음에 충실했기에 많은 이들이 복음의 위로에 귀를 기울였고 마음을 열고 다가왔다. 그리하여 중국 역사상 오늘날처럼 기독교 서적이 많이 판매되고 구원하시는 그리스도의 능력에 대해 증거할 기회가 풍성했던 적도 없다. 지금 중국에 필요한 것은 다른 것도 아닌 복음의 치유이다. "다만 예수의 옷자락에라도 손을 대게 하시기를 간구하니 손을 대는 자는 다 나음을 얻으리라"(마 14:36). 상처 입고 암담한 상황 가운데 놓인 많은 영혼들이 생명과 소망을 찾아 주님께로 시선을 돌리고 있다.

그렇기에 지금은 선교 사업을 축소할 때가 아니다. 상황을 바라보지 않고 하나님을 바라며 "하늘을 올려다보는" 모든 이에겐 이 점이 분명하게 보일 것이다. CIM을 최근 몇 년간의 기다림의 정책으로부터 이끌어내어 허드슨 테일러의 가장 최종적이고도 위대한 비전에 부합하는 영광스러운 발걸음으로 옮길 시점이다. "너희는 온 천하에 다니며 만민에게 복음을 전하라"(막 16:15)는 주님의 명령에 담긴 단순하고도 자명한 의미를 새롭게 깨닫고 난 후 허드슨 테일러는 이렇게 적었다.

십자가에 못박힘 없이는 결코 가능하지 않은 일이다. 주님의 명령을 실행하기 위해 어떤 대가라도 치를 준비가 되어 있지 않으면 결코 헌신할 수 없는 일이다. 그것만 있다면 이루어지리라 확신한다. 내 삶에서 하나님의 인도하심을 지속적으로 느낀 적이 있다면 아마도 〈만민에게(To Every Creature)〉란 책을 출간할 때였을 것이다.

살아있는 씨앗은 비록 땅에 떨어져 죽지만 열매를 맺는다. 1927년, 허드슨 테일러가 이미 상급을 받으러 떠난 지 오래였을 때, 우리에게 두 번째로 고난의 세례가 허락되었다. 또다시 반(反)외국인 선동이 거세게 들끓었고 이에 놀란 서방 국가들은 자국 국민에게 내지로부터 철수할 것을 명령했다. 그 비극적인 해에 600명의 내지 선교사들이 선교기지를 버리고 피신해야 했다.

지금은 선교회의 북미 총재인 로버트 H. 글로버(Robert H. Glover)*가 쓴 글이다.

이 소요는 모스크바에서 온 선동가들에 의해 촉발된 것이었다. 그들은 중국 군인과 학생 단체를 대상으로 폭력 행위를 조장했고 특히 선교사들과 다른 외국인을 겨냥한 폭력을 부추겼다… 중국 전역의 선교사 대다수는 사랑하는 회심자들과 수년간의 사역을 뒤로 하고 기지를 떠나 연안으로 이동해야만 했다. 수백 명의 CIM 선교사들이 다른 이들과 함께 중

---

* 로버트 홀 글로버(Robert H. Glover) 목사/의학박사는 1929년 말 42년간의 헌신적이고 성공적인 리더십을 내려놓은 헨리 W. 프로스트 목사의 후임으로 부임했다. 프로스트 목사가 본국 명예 총재로 선교회와의 귀중한 끈을 계속 유지하기로 결정하자 모든 사람들이 충만한 감사를 누렸다.

국 내지에서 빠져나왔다. 우리가 정신을 차린 뒤에 뒤돌아보니 이미 문은 굳게 닫혀 있었다.

비좁은 피난처에서 난민 신세가 된 선교사들과 그 가족의 필요를 공급하는 것은 선교회의 자금 사정에 무거운 부담을 지웠다. 상하이에서만 14채의 집을 임대하고 기본적인 살림살이를 구비해야 했다. 모든 여행 경비는 궁핍한 자원에서 마른 걸레를 짜듯 마련해야 했다. 본국 선교회의 많은 후원자들은 당분간은 사역이 정체되리라고 판단한 나머지 선교비를 다른 곳으로 돌렸다. 만약 CIM이 살아계신 하나님이 아니라 후원자들을 의지했다면 우리는 지금 매우 다른 형편에 놓여 있었을 것이다. 그러나 허드슨 테일러가 스스로에게 그리고 다른 이들에게 즐겨 환기시켰던 것처럼 "하나님은 모든 비상사태에 공평하시다." 그리고 그분이 1927년 금융위기 시절에 CIM에 행하신 일은 선교회가 이제껏 경험한 가장 경이로운 기도 응답 중 하나였다.

정리하면 다음과 같다. 해당년도의 선교회 수입은 수천 달러가 아니라 수만 달러 규모로 급감했다. 재정 수요가 크게 증가한 상황에서, 그리고 재정 지원을 호소하지 않으며 절대 빚을 지지 않는다는 원칙을 철저하게 고수하면서, 어떻게 그 상황을 타개할 수 있었을까? 수입이 11만4천 달러나 줄어들었는데?

그렇다. "하나님은 모든 비상사태에 공평하시다." 그 해 하나님은 예기치 못한 방식으로 일하시기를 기뻐하셨다. 본국에서 중국으로 송금하는 돈은 은화로 환전하는데 변동환율을 적용받는다. 그러나 희한하게도 그 해의 환율은 선교회 재정에 유리한 방향으로 꾸준히 움직이는 듯했다.

본국에서 송금한 돈으로 매입할 수 있는 은화의 양이 점점 늘어났다. 연말이 되자 전해 대비 11만4천 달러 더 적게 중국으로 송금했지만 선교회가 거둔 환차익은 11만5천 달러였다! 그렇게 모든 필요는 채워졌고 특별한 시련의 해는 차고 넘치는 찬양의 해가 되었다.

그리고 닫힌 문에 관해 글로버 박사는 이렇게 적었다.

실로 슬픈 시기였다… 인간적인 관점에서 보자면 전망은 암담하기 짝이 없었다. 선교의 기회가 다시 열릴까? 이 물음에 대한 답은 여러 갈래였다… [회의주의자, 세상 지혜가 있는 자, 낙심한 자의 답 등] 그러나 기름부음 받은 자의 매우 다른 관점에서 상황을 바라보는 선교사들이 있다. 흡족하게도 그 중 다수가 CIM 선교사였다.

그들은 이 타격의 직접적인 진원지가 사탄임을, 그리고 그 의도가 선교회의 사역을 망가뜨리기 위함임을 추호도 의심치 않았다. 그러나 성경 어디에서 하나님의 종이 사탄의 수중에서 패배를 받아들이라고 가르쳤던가? 전혀 아니다. 사탄이 핍박을 통해 그리스도의 대의를 파괴하는 데 성공한 적이 있었던가? 전혀 아니다… 위대한 선교사 바울은 그에게 닥친 핍박은 "도리어 복음 전파에 진전이 되었다"(빌 1:12)고 했다. 그리고 잇따라 동역자들에게 "무슨 일에든지 대적하는 자들 때문에 두려워하지 말라"(빌 1:28)고 권면했다. 신약의 선교 기록 중 가장 인상 깊은 대목은 하나님께서 원수의 반대와 핍박을 번번이 선교 사업에 진보를 이루는 도구로 뒤바꾸신 것이다. 그러므로 오늘날 이런 모든 대적의 공격은 새로운 확장과 더 큰 결실을 거두는 전진운동의 발판이 되어야 한다.

CIM은 어려운 상황에 봉착했을 때 바로 이런 식의 인도하심을 받았다… 중국의 선교사역이 한계점에 봉착했는가? 그리스도의 지상명령이 취소되지 않았는데, 중국의 수억 인구에게 복음을 전하기 위해 아직 갈 길이 먼데 어찌 그럴 수 있겠는가? 어떤 대가를 지불하더라도 사역은 계속되어야 한다. 그래서 선교회는 닫힌 문을 다시 열어달라고, 향후 계획에 선명한 인도하심을 달라고 주님 앞에 엎드린 채 열렬히 기도했다.

글로버 박사가 계속 증거하듯이, 그때는 진실한 기도의 시간이자 숙고와 성찰의 시간이었다. 이 시련의 한복판에서 하나님께서 큰 전진을 위한 비전과 확신을 허락하셨다. CIM의 전체 선교지에 대한 포괄적인 조사를 바탕으로 선교회 지도자들은 강력하게 복음 중심의 전진 운동을 추진하기 위해선 하나님과 백성에게 100명이 아니라 200명의 일꾼을 추가로 구해야 한다는 뚜렷한 인도하심을 느꼈다.

고국 선교회의 후원자들은 이 호소를 접하고 더할 나위 없이 기뻐했다. 이것은 하나님이 하신 일이며 많은 기도의 결과라는 공감대가 있었기 때문이다. 즉각 새로운 활력이 사역의 전 영역에 감돌기 시작했다. 2년 동안(1929-1931년) 선교회는 새로운 일꾼들을 보내달라고 간구했고, 그 응답의 시간은 순식간에 지나갔다. 온갖 방식으로 믿음의 시련이 닥쳤고 중국을 차지하려는 대적의 강력한 공격이 있었지만 이 이야기는 가슴 벅찬 격려와 축복의 결말로 이어졌다.

1931년에 우리가 구한 200명의 신입 선교사 중 마지막 팀이 출국했다. 그 중 91명은 북미 출신이었다. 그들을 중국으로 파송하기 위한 재정지원 역시 이에 뒤지지 않는 감동을 선사했다. 오래전부터 사역의 필요와는 맞지 않았던 상하이의 선교본부 건물이 그 해 단 1센트의 추가비용 부담도 없이 훨씬 더 크고 현재의 필요에 더 걸맞는 건물로 대체되었다. 많은 기도에 대한 응답으로 기존 건물을 매입 원가의 65배나 되는 가격으로 팔 기회가 생겼다. 기존 건물은 이제는 주님 곁으로 간 선교회의 한 회원 선교사가 기부한 것이었다. 그는 이렇게 40년이 지난 후 긴박한 필요가 대두되었을 때 성장하는 사역을 위한 새 본부 건물을 제공해 주었다.* 그리고 새 건물은 CIM의 100명이 넘는 신규 사역자들이 불과 1개월의 기간 안에 중국에 속속 도착했던 지난 가을, 이 멋진 일행의 도착에 맞춰 제때에 완공되었다.

선교회의 가장 현명한 지도자들이 내다볼 수 있었던 것보다 훨씬 더 많은 것들이 그 경이로운 공급하심 안에 있었다. 금년초 전혀 예기치 못했던 일본 군대의 상하이 침공이 있었고 CIM의 이전 본부가 위치해 있던 바로 그 구역(홍커우) 안팎과 주변에서 많은 전투가 일어났다. 딱 시간에 맞게 하나님께서는 외국인 거주지 안쪽의 더 안전한 곳으로 선교회 본부를 옮기셨다. 하나님의 손길이 아니었다면 누가 이렇게 놀라운 방식으로 이렇게 예기치 못하고 극도로 곤고한 상황을 타개할 길을 예선하고 공급했을까?

그렇다, 주님은 아직도 그분이 계획하신 사역의 필요를 세심하게 돌보신다. CIM은 창립 당시 초석이 된 그 오랜 진리 위에 아직도 굳건하게 서 있다. 1932년 올해, 충만한 감사로 하나님 안에서 우리의 영적 아비이자 믿음과 순종으로 선교회를 개척한 지도자의 탄생 100주년을 기념한 것

---

* 또한 미국 선교회 소속 선교사가 은퇴하며 남긴 기부금 덕분에 중국인 사역자와 손님들을 위해 절실히 필요했던 멋진 부지를 구할 비용 일부를 충당할 수 있었다.

은 자연스런 일이었다. 하나님께 감사하게도 오늘날 선교회에는 1,285명의 헌신된 선교사들이 하나님과 이웃을 섬기고 있다. 그들 모두가 창립자 허드슨 테일러의 확고한 신념을 기억하며 크게 외칠 때면 언제나 말할 수 없는 기쁨을 느끼곤 한다.

살아계신 하나님은 오늘도 여전히 살아계시며, 살아있는 말씀도 여전히 살아있으며 우리는 그 말씀을 의지할 수 있다. 하나님이 하신 어떤 말씀도, 그분의 성령이 기록되게 한 어떤 말씀도 우리 인생을 걸지 못할 것이 없다.

오, 주의 사랑을 시험하라
주의 진리 안에서 아뢰는 자
그가 얼마나 복된 인생인지
오직 삶의 경험이 말해줄 것이다

성도여, 주를 두려워하라
그러면 다른 어떤 것도 두렵지 않으리
주를 섬김으로 기쁨을 삼는 자
주의 돌보심 안에 안식을 얻으리

에필로그

　1982년은 〈허드슨 테일러의 영적 비밀〉의 초판이 발간된 지 50년이 되는 해다. 마지막 장(章)과 부록에서 저자들은 어떻게 중국내지선교회의 인적 리더십이 계승되었고 어떻게 선교회의 태동기부터 정립된 원칙들이 허드슨 테일러 사후 첫 25년간 계속 고수되었는지를 보여주었다.

　하나님의 신실하심에 대한 이 놀라운 간증이 처음 출판된 후 50년 넘는 세월이 흘렀다. 혁명과 세계대전과 이전 세기에 버금가는 격변기를 거치며 선교회는 누차 하나님의 권능과 공급하심과 보호하심을 경험했다. 그분은 변함이 없으셨다.

　〈중국의 영적 필요와 요구〉는 그리스도께 깊이 헌신된 서구의 젊은이들에게 계속 도전이 되고 있다. 예일대의 보든(Borden)은 중국 서북지역의 무슬림 사역으로의 부르심에 응해 중국으로 가던 도중 이집트에서 사망했다. 거의 같은 시기, 뮤지션이자 엔지니어인 J. O. 프레이저(Frazer)는 많은 기도를 통해 중국의 서남부 접경 지대에 사는 리수 부족을 찾아가 비범한 교회 성장의 기틀을 마련했다. 50년대와 60년대 중국 교회 자체가 경험하게 될 불시험의 암울한 서막으로 미시건 알비온 출신의 존과 베티 스탬(John & Betty Stam)이 마오(Mao)의 대장정 초기에 순교했다.

일본의 중국 침공과 2차 세계대전으로 많은 이들이 기지를 떠날 수밖에 없었고 중국내지선교회는 일시적으로 본부를 상하이에서 충칭으로 이전했다. 치푸에 있던 선교사 자녀 학교 전체가 강제수용소로 끌려갔다. 나는 그 행렬을 결코 잊지 못할 것이다. 우리는 선생님의 인도를 따라 이렇게 노래하며 행진했다.

> 하나님은 우리의 피난처와 힘이시니
> 환난 날의 큰 도움이시라
> 우리는 두려워하지 않으리니…
> 만군의 여호와가 우리와 함께 하시니
> 야곱의 하나님이 우리의 피난처라(시 46:1-7)

5년 넘게 부모들과 떨어진 채 수용소에서 지냈던 많은 이들이 이 경험을 통해 하나님은 신뢰할 만한 분이심을 알게 되었다.

그러나 가장 큰 시험은 아직 오기 전이었다. 1940년대 말 공산군은 가는 곳마다 승리를 거두며 남쪽으로 밀고 내려갔다. 필리스 톰슨(Phylis Thompson)이 그녀의 책 〈중국: 원치 않은 출애굽(China: The Reluctant Exodus)〉에서 너무나도 예리하게 묘사했듯이 공산당의 승리 후 선교회 회원 전부가 1949년과 1952년 사이에 중국에서 강제 추방되었다. 86년 전 브라이튼 해변에서 허드슨 테일러가 하나님의 인도하심을 구하며 엎드러졌듯이 선교회 지도자들은 영국 번마우스 총회장으로 집결했다. 다시 한번 순종과 믿음의 분수령적인 결단이 내려졌다. 그 결과 우리는 동아시아에서 선교회를 재출범시키고 모든 동원 가능한 인력을 재배치하기로 했다. 싱가폴에 본부를 두고 일본, 대만, 홍콩, 필리핀, 태국, 말레이시아, 싱가폴, 인도네시아를 새로운 사역의 초점으로 삼았다. 후에 베트남, 라오스, 캄보디아, 한국도 진출하게 될 것이다. 어떤 나라에서는 시간이 촉박하고 추수가 긴급했다. 중국으로 가는 문이 굳게 닫힌 상태에서, 그리고 동남아의 많은 나라에서 '중국'이란 딱지가 붙은 모든 것을 심각한 의심의 눈초리로 보는 상황에서 우리는 중국내지선교회(CIM)란 이름을 부득불 포기하고 OMF(Overseas Missionary Fellowship)로 개명했다.

새로운 비전은 "모든 지역사회에 교회를, 만민에게 복음을"이다. 이 접근은 양날의 검이었다. 우리는 공무원, 학생, 공장 노동자가 밀집된 아시아의 급팽창하는 도시 거점의 전략적 중요성을 인식하는 한편, 동시에 방치된 지역과 숨겨진 부족 집단들, 동아시아의 '내지'로의 진출도 모색했다. 교회개척 팀을 투입시키고 언어는 쓰기로 제한하고 성경을 번역했다. 각 선교지에서 신학교육과 문서사역에 우선순위가 부여되었다. 태국의 촌에서 OMF선교회는 병원 세 곳을 설립하고 한센병 통제 프로그램을 운영함으로써 주요한 의학석 교부보를 마련했다. 태국에서 역시 OMF는 훗날 난민 사역에 깊이 관여하게 되었다.

1965년 CIM-OMF는 창립 100주년을 기념하며 새로운 세기를 준비했다. OMF선교회는 동아시아의 여러 나라에서 성숙한 교회가 부상하고 있음을 인지하고 이를 감사드렸다. 선교회는 그리스도의 지상명령에 순종하여 여러 교회들과 협력사역을 하는 데 새로운 도구로 쓰임 받기를 바란다. 그 결과물이, 다문화적 선교의 비전이 밝고 다문화적 선교가 성장하는 몇몇 아시아 국가에 국가 지부(Home Council)를 설립한 것이었다. 이제 이 국가 지부의 수는 일곱 곳에 달한다. 오늘날 OMF는 하나님의 주권적 부르심에 반응하여 동서양의 열심있는 그리스도인들을 하나의 공동체로 연합하고 동역자로 섬기도록 하는 데 점점 더 많은 노력을 기울이고 있다. 이 새로운 성경적인 파트너십은 이제 겨우 시작 단계지만 하나님 아래에서의 가능성은 무궁무진하다.

마지막으로 OMF는 여전히 중국인에 대한 깊은 헌신의 동기를 품고 있으며 CIM으로 시작되었음을 한시도 잊지 않고 있다. 30년간 우리 OMF선교회는 중국의 우리 형제 자매들을 위한 기도를 교회에 요청해 왔고 라디오 방송을 통해 지속적으로 복음 선포에 힘썼다. 분명 하나님은 오늘날 중국에서 일하고 계신다. 우리 공동체는 이전의 체제를 재건할 의사는 없으나 중국의 우리 형제자매들로부터 배우기를 갈망하며 그리스도의 필적할 수 없는 섬김 안에서 새로운 차원의 파트너십을 통해 그들의 주도적 사업에 부응하고자 한다.

1981년 1월, 싱가폴에서

제임스 허드슨 테일러 3세

연표

1832. 5. 21	제임스 허드슨 테일러, 영국 요크셔 반슬리에서 출생
1849. 6	회심, 그리고 평생의 섬김으로의 부르심을 체험
1850. 5	닥터 로버트 하디의 조수로 헐에서 의학을 공부
1853. 9. 19	중국선교회(CES)의 대리인으로 중국으로 파송
1850-1864	태평천국 운동이 변질되어 혼란을 야기
1854. 3. 1	허드슨 테일러, 상하이에 도착
1854-1855	열 차례의 전도여행 수행
1855. 10-11월	최초의 '내지' 주택 구입. 충밍섬에서 6주간 체류
1855-1856	윌리엄 C. 번스 목사와 7개월간 동역
1856. 10	닝보에 정착
1857. 6	중국선교회 사임
1858. 1. 20	마리아 J. 다이어 양과 결혼
1859. 9	닝보에 있는 닥터 파커의 병원 인수
1860 여름	첫 번째 휴가로 영국 귀국
1860-1865	은둔의 시기
1865. 6. 25	브라이튼에서 하나님께 투항. 중국 내지로 들어갈 24명의 동역자를 구하는 기도

1866. 5. 26	라메르무어 호를 타고 중국내지선교회(CIM)의 첫 번째 파송팀과 출국. 4개월 간의 항해
1866. 12	'라메르무어 팀' 항저우에 정착
1867. 8. 23	어린 딸 그레이시 사망
1868. 8. 22	양저우 폭동 발생
1869. 9. 4.	변화된 삶: "하나님이 날 새 사람으로 만드셨어!"
1870. 6. 21	톈진 학살
1870. 7. 23	허드슨 테일러 부인(마리아 다이어) 사망
1872. 3	W. 버거 씨 은퇴
1872. 8. 6	중국내지선교회의 런던 위원회 설립
1872. 10. 9	테일러 부인(폴딩)과 중국으로 귀국
1874. 1. 27	9곳의 미전도 성을 위한 개척 선교사를 구하는 기도 기록
1874. 6	저드 선교사와 함께 우창에 선교회 서부지부 개설
1874. 7. 26	에밀리 블래처리 양 사망
1874-1875 겨울	최악의 상황: 허드슨 테일러, 영국에서 마비로 거동을 못하고 병상에 누워 지냄
1875. 1	9곳의 미전도 성을 위한 18명의 개척자를 구하는 기도 호소
1876. 9. 13	치푸에서 옌타이 조약 체결
1876-1878	중국 내지 전역에 광범위한 전도여행
1878 가을	허드슨 테일러 부인, 내륙 오지로 여성 선교사 선발대 인솔
1879 가을	조지 니콜 부인과 G. W. 클라크 부인, 중국 서부의 여성 사역 개척

1881. 5	한중에서 조지 킹 부인 사망
1881. 11	우창에서 70명의 사역자를 위한 호소
1885. 2. 5	'캠브리지 7인' 파송
1886. 11월 13-26일	안칭에서 중국내지선교회 중국 본부 최초 모임, 100명의 선교사 파송을 위한 기도
1887. 12.	헨리 W. 프로스트 영국 방문, 허드슨 테일러를 미국으로 초청
1888. 여름	허드슨 테일러 최초로 미국 방문
1889. 10	'만민에게': 하나님의 궁극적인 비전에 눈뜸
1889. 11.	스웨덴, 노르웨이, 덴마크 최초 방문
1890. 8.	호주 최초 방문
1900. 5.	의화단의 난 발발
1900. 8.	D. E. 호스트 중국내지선교회 총재 서리로 임명
1902. 11.	허드슨 테일러 총재직 사임. D. E. 호스트 총재 취임
1904. 7. 30.	허드슨 테일러 부인 스위스에서 사망
1905. 2.	허드슨 테일러 마지막 중국 방문
1905. 6. 3.	후난성에서 본향으로 부름 받음

9대에 걸쳐 하나님과 동행한 허드슨 테일러의 가계도

1대
증조부모

James Taylor(1747-1795)
석공

Elizabeth Johnson과 결혼

"오직 나와 내 집은 여호와를 섬기겠노라"
(수 24:15) 결단

2대
조부모

John Taylor(1778-1834)
옷감 직조기 제작자

Mary Shepherd
(1776-1850)와 결혼

3대
부모

James Taylor(1807-1881)
약사

Amelia Hudson
(1808-1881)과 결혼

9대
내손

James Hudson Taylor 5세(1994-)

Selina Hudson Taylor
Joy Hudson Taylor

8대
현손

James Hudson Taylor 4세(1959-)

Ke Yeh-min(1964-)와 결혼

Amelia Hudson Taylor
Signe Hudson Taylor

4대
본인과 형제들

James Hudson Taylor(1832-1905)
Maria Jane Dyer와 결혼(1858)
Jane Elizabeth Faulding과 재혼(1871)

William Shepherd Taylor(7세에 사망)
Amelia Hudson Taylor(1835-1918)
Benjamin Broomhall과 결혼

Thodore Taylor(유아 때 사망)
Louisa Shepherd Taylor(1840-1932)

5대
허드슨 테일러의 자녀

Baby Taylor(1858-1858)
Grace Dyer Taylor(1859-1867)

James Hudson Taylor 1세(1861-1950)
Jeanie Gray(1864-1937)와 결혼

Frederick Howard Taylor(1862-1946)
Mary Evelyn Taylor(1932-?)
John Hayes Taylor(1934-?)
Herbert Hudson Taylor(1940-?)

7대
증손

Alice Geraldine Taylor(1925-1926)
Jeannie Amelia Taylor(1926-1929)
Kathleen Grace Taylor(1928-1952)
Isabella Taylor(1894-1942)

James Hudson Taylor 3세(1929-2009)
Leone Tjepkema와 결혼

Mary Evelyn Taylor(1932-2019)
John Hayes Taylor(1934-?)
Herbert Hudson Taylor(1940-?)

6대
손자녀

Howard Benjamin Taylor(1887-1940)
Grace Hudson Taylor(1889-1889)
Evangeline Hudson Taylor(1890-1975)
Isabella Taylor(1894-1942)

James Hudson Taylor 2세(1894-1978)
Alice Hayes(1898-1987)와 결혼

Clement Gray Taylor(1896-1965)
Dorothy Muriel Taylor(1899-1930)
Herbert Dyer Taylor(1903-1980)
Alfred Erbest Taylor(1906-1990)

1865년 허드슨 테일러가 창설한 중국내지선교회(CIM: China Inland Mission)는 1951년 중국 공산화로 인해 중국에서 철수하면서 동아시아로 선교지를 확장하고 1964년 명칭을 OMF로 바꾸었다. OMF는 초교파 국제선교단체로 불교, 이슬람, 애니미즘, 샤머니즘 등이 가득한 동아시아에서 각 지역 교회, 복음적인 기독 단체와 연합하여 모든 문화와 종족을 대상으로 예수 그리스도가 구세주이심을 선포하고 있다. 세계 40여 개국에서 파송된 1,400여 명의 OMF 선교사들이 동아시아 19개 필드에서 미완성 과제들을 위해 사역 중이다.

우리의 비전 OUR VISION

우리는 하나님의 은혜로 동아시아의 각 종족들 안에 자기 종족을 전도하며 타종족을 선교하는 토착화된 성경적 교회운동이 일어나는 것을 보기를 소망한다.
Through God's grace we aim to see an indigenous biblical church movement in each people of East Asia, evangelizing their own people and reaching out in mission to other peoples.

우리의 사명 OUR MISSION

우리는 그리스도의 온전한 복음을 동아시아인과 함께 나눔으로 하나님을 영화롭게 한다.
We share the good news of Jesus Christ in all its fullness with East Asia's peoples to the glory of God.

OMF 사역 방향

- 우리는 개척선교-미전도 종족선교에 집중한다.
- 우리는 교회개척-교회배가운동을 일으킨다.
- 우리는 교회의 성장, 성숙 및 제자훈련에 기여한다.
- 우리는 동아시아 교회들이 선교운동에 동참하도록 도전한다.
- 우리는 동아시아의 복음화를 위해 전세계적으로 자원을 동원한다.
- 우리는 국제팀으로서 그 다양성과 협력을 소중히 여긴다.

한국오엠에프 서울시 서초구 방배중앙로 29길 21 호언빌딩 2층
전화 02-455-0261, 0271   팩스 02-455-0278
홈페이지 omfkr.cafe24.com   이메일 omfkr@omfmail.com